教育部人文社会科学重点研究基地
山西大学"科学技术哲学研究中心"基金
山西省优势重点学科基金
资 助

山西大学
认知哲学丛书
魏屹东 主编

认知哲学导论

樊岳红/著

科学出版社
北京

图书在版编目(CIP)数据

认知哲学导论/樊岳红著.—北京：科学出版社，2018.1
（山西大学认知哲学丛书/魏屹东主编）
ISBN 978-7-03-055240-2

Ⅰ.①认… Ⅱ.①樊… Ⅲ.①认知科学—科学哲学—研究
Ⅳ.①B842.1②N02

中国版本图书馆 CIP 数据核字（2017）第272939号

丛书策划：侯俊琳 牛 玲
责任编辑：邹 聪 刘 溪/责任校对：何艳萍
责任印制：张欣秀/封面设计：无极书装
编辑部电话：010-64035853
E-mail:houjunlin@mail.sciencep.com

科学出版社 出版
北京东黄城根北街 16 号
邮政编码：100717
http://www.sciencep.com

北京九州迅驰传媒文化有限公司 印刷
科学出版社发行 各地新华书店经销
*

2018 年 1 月第 一 版 开本：720×1000 B5
2018 年 2 月第二次印刷 印张：20 1/4
字数：303 000
定价：**98.00元**
（如有印装质量问题，我社负责调换）

丛 书 序

21世纪以来，在世界范围内兴起了一个新的哲学研究领域——认知哲学（philosophy of cognition）。认知哲学立足于哲学反思认知现象，既不是认知科学，也不是认知科学哲学、心理学哲学、心灵哲学、语言哲学和人工智能哲学的简单加合，而是在梳理、分析和整合各种以认知为研究对象的学科的基础上，立足于哲学（如语境实在论）反思、审视和探究认知的各种哲学问题的研究领域。认知哲学不是直接与认知现象发生联系，而是通过以认知现象为研究对象的各个学科与之发生联系。也就是说，它以认知概念为研究对象，如同科学哲学是以科学为对象而不是以自然为对象，因此它是一种"元研究"。

在这种意义上，认知哲学既要吸收各个相关学科的理论成果，又要有自己独特的研究域；既要分析与整合，又要解构与建构。它是一门旨在对认知这种极其复杂的心理与智能现象进行多学科、多视角、多维度整合研究的新兴研究领域。认知哲学的审视范围包括认知科学（认知心理学、计算机科学、脑科学）、人工智能、心灵哲学、认知逻辑、认知语言学、认知现象学、认知神经心理学、进化心理学、认知动力学、认知生态学等涉及认知现象的各个学科中的哲学问题，它涵盖和融合了自然科学和人文科学的不同分支学科。

认知哲学之所以是一个整合性的元哲学研究领域，主要基于以下理由：

第一，认知现象的复杂性，决定了认知哲学研究的整合性。认知现象既是复杂的心理与精神现象，同时也是复杂的社会与文化现象。这种复杂性特点必然要求认知科学是一门交叉性和综合性的学科。认知科学一般由三个核心分支学科（认知心理学、计算机科学、脑科学）和三个外围学科（哲学、人类学、语言学）构成。这些学科不仅构成了认知科学的内容，也形成了研究认知现象的不同进路。系统科学和动力学介入对认知现象的研究，如认知的动力论、感知的控制论和认知的复杂性研究，极大地推动了认知科学的发展。同时，不同学科之间也相互交融，形成新的探索认知现象的学科，如心理学与进化生物学交叉产生的进化心理学，认知科学与生态学结合形成的认知生态学，神经科学与认知心理学结合产生的认知神经心理学，认知科学与语言学交叉形成的认知语义学、认知语用学和认知词典学。这些新学科的产生增加了探讨认知现象的新进路，也说明对认知现象本质的揭示需要多学科的整合。

第二，认知现象的根源性，决定了认知哲学研究的历史性。认知哲学之所以能够产生，是因为认知现象不仅是心理学和脑科学研究的领域，也历来是哲学家们关注的焦点。这里我粗略地勾勒出一些哲学家的认知思想——奥卡姆（Ockham）的心理语言、莱布尼茨（G.W. Leibniz）的心理共鸣、笛卡儿（R. Descartes）的心智表征、休谟（D. Hume）的联想原则（相似、接近和因果关系）、康德（I. Kant）的概念发展、弗雷格（F. Frege）的思想与语言同构假定、塞尔（J. R. Searle）的中文屋假设、普特南（Hilary W. Putnam）的缸中之脑假设等。这些认知思想涉及信念形成、概念获得、心理表征、意向性、感受性、心身问题，这些问题与认知科学的基本问题（如智能的本质、计算表征的实质、智能机的意识化、常识知识问题等）密切相关，为认知科学基本问题的解决奠定了深厚的思想基础。可以肯定，这些认知思想是我们探讨认知现象的本质时不可或缺的思想宝库。

第三，认知科学的科学性和人文性，决定了认知哲学研究的融合性。认知科学本身很像哲学，事实上，认知科学的交叉性与综合性已经引发了科学哲学的"认知转向"，这在一定程度上从认知层次促进了自然科学与人文科学、科学主义与人文主义的融合。我认为，在认知层面，科学和人文是统一的，因为科学知识和人文知识都是人类认知的结果，认知就像树的躯干，科学和人文就像树的分枝。例如，对认知的运作机制及规律、表征方式、认知连贯性和推理模型的研究，势必涉及逻辑分析、语境分析、语言分析、认知历史分析、文化分析、心理分析、行为分析，这些方法的运用对于我们研究心灵与世界的关系将大有益处。

第四，认知现象研究的多学科交叉，决定了认知哲学研究的综合性。虽然认知过程的研究主要是认知心理学的认知发展研究、脑科学的认知生理机制研究、人工智能的计算机模拟，但是科学哲学的科学表征研究、科学知识社会学的"在线"式认知研究、心灵哲学的意识本质、意向性和心脑同一性的研究，也同样值得关注。因为认知心理学侧重心理过程，脑科学侧重生理过程，人工智能侧重机器模拟，而科学哲学侧重理性分析，科学知识社会学侧重社会建构，心灵哲学侧重形而上学思辨。这些不同学科的交叉将有助于认知现象的整体本质的揭示。

第五，认知现象形成的语境基底性，决定了认知哲学研究的元特性以及采取语境实在论立场的必然性。拉考夫（G. Lakoff）和约翰逊（M. Johnson）认为，心灵本质上是具身的，思维大多是无意识的，抽象概念大多是隐喻的。我认为，心理表征大多是非语言的（图像），认知前提大多是假设的，认知操作大多是建模的，认知推理大多是基于模型的，认知理解大多是语境化的。在人的世界中，一切都是语境化的。因此，立足语境实在论研究认知本身的意义、分类、预设、结构、隐喻、假设、模型及其内在关系等问题，就是一种必然选择，事实上，语境实在论在心理学、语言学和生态学中的广泛运用业已形成一种趋势。

需要指出的是，与"认知哲学"极其相似也极易混淆的是"认知的哲学"（cognitive philosophy）。在我看来，"认知的哲学"是关于认知科学领域所有论题的哲学探究，包括意识、行动者和伦理，最近关于思想记忆的论题开始出现，旨在帮助人们通过认知科学之透镜去思考他们的心理状态和他们的存在。在这个意义上，"认知的哲学"其实就是"认知科学哲学"，与"认知哲学"相似但还不相同。我们可以将"cognitive philosophy"译为"认知的哲学"，将"philosophy of cognition"译为"认知哲学"，以便将二者区别开来，就如同"scientific philosophy"（科学的哲学）和"philosophy of science"（科学哲学）有区别一样。"认知的哲学"是以认知（科学）的立场研究哲学，"认知哲学"是以哲学的立场研究认知，二者立场不同，对象不同，但不排除存在交叉和重叠。

如果说认知是人们如何思维，那么认知哲学就是研究人们思维过程中产生的各种哲学问题，具体包括以下十个基本问题。

（1）什么是认知，其预设是什么？认知的本原是什么？认知的分类有哪些？认知的认识论和方法论是什么？认知的统一基底是什么？有无无生命的认知？

（2）认知科学产生之前，哲学家是如何看待认知现象和思维的？他们的看法是合理的吗？认知科学的基本理论与当代心灵哲学范式是冲突的还是融合的？能否建立一个囊括不同学科的、统一的认知理论？

（3）认知是纯粹心理表征还是心智与外部世界相互作用的结果？无身的认知能否实现？或者说，离身的认知是否可能？

（4）认知表征是如何形成的？其本质是什么？有没有无表征的认知？

（5）意识是如何产生的？其本质和形成机制是什么？它是实在的还是非实在的？有没有无意识的表征？

（6）人工智能机器是否能够像人一样思维？判断的标准是什么？如何在计算理论层次、脑的知识表征层次和计算机层次上联合实现？

（7）认知概念（如思维、注意、记忆、意象）的形成的机制和本质是什么？其哲学预设是什么？它们之间是否存在相互作用？心-身之间、心-脑之间、心-物之间、心-语之间、心-世之间是否存在相互作用？它们相互作用的机制是什么？

（8）语言的形成与认知能力的发展是什么关系？有没有无语言的认知？

（9）知识获得与智能发展是什么关系？知识是否能够促进智能的发展？

（10）人机交互的界面是什么？人机交互实现的机制是什么？仿生脑能否实现？

当然，在认知发展中无疑会有新的问题出现，因此认知哲学的研究域是开放的。

在认知哲学的框架下，本丛书将以上问题具体化为以下论题。

（1）最佳说明的认知推理模式。最佳说明的认知推理研究是科学解释学的一个重要内容，是关于非证明性推理中的一个重要类型，在法学、哲学、社会学、心理学、化学和天文学中都能找到这样的论证。除了在科学中有广泛应用外，最佳说明的认知推理也普遍存在于日常生活中，它已成为信念形成的一种基本方法。探讨这种推理的具体内涵与意义，对人们的观念形成以及理论方面的创新是非常有裨益的。

（2）人工智能的语境范式。在语境论视野下，将表征和计算作为人工智能研究的共同基础，用概念分析方法将表征和计算在人工智能中的含义与其在心灵哲学、认知心理学中的含义相区别，并在人工智能的符号主义、联结主义及行为主义这三个范式的具体语境中厘清这两个核心概念的具体含义及特征，从而使人工智能哲学与心灵哲学区别开来，并基于此建立人工智能的语境范式来说明智能的认知机制。

（3）后期维特根斯坦（L. Wittgenstein）的认知语境论。维特根斯坦作为20世纪的大哲学家，其认知思想非常丰富，且前后期有所不同。对前期维特根斯坦的研究大多侧重于其逻辑原子论，而对其后期的研究则侧重于语言哲学、现象学、美学的分析。从语言哲学、认知科学和科学知识社会学三方面来探讨后期维特根斯坦的认知语境思想，无疑是认知哲学研究的一个重要内容。

（4）智能机的自语境化认知。用语境论研究认知是回答以什么样的形式、基点或核心去重构认知哲学未来走向的一个重大问题。通过构建一个智能机自语境化模型，对心智、思维、行为等认知现象进行说明，表明将智能机自语境化认知作为出发点与落脚点，就是以人的自语境化认知过程为模板，用智能机来验证这种演化过程的一种研究策略。这种行为对行为的验证弥补了以往"操作模拟心灵"的缺陷，为解决物理属性与意识概念的不搭界问题提供了新思路。

（5）意识问题的哲学分析。意识是当今认知科学中的热点问题，也是心灵哲学中的难点问题。以当前意识研究的科学成果为基础，从意识的本质、意识的认知理论及意识研究的方法论三个方面出发，以语境分析方法为核心探讨意识认知现象中的哲学问题，提出了意识认知构架的语境模型，从而说明意识发生的语境发生根源。

（6）思想实验的认知机制。思想实验是科学创新的一个重要方法。什么是思想实验？它们怎样运作？在认知中起什么作用？这些问题需要从哲学上辨明。从理论上理清思想实验在哲学史、科学史与认知科学中的发展，有利于辨明什么是思想实验，什么不是思想实验，以及它们所蕴含的哲学意义和认知机制，从而凸显思想实验在不同领域中的作用。同时，借助思想实验的典型案例和认知科学家对这些思想实验的评论，构建基于思想实验的认知推理模型，这有利于在跨学科的层面上探讨认知语言学、脑科学、认知心理学、人工智能、心灵哲学中思想实验的认知机制。

（7）心智的非机械论。作为认知哲学研究的显学，计算表征主义的确将人类心智的探索带入一个新的境界。然而在机械论观念的束缚下，其"去语境化"和"还原主义"倾向无法得到遏制，因而屡遭质疑。因此，人们自然要追问：什么是更为恰当的心智研究方式？面对如此棘手的问题，从世界观、方法论和核心观念的维度，从"心智、语言和世界"整体认知层面，凸显新旧两种研究进路的分歧和对立，并在非机械论框架中寻求一个整合心智和意义的突破点，无疑具有重大意义。

（8）丹尼特（D. Dennett）的认知自然主义。作为著名的认知哲学家，丹尼特基于自然主义立场对心智和认知问题进行的研究，在认知乃至整个哲学领域都具有重大意义。从心智现象自然化的角度对丹尼特的认知哲学思想进行剖析，弄清丹尼特对意向现象进行自然主义阐释的方法和过程，说明自由意志的自然化是意识自然化和认知能力自然化的关键环节。

（9）意识的现象性质。意识在当代物理世界中的地位是当代认知哲学和心灵哲学中的核心问题。而意识的现象性质又是这一问题的核心，成为当代心灵哲学中物理主义与反物理主义争论的焦点。在这场争论中，物理主义很难坚持纯粹的物理主义一元论，因为物理学只谈论结构关系而不问内在本质。当这两个方面都和现象性质联系在一起时，物理主义和二元论都看到了希望，但作为微观经验的本质如何能构成宏观经验,这又成了双方共同面临的难题。因此,考察现象性质如何导致了这样一系列问题的产生,并分析了意识问题可能的解决方案与出路,就具有重要意义了。

(10)认知动力主义的哲学问题。认知动力主义被认为是认知科学中区别于认知主义和联结主义的、有前途的一个研究范式。追踪认知动力主义的发展动向,通过比较,探讨它对于认知主义和联结主义的批判和超越,进而对表征与非表征问题、认知动力主义的环境与认知边界问题、认知动力主义与心灵因果性问题进行探讨,凸显了动力主义所涉及的复杂性哲学问题,这对于进一步弄清认知的动力机制是一种启示。

本丛书后续的论题还将对思维、记忆、表象、认知范畴、认知表征、认知情感、认知情景等开展研究。相信本丛书能够对认知哲学的发展做出应有的贡献。

魏屹东

2015 年 10 月 13 日

前　言

什么是心灵呢？哲学上的"心灵"是伴随着对于"我"的形而上学反思而产生的吗？日常生活中，人们每天都会使用"我"，那么"我"究竟指的是什么？我的身体？我的行为？这些好像又都代替不了"我"。当我进行一系列的思考、意识、记忆等所谓的心理活动时，这些活动与我的身体又是什么关系？通过物理手段检测不到，但又确实存在于我内心中的意识活动又是什么呢？我的心灵与我的大脑是同样的事物吗？那么许多动物也有大脑，它们有没有相应的情绪、思维、意识呢？换句话说动物有没有心灵呢？现代科技创造的人工智能可以思维吗？这一系列的问题都是"认知哲学"[①]所要关注和讨论的问题，其最基本的问题便是我们的心灵与身体之间究竟是什么关系。

从日常生活出发，物理世界与心理世界之间究竟是怎样一种关系，或者说物理事件与心理事件之间究竟存在一种什么样的关系呢？常识告诉我们，心与物之间似乎是可以发生相互作用的，特别是对于"人类"来说，作为原因的物理事件会造成作为结果的心理事件，例如我们被针扎后会产生痛感，读懂一本好书时的心理满足感，听到美妙音乐后陶醉的心情，等等。反之，心理事件也

---

① 本书之所以以"认知哲学导论"为名，是以区别"心灵哲学"和"认知科学"。学界长期以来一直对于"心灵哲学"、"认知哲学"及"认知科学"之间的区分界限是相当模糊的，例如关于"意识"等问题的研究，三者都会涉及。一般来说，"心灵哲学"研究心灵（mind）的本体和本质等问题，具有非常明显的形而上学倾向。"认知科学"更关注的是心灵的运作机制，会涉及跨学科整合，如融合了脑神经科学、计算机科学、人工智能等领域的研究，或者说"认知科学"更多的是偏向于科学的实证研究。"认知哲学"更多的像走了一条中间路线，既有传统的关于心灵的形而上学研究，同时也引入了一些科学实验数据及"表征与计算"等概念来说明心灵的运作模式。考虑本书的架构，以"认知哲学导论"来命名更为合适。

可作为原因而造成物理事件，例如因兴奋而心跳加速，想看电影时就去买票，想看书而去逛书店，心情郁闷时会大喊大叫或吃零食或购物来宣泄情绪，等等。身与心之间的关系看似平凡琐碎，但在哲学上却很难说明两者的相互作用究竟如何成为可能，因为心理事件与物理事件之间似乎有着某种说不清道不明的因果关系。

如果心物之间真的存在着某种因果关系的话，那么身心在何处进行交互作用呢？或者说，怎么解释在大脑中发生的一连串听起来、闻起来、摸起来、尝起来如此这般的物理事件，最终导致了人们产生了听到、闻到、摸到、尝到等如此这般的意识或心理事件呢？人们一般可能会认为意识经验发生在大脑中，因为物理事件若不经由大脑，我们就不会经验到任何心理事件。所以除非经由大脑，否则物理事件无法造成心理事件。可是大脑自身也是一个物理事物，它有确定的体积、重量、形状、位置等，而作为搭建心物鸿沟之间的通道，其本身又不是物理的。如果我们经验到的这些意识或心理事件不发生在大脑之中，那它又发生在什么地方呢？传统的回答是，它发生于我们的心灵之中。但心灵是非物质性的元项，它存在于哪里？又怎么与大脑进行互动的呢？

笔者想写这样一本介绍认知哲学的书已经很久了，当然并不是因为笔者的哲学素养和学识已经让我能够告诉别人认知哲学是怎么样的一门学问。坦白说，一般只有哲学大家或大师才有资格教"认知哲学"的课，写"认知哲学导论"的书，因为只有哲学大家或大师才有那么深的哲学素养和学识来带领初学者入门。笔者萌生写作此书的想法，只是因为近年来在教学的过程中发现关于认知哲学方面的教材或读物汗牛充栋，但大多数都是译著或外文原著，适合国人思维习惯的导论性读物比较少见。因此本书中所选取的事例大多都符合国人阅读习惯，避免了因翻译不可通约所带来的阅读障碍。当然，笔者写作本书的目的不是要体现最新或最时髦的认知哲学前沿进展。在目前认知哲学读物良莠不齐的情况下，尤其在西方译著占据半壁江山的情况下，尽一点绵薄之力，写一本适合国内读者阅读的认知哲学读本尤为重要。当然，最后笔者的目的能否达成，还不得而知。

笔者在写作此书的过程中，有幸得到许多人的帮助与支持。首先要感谢的是我的良师魏屹东教授，他在我写作此书过程中，给出了许多宝贵的修改意见。其次，要感谢我的学生益友们，正是在与他们讨论的过程中，我受到了许多的启发。最后，要特别感谢本书的责任编辑邹聪女士与刘溪先生，他们都有着非常深厚的专业知识和令人敬佩的人文素养，在本书的出版过程中，他们的敬业精神，让我获益良多，在此一并感谢。

最后，由于本书只是认知哲学导论性的著作，大多数问题只是浅尝辄止，也由于笔者水平所限，在写作过程中难免存在不足之处，敬请广大读者批评指正。

樊岳红

2017 年 7 月

目 录

丛书序 i
前 言 ix

导 论 1

第一章 自我同一与他心问题 5
一、自我同一性问题 6
（一）何谓自我? 6
（二）何谓自我同一性? 7
（三）自我同一性的案例分析 9
（四）自我同一的标准 12
二、他心问题 13
（一）他心问题在说什么? 15
（二）唯我论与"甲虫"事例 18
（三）他心的认识论问题 22

第二章 心物关系与原则 ································· 33
一、心物之原则 ····································· 33
二、心物之差异 ····································· 37
（一）知识论方面的差异 ························· 38
（二）形而上学的差异 ··························· 40
三、心物的因果解释可靠吗？························· 46

第三章 笛卡儿与心物难题 ·························· 54
一、感官知觉可靠吗？······························· 55
二、"缸中之脑"假想 ································ 58
三、笛卡儿的怀疑方法论 ····························· 59
四、笛卡儿的心物难题 ······························· 62

第四章 笛卡儿之后的心物难题 ······················ 66
一、心物难题的二元论方案 ··························· 66
（一）互动二元论 ······························· 69
（二）心物平行论 ······························· 70
（三）偶因论 ··································· 71
（四）属性二元论 ······························· 73
二、心物问题的一元论方案 ··························· 75
（一）物理主义一元论 ··························· 76
（二）非物理主义一元论 ························· 82

第五章 当代物理论 ································ 85
一、物理论转向 ····································· 86
二、行为主义 ······································· 88
（一）方法论行为主义 ··························· 89
（二）分析行为主义 ····························· 92

（三）行为主义的困境 95

三、心脑同一论 96
    （一）同一论的具体观点 97
    （二）心脑同一论的困境 103

四、取消唯物论与异常一元论 108
    （一）取消唯物论 108
    （二）异常一元论 116

五、副现象论 119
    （一）强副现象论 121
    （二）弱副现象论 122
    （三）反对副现象论的一些论证 125

六、心物随附原则 126

第六章 功能论 130

一、何谓功能论 131

二、拉姆齐语句 132

三、因果角色功能论 134

四、计算功能论 137
    （一）算法 138
    （二）图灵机 139
    （三）邱奇－图灵论题 142
    （四）图灵测试 143
    （五）强人工智能 144
    （六）多重可实现性 145
    （七）递归分解 147

五、其他功能论立场 148
    （一）心理分析功能论 148
    （二）分析功能论 149

　　　　（三）小矮人功能论 ·· 149
　　　　（四）思维语言假设 ·· 150
　　六、功能论的一些困难 ·· 152

第七章　物理论及功能论的理论困境 ································ 155
　　一、当蝙蝠是什么滋味？ ·· 156
　　二、"感受性缺少"思想实验 ··· 161
　　三、色谱对调难题 ·· 163
　　四、黑白玛丽思想实验 ·· 166
　　五、严格指称者 ··· 172
　　六、中文房间论证 ·· 174
　　七、怪人假设 ·· 180
　　　　（一）何为怪人假设 ·· 180
　　　　（二）对怪人假设的回应 ·· 183
　　八、孪生地球思想实验 ·· 185
　　九、对物理论的其他反对意见 ··· 187
　　　　（一）多重可实现性 ·· 187
　　　　（二）感受性 ·· 188
　　　　（三）意义整体论 ·· 189

第八章　意识与意向性：心物难题的意向性方案 ················· 191
　　一、意识的解释 ··· 192
　　　　（一）意识是什么？ ·· 193
　　　　（二）感受性 ·· 198
　　　　（三）意识难问题和解释鸿沟 ······································ 200
　　二、意向性的解释 ·· 205
　　　　（一）原始意向性与派生意向性 ··································· 207
　　　　（二）两种意向决定论：指涉隐蔽与孪生地球假设 ··········· 211

三、心物难题的意向性方案·······································216
　（一）丹尼特的意向系统论···································216
　（二）查尔默斯的非还原性功能论·····························222
　（三）塞尔的生物自然主义···································227
　（四）伯格的意向性外在论···································234

第九章　自由意志：我们有多自由·······························237
一、自由意志的哲学基础·······································237
二、何谓自由意志难题？·······································239
三、硬决定论···244
　（一）不同形式的决定论·····································244
　（二）因果决定论的观点·····································248
　（三）对自由意志的挑战·····································250
四、软决定论立场···253
五、自由意志论···257
六、行为负载道德责任吗？·····································262

第十章　心灵模块性与理性···································265
一、心灵模块性···266
　（一）福多的经典心灵模块性假设·····························268
　（二）科拉索斯的大规模模块性假设···························274
　（三）西格尔的适度模块性假设·······························277
二、选择实验与推理···281
　（一）四张扑克牌实验·······································282
　（二）推理与人类理性·······································285

参考文献···288

导　论

从 20 世纪初到现在，近百年的时间里，对认知哲学的研究蓬勃发展，哲学界对于心灵①的研究也有了很大的进展。1879 年，德国的冯德（W. Wundt）建立了第一个心理实验室，正是基于当代实验心理学的发展，冯德和他的学生开始对心灵的运作进行系统化的实验研究。随后，1890 年，美国哲学家詹姆斯（W. James）出版了《心理学原理》(The Principles of Psychology)，为科学心理学的研究奠定了基础。1927 年，巴甫洛夫（I. Pavlov）提出古典制约理论（经典条件作用理论），进一步促进了心理学的发展。1913 年，美国的华生（J. B. Watson）开始倡导行为主义心理学，其后通过斯金纳（B. F. Skinner）的发展，行为主义的思潮在美国心理学界乃至其他社会科学领域长盛不衰达将近半个世纪之久，直到 20 世纪 60 年代，它的影响才逐渐消退，取而代之的是人工智能及认知科学的兴起。在 20 世纪 60 年代，约翰·麦卡锡（John McCarthy）、艾伦·纽厄尔(Allen Newell) 和赫伯特·西蒙（Herbert Simon）等创立了人工智能学说，开启了认知哲学研究的新领域。

事实上，认知哲学长期以来一直都是哲学的分支学科。哲学界对于心灵的

---

① 在本书中，如无特别说明，"心灵"与"心理"含义相同。

研究早在2000多年前就已经开始了。亚里士多德（Aristotle，B.C. 384—322）在他的《论灵魂》(*On the Soul*)一书中就已经着手探讨人类的推论能力与知觉能力。到了笛卡儿（R.Descartes），他更是开启了300多年来哲学界对于心灵的本体论研究，对后世的研究影响巨大。

关于认知哲学的研究必定涉及心（mind）与物（body）的对照。要研究心与物，就要有一套理论来说明人的认知构造、认知机制是如何运作的及各种心理状态的基本特征是什么。首先，有必要对"心"与"物"作一些简短的介绍。所谓的"物"通常是指可被感知的、存在于自然界的事物，包括借助各种仪器（如显微镜和望远镜）而观察到的事物，小到细菌、病毒，大到日月星辰都是所谓的"物"；此外科学家认为自然界还存在一些不可被知觉到的事物（如力、粒子等）。所谓的"心"包括一些心理状态、心理性质、心理机制以及种种的心理现象和心理活动。对心理世界的了解，以及对心与物之间关系的掌握，正是当代认知哲学家们所要努力研究的领域。

"心"究竟存不存在？有些哲学家认为心是不存在的，心理世界也不是真实存在的，如极端唯物论就是持这一立场。反之，如果心灵是真实存在的话，那么我们可能会进一步追问"心"到底是什么？心与物的关系又是怎样的？哲学界对于心物之间的关系大致有五种观点，即心物是平行的、心物是等同的（心可还原为物）、物可以呈现心、心随附于物、心是从物中突现的。

心物问题又称身心问题，涉及解释心灵与身体、心理过程与身体过程或状态之间的关系。对心物之间关系的讨论，或者说心物问题，最初起源于笛卡儿，他认为心灵（精神）与物质（身体）分别是两种不同的实体，心灵的属性是思维，而物质的属性是广延，心灵与物质之间不发生任何的交互作用。笛卡儿由此把世界划分为两种实体，即物质实体与精神实体，因而笛卡儿的观点也被称为心物实体二元论。

心物关系看似简单，却也神秘而难以把握，目前对于心物之间的关系问题的研究虽然已经取得了长足的进展，但这依然还是当代哲学的"迷宫"之一。我们这里最终要讨论的也是心理事件与物理事件之间的关系，特别是两者是否具有因果关系。笛卡儿对心物难题的解决最终诉诸大脑中的松果腺。这样的回答始终不能令人满意，因为松果腺理论违背了心物二元的原则，即心物之间彼此不发生任何的交互作用。在笛卡儿之后，心物问题被哲学家们改造成了平行论、偶因论和副现象论等各种不同版本的二元论理论形式。

在本体论上，除了二元论之外，一元论也试图另辟蹊径来解决身心问题。一元论一般分为唯心论和唯物论。唯心论最早由公元前5世纪古希腊哲学家巴门尼德（Parmenides，B.C. 515—约B.C. 450）提出，后来得到了17世纪唯理论哲学家莱布尼茨（G.W.Leibniz）的继承与发扬。而唯物论也有着悠久的历史，从古希腊开始就有其思想的启蒙，例如德谟克利特（Democritus，B.C. 460—B.C. 370）认为原子是构成世界的最小单位，原子在虚空中作旋涡运动产生了万事万物。在近代哲学史上，霍布斯（T. Hobbes）和拉美特利（La Mettrie）等认为，人只不过是一架按照机械方式组合起来的机器。唯物论认为，只有由物理理论所假设的实体才是存在的，而心理过程最终将根据物理实体来进行解释。由于心理属性的本体论状态仍然不清楚，唯物论试图把心理属性也还原为物理属性。事实上，目前关于心物问题的解读，影响比较大的仍然是唯物论。

本书的基本构架是，第一章"自我同一与他心问题"将讨论关于"心"的一些形而上学问题。如果这个世界只有"我"这个心存在，其他一切都不存在的话，这可推导出唯我论立场，与唯我论相关的是"他心问题"。如果他心存在，那么我们可以感知他心的存在吗？我们又可以通过什么方式感知他心的存在？第二章"心物关系与原则"将主要讨论心与物之间所拥有的基本原则及二者的差异性，如心与物在私密性、透明性、感受性、意向性、主体性等方面存有不同。第三章"笛卡儿与心物难题"将从对心物关系的讨论过渡到笛卡儿哲学，其中主要讨论心物难题的由来，包括梦论证、恶魔论证及"缸中之脑"假想，等等。第四章"笛卡儿之后的心物难题"主要从笛卡儿所遗留的心物难题出发，讨论为了解决心物二元的理论困境，不同的流派所提出的不同解决方案。第五、六、七章为本书的重点章节。第五章"当代物理论"主要讨论了唯物论转向之后，关于心物问题的唯物论解决方案（一元论）。唯物论又称为物理论。这些物理论有的采取的是取消立场，否认心的本体论地位，如取消唯物论。有些采取还原论的立场：或者将心等同于行为样式，如逻辑行为主义；或者将心等同于物，如心脑同一论。有些则采取的是随附的立场，主张心随附于物，如非还原的物理论，等等。第六章"功能论"，由于目前认知哲学主流观点仍为功能论，本章将重点介绍因果角色功能论与计算功能论。第七章"物理论与功能论的理论困境"，虽然目前关于心物难题的主流解释方案仍是物理论和功能论的，但其并非没有争议，因此本章将从知识论立场来介绍一些反物理论或反功能论的案例或思想实验。第八章"意识与意向性：心物难题的意向性方案"和第九章"自由意志：我们有多自由"将离开物理论，主要讨论关于心物难题的意向性解释方案，同时会讨论关于心灵的一些传统哲学问题，如意识与意向性，会涉及所谓的"意识容易问题与难问题"、解释鸿沟等。最后，第十章"心理模块性与理性"将讨论关于心灵运作的机制，其中主要介绍福多（J. Fodor）的"心理模块性"，同时也会涉及关于人类理性选择的科学实验，如沃森（P. C. Wason）的四张扑克牌选择实验。

第一章 自我同一与他心问题

> 世界上最重要的事就是认识自我。
>
> ——蒙泰涅

在"我思故我在"的论证中，笛卡儿把"我"看成是一个心灵、一个思想、一个思维。那"我"到底指称了什么？进一步追问，"自我"究竟是怎么回事呢？我们在日常语言中经常提到的"我"到底指的是什么？身体？大脑？灵魂？心灵？或者是意指其他？确实，当我们在谈到"我"时，有时指的是我们的身体，但有时也不尽然，似乎"我"不应当只是指身体，或者更准确地说，"我"有身体，但"我"绝不只是一个身体，身体只是"我"的外在躯壳，"我"还有思想、精神、灵魂，等等。我们有时使用"我"时不完全是在谈论自己的身体，比如说"'我'在想着哲学问题"，这句话并不是说我的身体在想问题，似乎也不是指我的大脑在想问题，虽然当"我"思考时，离不开我的大脑，但这里的"我"并不是指大脑，而似乎指的是心灵。

一、自我同一性问题

（一）何谓自我？

"自我"（self）的概念对认知哲学有着重要的影响。"自我"是活动主体和哲学反思的目的指向，是作为经验、意识、情绪、意向等属性的所有者。对"自我"的探寻是哲学思辨中的一个重要议题，"自我"作为第一人称代词指代的对象，作为经验、意识、思维、信念、情绪、意向、感觉等属性的所有者，是与个人自身内部状态紧密相关的。"自我"概念发展到近代哲学，逐渐演化为以"自我"本身作为研究重心和理论始点。①

如果想通过"自我"或"我"来指称一个重要的、不可变的核心事物，那么大多数现代认知哲学家将确认世界上不存在这样的事物。"自我"作为一个不变的基本核心观念的想法来源于一个非物质的灵魂观念，这样的观点对大多数当代哲学家来说是难以接受的。由于物理主义的倾向，以及普遍接受了休谟（D.Hume）对"自我"的怀疑观点，他们认为所谓的"自我"其实永远不可能自己做什么、思考什么或感觉任何东西。然而，根据发展心理学、发育生物学和神经科学发展的实证结果，"自我"表现在一种重要的、变化无常的物质核心———一种综合表征系统分布突触连接的变化模式中，这一观点似乎是合理的。一些哲学家如丹尼特（D. C. Dennett）认为，"自我"的观点是一种错觉。

在第一哲学原理中，笛卡儿的"我思故我在"是"自我"的基石。他通过"我思故我在"确定了以"自我"为出发点，开启了真正哲学理论意义对"自我"的理论分析。那"我思故我在"的"我"究竟是指什么呢？首先，"我"绝对不是指自己的身体，相反，它指的是我们的心灵或精神实体，这构成了本质的我。在认知哲学界，笛卡儿的实体二元论目前已经不再是被广泛接受的观点了。

在日常生活中，我们常常在用"我"，但"我"究竟指什么？现在请你体验一下，在与人交流的过程中不用"我"会是怎么样一种感觉？别人会觉得莫名其妙。日常生活中我们常常会使用到"我"，例如，张三问小红身高、体重是多

---

① 高斯扬，陆杰荣．"自我"哲学概念的理论构型分析．河南社会科学，2013，(21)：35-40．

少。小红会回答说：我身高160厘米，体重50公斤。这个语境下的"我"通常是指身体。日常生活中的"我"除了指身体之外，还会指代什么呢？"我"似乎有时候指大脑，有时候指灵魂或心灵。如此看来，这个"我"在日常用语中会有多种意思。

在维特根斯坦（L. Wittgenstein）看来，我们在哲学上对自我心灵的探讨既不是身体意义上的自我，也不是心理学意义上的自我，而是形而上学意义上自我的心灵。维特根斯坦认为，要考察什么是我，什么是私人感觉，必然要研究"我"这个人称代词的特殊用法。他认为，"我"这个词有两种用法，一种是"客观的用法"，如"我身高160厘米""我体重50公斤"等，由于这些外在的表现是可以通过观察而识别的，所以不存在错误的可能性；另一种则是"主观的用法"，如"我憧憬未来的生活""我相信明天会更好"等，这些论断涉及的就是形而上学意义上的自身，也就是私人的感觉。那下面这些"我"分别是客观用法还是主观用法呢？①"我"推开窗门，迎接朝霞。②"我"想我的快乐是因为你。③天很蓝，"我"抬头仰望天空，不让眼泪掉下来。④悄悄地"我"走了，正如"我"悄悄地来；"我"挥一挥衣袖，不带走一片云彩。

（二）何谓自我同一性？

赫拉克利特（Heraclitus，B.C. 540—B.C. 470）曾言，一切皆变，无物常驻。世界是变动不居的世界。诗人及文学家常常感叹，我们处于变动不居的世界之中。那么，世上究竟有没有什么东西是永恒不变的呢？事实上，凡能找得到的不会生成变动的事物，都已在柏拉图的理念世界之中。所以我们世界上的一切事物都是变动不居的。"滚滚长江东逝水，浪花淘尽英雄。"① 所以，世界上没有一件东西是永恒不变的，一切都在变迁之中。

如果把你小时候的照片拿出来与现在的照片对比，不仅在容貌上差别甚大，而且你知道在思想上也有天壤之别。既然如此，现在的你在容貌上和思想上跟

---

① 摘录自《临江仙》杨慎：滚滚长江东逝水，浪花淘尽英雄。是非成败转头空，青山依旧在，几度夕阳红。白发渔樵江渚上，惯看秋月春风。一壶浊酒喜相逢，古今多少事，都付笑谈中。

小时候的你差别这么大，那么凭什么认定这还是同一个你呢？现在的你跟之前的你相同的地方在哪里？不仅身体不一样，而且思想也不一样了，那么有什么理由来说明这有个维持不变的东西，让你可以宣称这是同一个你？若没有维持不变的东西可以让你宣称这是同一个你，那么你又凭什么说之前的与之后的都是同一个你呢？不是一切都在生成变动之中吗？

若今日之我与昔日之我并非同一个我，是截然不同的、独立的个体，那会有什么结果呢？也就是说我们所经历过的时时刻刻的"我"都在变化之中，每时每刻与前一刻相比都是不同的"我"，那又会出现什么情况？因为一切都在生成变动之中，每一个时刻下的你都不是同一个你。如果这样会有什么样的结果呢？

想象一下，有个穷凶极恶的张三在杀人之后潜逃了，事迹败露被检察官侦查收押时大声喊冤枉，说："今日之我已非昔日之我，你们抓错人了，你们该抓的是当时杀死人的张三。"如此一来，我们有什么理由说，人就是张三杀的。我们所指的张三是什么？有没有这样的一个始终维持同一的他呢？正如赫拉克利特所言，一切皆变，无物常驻啊。人总是处在生成变化之中。

所以这个问题需要在哲学上给出解释。否则我们日常生活中的许多行为就显得没有道理可言。那哲学上的解释是什么呢？关于同一性难题最著名的例子是"忒修斯之船"（the ship of Theseus）。"忒修斯之船"是一个同一性的悖论，即假定某物体的构成要素被置换后它还依旧是原来的物体吗？"忒修斯之船"是最为古老的思想实验之一，所描述的是一艘可以在海上航行几百年的船。维修工可以不断地维修和替换坏掉了的部件，如果一块木板腐烂了，马上就有工人来用新木板替换掉它。久而久之，该船所有的功能部件都被换过了一遍，完全不是那些原始部件了，包括船员都换成了新人。那么，这艘船还是原来的那艘"忒修斯之船"还是完全不同的另一艘船呢？如果不是原来的船，那么从什么时候开始它不再是原来的船了呢？霍布斯后来对此进行了更有意思的延伸，如果把之前的"忒修斯之船"上取下来的所有老部件放在一起，用这些老部件重新建造一艘新船的话，那么这两艘船中哪艘才是真正的"忒修斯之船"呢？

一艘是功能上的连续，另一艘则是部件上的连续。

关于个体同一性的问题就如同"忒修斯之船"一样，在个体同一性的情况中，我们每个人对自己的变化都有特别的通道，对自我同一具有第一人称的经验，而第三人称的现象则是偶然的现象。从常识或直觉上看，一个人关于自己的心理状态具有不可置疑的第一人称陈述权威性，而关于其他人心理状态的第三人称陈述则不具有这样的权威性。也就是说，我们不必依靠证据或推理就可以知道自己心里在想什么。然而，如果想要知道别人的所思所想，或者别人想得知我们的所思所想，那就不得不搜集各种相关的证据，依赖一定的推理。了解自己的想法除了不需要依靠证据外，而且还具有别人在了解我的想法或我在了解别人的想法时所不具备的权威性，这就是所谓的"第一人称权威"（the first person authority）。戴维森（D. Davidson）第一次明确地把自我知识问题与"第一人称权威"联系了起来。

我们通过内省便可以获得关于自己思想的知识，并且这种知识的获得和对它的辩护都不需要诉诸外在经验的证据。同时，我们关于自我知识和关于外部世界的知识（包括他心的知识）之间存在着一个重要区别，就是前者具有直接性和权威性，而后者则不具有这样的性质。正如戴维森所言："当一个说话者声称他具有一个什么信念、希望、欲求或意向时，我们通常假定认为他是没有错的；但是当别人声称知道我的所思所想时，我们则不能够作出这样的假定。这样的差异表明一个人对自己的想法、希望、意向等类似心理状态的了解具有某种权威——即所谓的'第一人称权威'，而对别人的所思所想则无法达到这种境界。"①

（三）自我同一性的案例分析

关于自我同一性的定义，不同的研究者从不同的视角来对其进行理解。这个问题通常被认为与当代社会、心理、文化和生物力量有关，这一系列事件形成了我们所谓的特定个性，使我之为我。一般认为自我同一性就是个体对过

---

① Davidson D. First person authority//Subjective, Intersubjective. New York: Oxford University Press, 2001: 3.

去、现在、将来"自己是谁"及"自己将会怎样"的主观感觉和体验。埃里克森（E. H. Erikson）最早提出了关于自我同一性的问题。他的自我同一性的标准是独特性和连续性，即具有自我同一性的人会体验到自己是不同于其他人的，同时自己的生活又是连续的，过去、现在以及将来的自我都是自己认同的自我。① "为什么说自我具有同一性呢？"约翰·塞尔（John R. Searle）的回答是，一是我们的身体具有时间-空间的连续性；二是我们的身体结构具有相对意义上的时间连续性；三是记忆使我们的意识状态按照一定的联系次序结合在一起，四是人格的连续性。其中前两个理由是第三人称的标准，后两个理由则是第一人称的标准。

问题的表述：哲学一直关注的一个传统难题是在经历沧海桑田之后为什么张三还是张三。我们从呱呱坠地成长为七尺男儿或是窈窕淑女，经历了各种变化，如身高、外貌、体力、声音等都发生了变化；我们学习到了更多的新知识，忘记了许多旧知识，思想上也有了很大变化，自身的各种能力也在变强或变弱。在经过这些变化之后，我仍然与过去的我是同一个体吗？让一个人历时而续存的条件是什么？一个人历经了时间的流逝还能继续存在下去到底需要满足什么条件？或者经过了哪些改变之后张三就会消失，然后有什么事情即使发生了也不会使张三消失不见呢？比如整形或整容会不会让原来的张三消失不见？智慧和知识的增长会不会让原来的张三消失不见？比如死亡的来临，会不会让张三消失不见？到底是什么条件决定了过去的张三、现在的张三和未来的张三都是同一个人呢？这个同一的决定条件是什么？到底是什么使得过去与现在的你是维持同一的，过去的你与现在的你到底在哪里是表现为同一的，其根本的判断依据在哪里？这就是个体同一问题，也是历时同一问题，即历时而存在的根据是什么？

案例分析：张三得了失忆症，还是原来的张三吗？人格骤变的张三，还是原来的张三吗？成为植物人后的张三，还是原来的他吗？张三还是当初在他妈妈子宫里的那个受精卵吗？再设想一下，在未来，小红想要到火星去旅行，并

---

① 周红梅,郭永玉.自我同一性理论与经验研究.心理科学进展,2006,(1)：133-137.

且未来的科学家造出了一台传输机（像传真机一样）。在地球上摆放一台这样的传输机，在火星上也摆放了一台这样的传输机。然后，小红进入地球上的机器中，仪器扫描了小红全身的细胞状态和各种信息，再将信息传送到火星上。火星上的机器接受地球上的机器传送的这些信息后，利用当地的材料"组装"成一个新的小红。假设地球上的小红消失了，从火星上的机器中"制造"出了一个孪生的小红，这个孪生的小红与地球上原来的小红一模一样，所有的细胞构成都是一样的，其拥有的信念和地球上的小红拥有的种种信念也一样。如果你问火星上的小红"她是谁"，她也会说"我是小红"。那么地球上的小红和火星上的小红是不是同一个小红呢？

设想1：美国在1940年拍了一部电影《佐丹先生出马》（*Here Comes Mr. Jordan*）。大意是说一个拳击运动员张三遇到了空难不幸去世，但由于他阳寿未尽，灵魂又返回到阳间。可这时张三的肉体已经被损坏了，不得以，张三只能借尸还魂，借用了李四的身体继续生活。之后他借着李四的身体实现了自己成为拳王的梦想。那么，这个借尸还魂的张三，还是原来的张三吗？

设想2：张三在一场车祸之后，虽然大脑仍然运转正常，但身体各项功能已将近衰竭，不堪重负。所以，除非进行身体器官移植，否则张三活不了多久。与此同时，李四身体相当强壮，但不幸的是他罹患大脑绝症，其大脑不久之后将停止运转。医术高超的外科医生王五把张三的大脑移植到李四的身体上，从而成功救活了一个人。问题来了，王五所救活的人究竟是张三还是李四呢？如果医院要开具死亡证明，那么将要宣布是谁死了呢？或者，如果你是户政工作人员，要登记并核发新的身份证，那要核发谁的身份证呢？

认为救活的是张三的人，大概依据其心理记忆有连续；而认为救活的是李四的人，则是依据其身体的连续性来认同的。在时间轴上维持同一的就是这两派观点。选择张三的人，他们认为同一的基础是过去的个体与现在的个体在数量上是同一的，那么这个个体在心理上维持了某种连续。如果未来的某个个体与现在的个体是同一个的话，那么也要维持某种心理上的连续关系。张三之所以跟过去的张三是同一个，是因为现在的张三继承了过去的张三一些心理上的特质；未来的张三和现在的张三也是同一个，是因为未来的张三继承了现在张三心理上的一些特质，包括信念、思考能力、爱好、记忆等。在时间连续中，张三一定是在心理上有继承关系。但究竟什么样的心理特质才算是人格同一的标准呢？有人认为是记忆有连续性，现在的你能记得你小时候的种种经验，这样的记忆联结能让过去的你和现在的你是同一个。同样未来的你和现在的你也要有记忆联结。这是以记忆为依据的判准。可是如果失忆，那是不是就不是你了呢？同样，选择李四的人，主张过去的个体和现在的个体在身体上有连续性，不管李四的习惯、性情如何改变，只要李四与生俱来的身体持续存在，那么李四还是原来的李四。

（四）自我同一的标准

关于同一性，人们通常使用的标准至少有三个。

（1）身体在时空中的连续性。我们的身体在时间和空间中是连续的，从呱呱坠地到现在一直是连续的。这种时空连续性比任何其他的标准更加可靠。但是，我们身体的时空连续性并不意味着身体某个组成部分在时空之中也是连续性的。比如因为新陈代谢，在分子层次上身体是一直在不断更新的。

（2）相关结构的时间连续性。虽然身体结构在不断变化，如长大、长高或变老等，但我仍然被认为是同一个人。因此，除了纯粹的时空连续性，还需要承认我们的身体结构会发生规律性的变化。

关于个体同一的标准，上述两种情况并不足以支持第一人称的观点。即使我们对自己有认知权威性，即使我的大脑被装在了小狗身上，但我仍然知道我是谁，因为我有第一人称权威性。

（3）记忆（memory）。在第一人称个体同一概念中，记忆扮演着重要的角色。我能有意识地回忆起我之前所经历的事情。从第一人称观点来看，我感觉自己完全是同一个人。即使随着时间的推移，在很大程度上我仍有能力知道我之前所发生的事件。我们对于过去所发生的事情有一系列的意识经验，并且能够调取有关自己过去所发生的事情的记忆。即使第二天我很可能会在不同的身体中醒来（穿越剧中经常出现的桥段），但我仍然是我，因为我还有关于过去事件的记忆，仍然有关于过去事件的意识状态。

约翰·洛克（John Locke）认为这是个体同一的本质特征，也就是我们有关于过去事件的记忆。但霍布斯和休谟却反驳说，一个人在年老的时候可能会记得中年时期的一些事情，或者在中年时期记得童年时的一些事情，但是在年老的时候很难记起小时候所发生的事情。因为衰老而忘记事情似乎并没有反对同一论，因为意识经验与记忆是一块儿发生的。

然而，有一种反对意见说关于记忆的判定标准会陷入循环论证。我们可以说一个人能记住之前发生的事，前提是这个人与之前经验这些事件的是同一个人。但我们不能因此根据记忆来解释个人同一性，因为记忆问题预设了我们试图解释的个体同一性问题。一个人 p_2 在 t_2 时是与之前的 p_1 是相同的一个人，当且仅当 p_2 在时间 t_2 可以记得 p_1 在 t_1 时所发生的事情，所讨论的问题是意识经验及记忆体验本身就是一个有意识的体验。这一主张存在的循环证明如下：p_2 在 t_2 时真的记住了 p_1 在 t_1 时所发生的事件，而不仅仅是他记得 p_2 与 p_1 是同一个。但如果这是真的，那么我们不能使用记忆来证明同一性，因为我们需要把同一性作为记忆有效性的必要条件，而非充要条件。这个论证本身就质疑了记忆是否成为个体同一的一个重要组成部分。个人同一的标准是什么呢？如果通过满足这些条件而得出 p_2 在 t_2 时将与 p_1 在 t_1 时是同一个，那么这个标准是失效的。因为不管我有多少关于诸葛亮的记忆，我也不可能是诸葛亮。

二、他心问题

笛卡儿把"我"看成是一个心灵、一个思想、一个思维。那"我"真的只是一个心灵吗？那究竟什么是心灵呢？我知道我有心灵吗？除了我之外，其他人还有心灵吗？与自我同一相关的另一个重要哲学议题，便是他心问题（other's mind）。

一般来说，心灵状态是私人的。我们对自己的心灵有特别的感知通道，或者说心灵的状态或内容对我们自己具有透明性。我们对自己的思想或所经历的疼痛具有自我意识，而对于别人的心灵事件只能进行揣测和推论。毫无疑问，你获取自己心灵状态的途径是直接且不需要任何中介的，而我获取你心灵状态的途径则是间接的。因此，我们也可以说，心灵状态是'私人的'，它只能被拥有它的人（或生物）所直接感知到，他人只能通过其外在表现来进行推测。我对你心理活动的观察永远也不可能像你自己的内省那样是直接感知的。①

笛卡儿认为人类对于自我具有直观知识，也就是说他或她能直觉到自己的心灵状态或意识内容，而不需要借助任何中介。根据笛卡儿的理论，每一个人都有一颗心灵，而且我们的直觉会直接地知道自己心灵活动的内容。我知道我是有心灵的，我知道我有喜怒哀乐、七情六欲，我知道我会思考、推论、想象，这些都是我自己可以直接感知到的。那别人跟我一样有心灵、有七情六欲吗？他们也会思考、推论、想象吗？我确实知道自己会思考、会规划未来，确实知道自己有七情六欲，知道自己此时此刻正想着去北京玩，知道自己此时此刻心情愉快，也知道自己的此时此刻正喝着绿茶的感受，等等。总之，我知道我是有心灵的，我对自己内心世界的知识有直接且确凿的把握。

人们对于自己的心灵现象具有第一人称优先权，所以自己的心灵及其状态的存在是确定无疑的，这是一种唯我论立场。如当我胃痛时，我是直接就可以感知到的，这是确定无疑的亲知知识（acquaintance）。而对于他人的疼痛，我们只能进行推测，或通过他人的描述（description）而知。但我们究竟怎样才能知道他人的内心体验呢？就算可以观察，我们观察到的很可能是一个无心人，虽然他表现得跟正常人一模一样，但实际上他体验不到任何感知。也有可能是一个受程序控制的机器人，他表现出来的行为跟正常人类的行为一模一样。那我有什么理由说人类可以感觉到痛，而这个受控制的机器人就感觉不到呢？再者，你回到家看到家里养的小花狗，你挥手示意让它过来，小花狗会摇头摆尾地朝你走过来，甚至会绕着你上蹿下跳。那又怎么来解释小花狗的这些行为呢？对于动物的行为也能用描述人类心灵活动的语词来加以表述吗？动物与人一样有感觉、有欲望、有信念、有期望、会思考、会决断吗？

---

① 约翰·海尔. 当代心灵哲学导论. 高新民, 等译. 北京: 中国人民大学出版社. 2006: 18.

别人也有心灵吗？我能够知道他人也有心灵吗？我如何知道在我面前的张三和我一样，也具有七情六欲呢？我怎么知道张三也会推理、希望、想象和具有欲望呢？我怎么知道同学们都是会思考、推理、下判断的呢？我如何才能断定我的好朋友是有心灵的呢？这就是哲学上著名的"他心问题"。我们所面临的难题是，科学只是对客观的、可观察的事件进行研究，而我们心灵的状态或内容只有我们自己能观测和把握，通过科学手段我们只能了解到大脑的神经元活动，但无法观察或检测到心灵本身的状态。

"理论论"（theory-theory）和"模拟论"（simulation-theory）是当代两种关于"他心"认知模式的常识心理学。其中以多伊奇（M. Deutsch）、博特里尔（G. S. Botterill）和福多为代表的"理论论"哲学家们认为，人们是以"信念""愿望"等概念来解释和预测自己和他人的行为，根据心灵中已经存在的一套读心理论来解读他心。"而以戈登（R. M. Gordon）和戈德曼（A. I. Goodman）为代表的'模拟论'哲学家则主张，人们是以自我为模型、以自身经验模拟他人经验的方式来阅读他心。"①无论是"理论论"还是"模拟论"，在解读"我心"和"他心"问题上都存在着无法消弭的非对称性，即"我心"知识是直观的、第一人称的自明知识，而"他心"知识却是非透明的、非直观的知识。他心问题辩护的是关于他心信念的合理性，即如何证明其他人也跟我们自己一样拥有心灵或心理状态。目前关于他心问题有众多的解决方案，但是没有一种方案是令人信服和满意的。

（一）他心问题在说什么？

他心问题是当代认知哲学研究中的一个重要问题，简单地说就是我们能否知道以及怎样知道他人有心，即我们如何知道他人也有情绪、思维、内在经验，等等。从常识来看，我们不怀疑其他人也有内心世界。虽然我们不能具体知道他人内心世界里的想法，但是我们不会去怀疑他人的主观经验与我们的主观经验是一样的，例如他们也会体验到开心、痛苦、思考、信念、情感、情绪等。

---

① 殷筱.常识心理学"他心知"认知模式的非对称性.哲学研究，2013，（3）：95-100.

但是，如果他们真有这些主观经验的话，他们的主观经验与我们的确实是一样的吗？我们又如何来证明他们确实拥有这些经验呢？

现在假设张三没有"化妆镜"这一概念，但是我有。原则上来说，张三是可以从我这里学习到这一概念的。同样，可能张三有一些概念我没有，原则上我也可以从张三那里学习到这些概念。关键在于，物理概念是可以通过这样的方式来习得的，那心理概念如何习得呢？假设张三处于某种心理状态 M 之中，与之相对应的概念是 C。我如何获得概念 C 呢？我又怎么才能确定我学习到的是正确的概念，即我要如何才能知道 C 意指 M 呢？假设我处于某种心理状态 M_1，与之相对应的概念是 C_1，那张三如何从我这学习到 C_1 呢？与心理概念相关的问题是心理语词的习得与使用的问题。不论是我还是张三或李四，在使用"化妆镜"时，都是指的相同的事物。但是心理词汇如何能是公共的呢？因为我不可能亲身体验到张三或李四的心理状态，我也不可能确切地知道他们的心。

维特根斯坦在《哲学研究》(*Philosophical Investigations*) 中论述道："如果我假定有人处于疼痛之中，那么我只是假设他拥有我刚才所经历的感觉，这没有其他事物……以同样的方式，这不是解释：其他人拥有一种疼痛的假设就只是假设他的痛与我的痛是一样的。因为这一部分语法对我是再清楚不过的：人们会说如果炉子拥有与我相同的体验的话，那么炉子和我一样也处于疼痛中。"[①]

除了我心以外是否还有其他心灵的存在？如果有的话，如何能够证明呢？我们能否认识他人的心灵及其活动、过程、状态等？哲学家们一致认为，他心问题的基本问题为，是什么让我们持有他人也有内心世界这一信念，而不是说在特定的情况下，我们是否能够确定他人有内心世界。

他心问题引起人们广泛的关注是在 19 世纪，密尔（J. S. Mill）把它作为一个重要哲学问题引入了人们的视野。密尔认为，他心理论的核心思想是在心理状态和行为之间存在因果关系。显然，这一问题可以追溯到笛卡儿对心物的二元区分。笛卡儿认为，只有人类才具有心灵。洛克也提出了类似的观点，他相

---

① Wittgenstein L. Philosophical Investigations（4th ed）. Anscombe G E M, Hacker P M S, Schulte J(trans.). Oxford: Blackwell Publishing Ltd., 2009：118（§350）.

信我们对他人的心灵是不可见的。① 在密尔之前，托马斯·里德（Thomas Reid）认为存在关于"他心"的哲学问题。实际上，是里德第一次使用了"他心"这个词。② 然而，由于其他心灵的不可观察性，通过理性的推理无法证明其他心灵的存在。

我们对自我意识具有直观性，那么我们是否对于其他人的心灵状态也具有直观性呢？换言之，我们是如何知道其他人的心灵状态或意识内容的呢？例如我怎么来确信站在我面前的张三具有心灵状态或意识内容呢？目前，我们能够做到的就是观察张三的身体及外在的物理表现。比如张三说了些什么，有什么肢体动作，等等。即便如此，我所能够知道的，或者所能够观察到的也只是张三的一些外在的物理现象。那我如何能够知道张三或者其他人也具有心灵状态或意识内容呢？

20世纪中叶之前，关于他心问题的类比推论一直占据统治地位。现在越来越多的人认为这种类比推论是有问题的，因为这种类比推论是不充分的。主要有两方面的原因：首先，他心存在的结论是不可检验的，在逻辑上检验他心存在是不可能的；其次，对他心存在的论证似乎基于对自我观察的归纳论证，而这种归纳论证本身是成问题的。我们每个人都只是从自己的情况中来推论其他人是否处于疼痛中或处于其他心理状态之中，这样的推论是没有根据的。

解决类比推论缺陷的一种更为普遍的观点是通过标准证据来处理，即要求观察足够多的案例，我们才能知道其他人是否有心灵，对他心的信念进行行为的推导。因此，一些英美哲学家认为，对于他人行为的最好解释是，他们的行为是由他们自己的心理状态所引起的，如张三手舞足蹈的行为是由他的某种心理状态所引起的。

目前关于他心问题的各种观点仍处于争论之中，没有最终的结论。关于他心问题，哲学家有两种思路：首先，在认识论方面，他心问题涉及的是除了我自己有心理状态之外，有没有哲学上的证明来验证他人也有心理状态；其次，

---

① Locke D.Myself and others. Oxford: Oxford University Press, 1968: 111.
② Somerville J. Making out the signatures//Dalgarno M, Matthews E（eds）.The Philosophy of Thomas Reid. Dordrecht: Kluwer, 1989: 249.

在概念向度上，即使承认除了我有心理状态之外他人也有心理状态，那我们所形成的他人有心理状态的概念又是如何可能的，或者说我们有什么方法来知道他人是有心理状态的。

（二）唯我论与"甲虫"事例

1. 盒子里的"甲虫"与私人语言

维特根斯坦认为，在逻辑上理解私人语言是不可能的。不管怎样，我们都面临着一个困境：科学只限于对客观事物进行研究，而心灵的状态是主观的、私密的，对心灵的研究处于科学研究之外。因而除了自己的心灵之外，我们还是无法了解到他人心灵的状态。人们普遍认为自然语言是一种共享事物，具有公共属性。从本质上讲语言是公众的，理解这一说法与维特根斯坦的私人语言论证有关。维特根斯坦在他后期的主要哲学著作《哲学研究》中曾经提出一个有说服力的假说——"盒子里的甲虫"，其大意如下："假设每个人都有一个不透明的盒子，并被告知其中装有人们称之为'甲虫'的东西，每个人只能看到自己盒子中的情况而不知道其他人盒子中的情况。因此每个人都只知道自己盒子里的'甲虫'是什么样子。另外还有什么其他东西？甚至盒子里可能根本没有东西，这些只有自己才知道。假设有这么一种情况，每个盒子中的'甲虫'都是不同的东西，这个东西甚至可以不断变化。现在每个人都宣称只要看看自己盒子里的东西就知道了所谓的'甲虫'指的是指什么。"① 维特根斯坦指出，这样一来"甲虫"这个词可能不是任何东西的名字，因为在场每个人的盒子里的东西可能都不一样，或许有些人的盒子里根本没有东西。因为每个人的盒子里放的可能根本不同，又或盒子里什么都没有，所以我们不能确定当大家使用由此习得的"甲虫"这个词时，谈论的究竟是不是相同的事物。

维特根斯坦指出，这种主张的结果表明心理语言是私人的，如果心理语言是私人的，则私人语言是错误的。我们无法判定私人语言为真还是为假，这类词也根本没有意义。如果我们接受在他心问题中存在自己与他人心理状态的不

---

① 维特根斯坦.哲学研究.韩林合,译.北京：商务印书馆.2015：172（§293）.

对称性问题，那么我们可能无法摆脱他心难题。最近，卡萨姆（Q. Cassam）提出通过知觉模式来解决他心问题，即知觉的感知模型[1]。首先，知觉的感知模型也承认我们并不能看见他人内心的愤怒，但是我们可以看到他人生气了，知道这一点的关键是基于我们的视觉证据，如小红露出了愤怒的表情，发牢骚，摔东西，等等。当然我们相信小红生气的理由是非推论式的。这个模型可以应对类比推论的反对者对于视觉证据的怀疑，而不需要引入自己的经验证据。卡萨姆的观点似乎还是从行为主义出发的。哲学行为主义认为解释他心问题是容易的，主张心理状态只不过是行为或行为倾向，而了解他人的行为或行为倾向是没有困难的。此外，功能论也接受存在他心问题，但同时也主张解决这个问题并不难。功能论还主张，心理状态被视为是有机体对环境进行回应的一种状态，不同的心理状态是通过他们的各种因果角色来描述的，例如，灼伤感是一种内心状态，通常是由被烧伤的行为引起的，然后导致了畏惧、哭喊等其他行为。同理，要判断其他人是否也拥有这种内心状态，只要仔细观察他们在类似情况中的表现就可以了。在他心问题中有一派极端的观点，即取消唯物论（此部分内容将在第五章讨论）。取消论把心理状态给取消了，如果没有心理状态，那也就没有所谓的他心问题了。

因此，维特根斯坦预设了私人语言的不可能性，因为私人语言是只有使用者自己才知道它的意义。然而，任何一种语言要称得上是语言，最起码应当有被正确使用的可能。这意味着，私人语言的使用者应当有可能做到用与他自己的定义相一致的方式使用它。可是，按照私人语言的定义，使用者用以确定自己的使用正确与否的依据只能是他的私人感觉。在这种情况下，使用者最多只能说他感觉到自己是对的。但是，一个人感觉到自己对，并不代表他实际上就是对的。"在我看来是正确的，就是正确的。而这样只意味着我们在这里无法谈论'正确'。"[2] 鉴于在私人空间中找不到客观标准来确定用法的正确与否，因此私人语言是没有意义的。用这种语言来谈论心灵注定会引起混乱。维特根斯坦

---

[1] Cassam Q. The Possibility of Knowledge. Oxford：Clarendon Press，2007.
[2] 维特根斯坦. 哲学研究. 韩林合，译. 北京：商务印书馆，2015：160（§258）.

想做的一项工作就是为我们提供一种新的理解心灵的方式,这种新方式一般被称作"判据(criteria)理论"。① 判据理论认为,心理概念的意义不是由私人感觉而是由独立于感觉的判据确定的。判据不同于征象(symptom)。一个事物的征象是经验揭示出来的。假如我们认为"痛"这个心理概念的确是在表达痛这种心理现象的话,我们就得承认有一种痛的判据。这个判据不能是私人的,维特根斯坦称其为疼痛行为。疼痛行为的判据决定了它与疼痛之间存在一种必然关系,疼痛以疼痛行为为必要条件。"你所说的一切最终不就归结为这样一点吗?如果没有痛这一行为(举例来说),就没有痛的存在。"② 根据该见解,像痛一类的感觉现象只能通过与其他东西发生关系的方式存在。所有心理现象都如此。"在此意义上,可以说外部现象只是内心的寓所。"③

维特根斯坦的观点是对传统心灵观的颠覆。按照传统心灵观,内心状态是外部现象的原因,在时间上它是先于外部的。而维特根斯坦则认为,内心状态是依赖于外部现象的,它需要外部的规定与彰显才会出现。外部的现象不是内心的状态所造成的结果,而是内心的表达。④ 在认知哲学中,维特根斯坦因否认私密心理状态的存在而走向了哲学行为主义的立场。维特根斯坦主张,应当把第一人称的心理状态看作是类似于自然的、非语言的行为方式,例如,我头痛的心理状态就等同于大喊"哎哟"、看医生、按摩头部等行为。既然如此,我们似乎可以认为维特根斯坦因此消解了他心问题,因为"他心"不过就是他人显现的行为而已。

2. 唯我论立场

维特根斯坦的"甲虫"例子表明,人们习惯于也必须从自我的立场出发,这首先会导致唯我论(solipsism)立场,其次还会产生无意义的问题,如前所述,心理状态具有私密性的特征,而且描述心理状态的语词也是私密的,所以当张三使用"痛"一词时我们无法确定他对于"痛"这个语词的用法跟我们的

---

① Malcolm N. Wittgenstein's Philosophical Investigations. The Philosophical Review, 1954,(4):543-547.
② 维特根斯坦.哲学研究.韩林合译.北京:商务印书馆.2015:167(§281).
③④ 王华平.他心的直接感知理论.哲学研究,2012,(9):77-86.

用法是否一致，或者说我们只能知道自己的"痛"意指什么，我们无法确认其他人的"痛"也是如此。所以，张三和我对"痛"这个词的用法，谈论的是否是相同的心理状态，这是无法确定的。

或许我还可以说我观察到张三和我的心灵状态具有类似性，所以我们能够从自己的心灵状态来推出张三的心理状态。假如我被人踩了一脚，会有相关的面部反应及肢体动作，而张三在被人踩了一脚的情况下也会有同样的面部反应和肢体动作。但问题在于我如何能通过张三的言语、行为来确认张三是否具有与我相同的内在状态呢？我又如何来证明我的推论的正确性呢？对于这个问题是没有办法像证明科学假说那样得到证实的。这样一来，我就是这个世界上唯一具有心灵状态或内容的人。

唯我论就其极端性一般分为三种。第一种是最极端的形式，认为我是这个世界上唯一具有心灵状态的人，在某种情况下除了我的心灵之外世界无物存在。第二种是认识论的唯我论，即其他人很可能有心灵状态的存在，但我没有办法查明，也没有办法来确定，因为我所能够观察到的只是他们的外部行为而已。第三种唯我论认为，其他人确实有心灵状态，但是我从来也不能确定他们的心灵状态与我的是否是一样的。有可能张三看到的明明是红色，而在李四眼里却是绿色。但他们的外显行为却是一样的，例如让张三和李四同时从各种水果中挑出红色的苹果，他们都能正确地选出相同的红色苹果。但张三看到的红是实际上的红色，而李四看到的绿才是实际上的红色。那么我们如何来确证他们拥有相同的心灵状态呢？

"唯我论乍看之下是个非常荒谬的哲学立场，但其论证不容忽视。"[①] 前面说过，唯我论的哲学立场的源头来自于笛卡儿。虽然笛卡儿沉思的最后结论是心物二元论，但他为了建立关于外在世界的知识，以梦境论证和恶魔论证（稍后将在下一章讨论）进行方法论的怀疑，并用以否认我们外在世界的知识，乃至于数学知识。这两个论证也同时否认了他心的存在。

---

① 彭孟尧. 人心难测：心与认知的哲学问题. 北京：生活·读书·新知三联书店，2006：44-45.

（三）他心的认识论问题

之所以会产生关于他心的认识论问题（the epistemological problem of other's mind），是由于我们自己会有特别通道来访问自己的内在经验，而我们却没有特别通道来访问他人的内在经验，这二者之间存在着根本的差异。我们通常是直接地知道自己正处在某一种特定的心理状态之中，我知道我是有心灵的，因为我意识到，也知道我此时此刻正在想什么，我意识到，也知道我此时此刻正在做什么。例如我知道我正处于剧烈的疼痛之中，或瘙痒难耐，或闻到花香，或看到一株牡丹花，或感到很沮丧，或相信今天是星期三，等等，这些心理状态我是直接知道的，我也意识到我有这样的知识。但是，我如何能够知道他心的存在呢？我如何知道在我面前的人是有心的个体呢？我有什么好的理由来支持他人有心这一信念呢？我对于自己有心是具有直接的感知通道，或第一人称权威性，也即特许达取，但对他人所处的心理状态只能通过间接的渠道来了解，因为我不可能直接体验到他人当下的心理状态。正是这种鲜明的不对称性，才产生了关于他心的认识论问题。

所谓他心问题的不对称性是指，我们的内心世界对自己来说是直接、直观的，而他人的心灵对我们来说不是直接可知的，我们无法通过内省或科学的手段来得知他人的内心世界。一种是我们可以直接得到的特定知识，另一种是我们无法直接获得的特定知识。这里不是说在可观察、可感知和可感觉的事物与不可观察、不可感知和不可感觉的事物之间存在着不对称性，即使我能够观察到他人的心理状态，也并不意味着他心就没有问题了，因为我们仍然缺少足够的证据来支持这一论证。我们需要的是有能力来观察我们所体验到的他人的心理状态，即他人的心理状态必须是由我亲自来体验的。我对他人的心理状态的体验必须有足够的能力来保证，这是关于他心问题的认识论问题。除非我拥有关于他人心理状态的直接知识，否则，我们将永远无法知道他人的心理状态存在与否。

从常识来看，我不知道他人是否具有心理状态，这是很难服众的。试想张三拥有一种神奇的心灵感应术（telepathy），他能够直接知道他人的内心想法。

即使张三通过心灵感应术与他人的心理状态是"通电"的，但是张三仍然是通过感应术来获取他人的心理状态的，而不像自己心理状态那样能够直接知晓，张三仍然没有关于他人内心世界的直接知识。人们会直接感知到自己牙疼的痛楚，但这种痛楚是无法传递给他人的。我们每个人都直接知道自己的内心状态，却永远无法了解或知道其他人的内心状态。

我们究竟怎样才能知道他人的内心体验呢？一般来说，关于他心的认识论问题有三种解决方法。第一种也是流行的一种解决办法是诉诸最佳解释推理，即对他人行为的最好解释是假设其他人也拥有内心世界。因为人类的心理状态作为原因会导致他们的行为作为结果，因此，推断其他人拥有心灵是基于对他们行为方式的最佳解释。第二种也是传统的解决办法即用类比推理（analogical inference），也即诉求于自己和他人之间的相类性，用这种相类性来作为我们确定其他人有内心世界的基础。而第三种也是标准的解决方法，即认为在行为和心理状态之间的关联不是最佳解释推理，也不具有任何的归纳推理，而是一种心理因果关系。

1. 心理因果关系

想想我们到底是怎么知道自己以外的人也是有心灵的，大概只能通过观察他人的行为，包括面部表情及肢体动作等，然后我们会主观地认为张三出现这样的行为一定是由于他也正处于某种心理状态之中。这是一种从行为反推内心世界的推论。通过分析可以发现，在进行推理的过程中我们用到了两种推理：一种是"心理因果原则"，另一种是"类比推论"。也就是将张三的"心理－行为"的因果关系类比到我们自己的情形中。我之所以对胃痛作出某种行为，是由于我自己处于某种心理状态之中。如果张三也出现了与我相类似的行为，那我想张三大概也与我一样，处于与我相同的心理状态之中（当然要先排除张三的行为是在模仿或在伪装）。因此，我们通过观察他人的肢体动作和面部表情、听他说出有意义的语言、读他写下的文字等，就可以知道对方有哪些心理状态、有哪些想法、意图和欲求……从这些推论来确认对方是有心的个体。

哲学家所说的"他心问题"是想表明心理因果解释根本无法解决他心问题，自我类比推论在这个问题上也无济于事。因为我们没有任何可靠的、令人满意的方法或原则，来确定其他人是不是也有心，是不是也有七情六欲，是不是也会作思考、进行推论、下判断，等等。从常识来看，哲学家所讨论的他心问题难以服众。为什么呢？因为要假设在讲台上滔滔不绝的老师是没有心灵的，坐在自己身边的同学也是没有心灵的，或者说每天一起生活的父母是没有心灵的，等等，这些都是令人难以接受的。虽然我们不一定能内省到同学、父母或者好朋友的内心状态，但我们通过观察对方的面部表情、听他们说出一些有意义的话、观察他们的肢体动作、读他们写的文字等，就可以知道对方有哪些心理状态、有哪些想法、有哪些意图、有哪些欲求，从而就可以确实对方也是有心灵的主体。这些关于他人心灵的知识都建立于"心理－行为"的因果推论之上。因为个体产生外部行为的原因是由于他具有内在的心理状态，而且这种"心理－行为"的因果关系是具有普遍性与规律性的。

这个推论用到了"心理因果原则"。所谓"心理因果原则"是指通过主观观察我知道 A 引起 B，其中 A 是一种思想或情感，B 是一种身体行为，比如说一种陈述。我还知道，每当 B 是我自己身体的一个行为时，A 就是它的原因。现在，我在我之外的身体上看到了一个类似于 B 的行为，而我此时没有类似于 A 的思想或情感，但我在自我观察的基础上，仍然相信只有 A 才能引起 B，这种因果关系具有规律性与普遍性。我据此而推断出在我之外的这个身体上也存在一个引起 B 的 A。"以此为基础，我进一步推论，他人的身体与心灵也是相联系的，这些心灵与我心灵的相似取决于他们的身体行为与我自己的身体行为的相似。"①

如果对"心理－行为"的普遍归纳确实是正确的，如果其他人与我的行为也相似，那么通过与我的类比，这些归纳对于他们也是正确的。因此，我将有理由得出关于个体心理状态的具体推论。使用心理因果推论的首要条件是心理因果定律的建立，而心理因果定律的建立有两种途径："①通过对于视觉、推想、语言习得以及各种认知机制的科学研究，建立心理现象的普遍规律；②通

---

① 高新民，储昭华. 心灵哲学. 北京：商务印书馆，2002：877.

过对'心理-行为'因果关系的观察，经由归纳而建立起心理现象与个体行为之间的规律。"①

因此，任何一个人的外在行为的原因是他具有相关的内心状态，而这种"身心"之间的因果关系具有规律性与普遍性，例如昨天天气预报说今天会下大雨，如果没有其他因素干扰的话，那么我今天出门会带雨伞。再如夏季天气炎热口渴难耐，于是我会去买冰水或买冰糕来解渴。再如老师规定明天是交课后作业的最后期限，那么同学们肯定会抓紧时间在此之前完成。因此，如果我观察到其他人也有与我相似的行为时，我就能反推其他人也具有与我相似的心理状态，由此我也就可以推论出他也是一位有心灵的人。如果接受心理因果原则的话，就可以得出其他人也是有心灵的推论，进而解决他心问题。

人们一般来说都会接受"身心"的因果推论或因果原则，但是接受的理由是什么？换句话说，我们为什么必须接受心理因果原则呢？有什么理由认为任何两个只要具有相同的或类似的心理状态，就会产生相同的或类似的行为呢？事实上，心理因果原则所主张的那种规律性，并不完全适用于所有的心理因果现象。行为与心理状态之间的实际关系不是一对一的，而是多对多的。不同的人在心理承受力、面对刺激时的反应、思想的行为表现等方面是有很大差异性的。换句话说，当某个环境刺激出现时，个体会同时有多个心理状态出现，进而产生多个行为。两个人只要具有相同的或类似的心理状态，就一定会产生相同的或类似的行为吗？试想两个人虽然具有相同的心理状态，却完全可能有不同的外显行为，比如有的人会喜极而泣，而有的人喜极却不一定会泣。这样两个具有相似的"喜极"心理状态的人，一个在哭而另一个却在笑，怎么解释相似的心理状态产生不同的行为呢？再如，张三和李四都相信明天会下大雨，但张三决定第二天带雨伞，而李四决定与女朋友一起淋雨，因为这样比较浪漫。反过来说，张三和李四虽然具有不同的外显行为，但却完全可能处于同样的心理状态中。再如，张三、李四和王五都处于开心的心理状态之中，但张三开心的原因是因为他考试得了高分，而李四开心的原因是他喜欢的女生终于答应做

---

① 费多益. 他心感知如何可能？哲学研究，2015，(1)：119-128.

他女朋友了，而旁边的王五或许很"二"，看到他们俩这样开心，也来模仿他们高兴的样子。

这些例子说明心理因果关系所主张的规律性似乎并不能适用于所有的心理因果现象，它不具有广域可用性，而且个体的一个外显行为可能对应多个心理状态，或者一个心理状态可以具有多个外显行为。因此，心理因果关系的有效性是值得质疑的，从而作出的类比推论只能是一种仅供参考的结论，逻辑上是不能作为可靠依据的。

除此之外，通过心理因果关系来推论他人是否有心灵，还存在着问题乞求（begging-question）的错误。我们所要探讨的是究竟有没有方法得知自己以外的他人是有心灵的。然而在上述推理的过程中，我们首先预设了心理因果关系是适用于张三、李四和王五的，然后我们才能根据对他们行为的观察来进行由果溯因的推论，也就是从他们的行为结果来反推心理原因。也就是说我事先已经预设了张三、李四和王五等人都适用心理因果关系，或者我们事先预设了他们有心理状态，否则的话我们凭什么认为他们可以适用心理因果关系呢？但是最令人困惑的也是我们所要寻找的，就是有没有什么方法来知道对方是有心灵或有心理状态的。

再者，我们为什么不对正在使用的电脑采用心理因果关系呢？为什么不对石头、树木或者蚯蚓使用心理因果原则呢？在日常生活中，我们总是潜意识地预设了人类是具有心灵的主体，所以才会不假思索地对他人施用心理因果关系，再依据他人的行为来进行"身心"的因果推论。所以心理因果推论已经预设了我们承认其他人是有心灵主体的。但这种解决办法从根本上犯了问题乞求的错误。

此外，我们对于自己的心灵经验是具有认知权威的，但是我不能将我的认知权威运用到其他人身上，因为很有可能其他人的心灵被恶魔所操控，甚至他只是一个机器人，例如对方只是一个"缸中之脑"[①]。当然我们不是要断言我们没有办法知晓他人的心灵，这里论证的用意是想表明我们没有任何方法或原则来排除对方是没有任何心灵的个体。究其原因是我们不知道心理因果原则适用哪

---

① "缸中之脑"是普特南针对图灵测试提出的思想实验。

些人，除非回到问题乞求的原点，我们先假设他人是有心灵的，否则就无法使用心理因果原则进行推论。

2. 自我类比推论

从常识来看，人们非常相信类比推理，即诉求于自己和他人之间的相似性，用这种相似性来作为我们确定其他人具有内心世界的基础。首先，假设其他人像我一样，在相类似的情况下其行为与我的行为也是类似的，也拥有与我相同的心理内容，例如，当我被人踩了一脚时，我会疼痛得大叫并且退缩一步。当张三被人踩了一脚时，他也作出了同样的反应。由此我可以推断出张三也处于类似于我被踩到时的疼痛之中。基于众多的相似之处，我能推断出其他人与我一样，也拥有一种与我类似的内心世界。简言之，这种类推的做法是，首先观察自己的行为及心理状态，然后在自己的心理状态和行为之间进行因果推论；然后再把类似的情形使用到其他人身上，从观察到的其他人的行为推断出其心理状态。

在很长一段时间中，类比论证被认为是他心问题的标准解决方案。对他心的认识论问题，类比论证可概括如下：①我在某种情形中具有某种心理状态而作出某种身体行为；②他人与我有相似的情形；③他人在相似情形中作出了相似的身体行为，因此，他人在那种情形中具有与我相似的心理状态。首先提出类比论证的是密尔，罗素（B. Russell）和艾耶尔（A. Ayer）也是该理论的著名支持者。[①] 艾耶尔曾提出，类比论证是人们通过观察自己，然后基于自己心理状态和行为之间大量的相关性来作出推论。[②] 例如，我观察自己，如果我知道明天要下雨的话，那么我明天会带雨衣或雨伞。如果张三踩痛我了，我会"哎哟"一声，甚至可能皱眉头或者蹲下来看看脚是不是红肿了。我可以观察这些现象并得出环境与我的心理状态及行为之间的某种关联性。接着我观察到别人跟我在相同的情况下遇到同样的事情的时候，也表现了与我相同或相似的外显行为，

---

① 王华平. 他心的直接感知理论. 哲学研究，2012，（9）：77-86.
② Ayer A. The Concept of a Person. London：Macmillan，1963：219-222.

因而我采取类比推论,得出了其他人在这种情况之下之所以产生跟我相同或者类似的行为,是由于其他人跟我一样,也处于相同的心理状态中。具体来说如下。

前提一:当在某种情境中,某种物理刺激(手被针扎)出现时,我出现某种行为(捂手),出现这种行为,是因为我处于某类心理状态(感到疼痛)之中。

前提二:在相同的情境中,当我观察到他人如张三在某种物理刺激(手被针扎)出现时,出现某种相同的行为(捂手)。

结论:张三处于某种心理状态(感到疼痛)之中。

正如罗素所主张的,我们必须诉诸某种可以比较合理地被称作"类推"的东西。他人的行为在许多方面与我们自己的行为是相似的,因而我们可以假定他必然也有相似的原因。我们所说的话是我们在有某些思想时所要说的,因此我们推论他们在说这些话的时候大概也有这样的思想。他们向我们提供了我们在以后有时能予以证实的信息,他们的行为方式与我们在应当高兴(或不高兴)的外界条件下高兴(或不高兴)时的行为方式一样。我们也许会和朋友一起谈论一些我们共同经历过的事件,并发现朋友的回忆与我们的回忆是一致的,这一点在他忆及那些我们已经忘却但又被他重新勾起思绪的事情上更有说服力。假设你给你的孩子出了一道算术题,他凭运气得到了正确答案,这可能使你误认为他有算术推理能力而不去考虑孩子的运气。总之,"我对于刺激的反应与'无生命'的物质的反应在很多方面都不相同,而在所有这些方面别人却和我相似。由于我清楚地知道,那些支配我行为的因果律一定与我的'思想'有关,所以我就很自然地推断,同样的因果律对于我的朋友们的类似行为也是适用的。"[①]

同样的类比推论还可以用于其他"身心"因果关系之中。当我面临某些刺激,例如被李四踩了一脚或者外面下雨了,那么我会出现相关的心理状态并导致进一步的行为。而当别人也处于相同情境时,面对相同的刺激,他们也会出现跟我的行为相似的行为,那么由此可以推论他跟我处于相似的心理状态。

---

① 高新民,储昭华.心灵哲学.北京:商务印书馆,2002:874.

我们只能通过观察他人的行为来使用"痛"的概念，并用来指涉关于痛的事件。但我真的能够知道我有某种感受到痛的经验吗？我对于自己心灵的体验真的不会出错吗？如果我连自己是否真的感受到痛都会出错，那么我以自己感受到痛的经验作为出发点，然后去推论出他人如同我一样感受到痛，这样得到的结论是荒唐的。

类比论证看起来好像比较有说服力，但是这种自我类比推论只是针对我们自己而言的，也就是说只是针对单个个体而言的。[①]这种推论基于一个案例来进行推论，即基于自己的经验来进行推论，而不是根据共同体成员或群体成员的共同属性的大量事例来进行的类比论证，因而这种推论在方法上是极其不合理的。个体的心理状态并不一定与所有其他人的心理状态是同一的，他心问题正是为了避免使个体的主观经验起到核心证据的作用。如果是这样的话，这样的论证基础太薄弱了。例如当我看到一个学生有缺课现象，然后就认为是不是所有学生都存在这样的情况。据此，我是否能推论出张三也如同我一样是这样想的呢？即张三也认为"是不是所有学生都有缺课现象"。在这里，取样的样本不足是论证基础太薄弱的根本问题。这是针对类比论证的第一种反对意见。

考虑类比推论的关键问题是推理双方的不对称性，因此导致推理的结论是无法核查的，即在逻辑上不可能进一步核查类比推理的结论。"类比推理从我们直接知道的事物然后推论到我们间接所知的事物，必须在自己的心理状态和行为之间建立某种关联。"[②]但这种从直接到间接的推论也是不能被检测的。

但类比推论的辩护者还是要坚持接受类比推论这一基于单个个例进行的推理仍然是一个合理的推论。他们主张，我们可以进一步诉求于事件之间的因果关联，在这种情况下需要的只是心理事件和其他事件之间具有因果关联即可。类比推论的反对者要求有多个可观察样本是合理的，因为事件之间的因果关系也需要多种可观察案例。然而类比推理的辩护者认为，通过一种可观察样本就足以建立因果联系，因为我们拥有充分的资源，从观察自己的情况来建立相关

---

① 个体事例是说，物理与心理之间的关系只是从单个个体的人出发的，从个体自己的事例来推论群体成员的共同属性。
② Ryle G.The Concept of Mind. London：Hutchinson's University Library, 1949：52.

的因果关系，也就是说在心理状态和行为之间有因果关系。心理状态被视为是解释我们行为的原因。

到目前为止，我们所有的努力都是没有结果的，那么我们是否真的要承认我们不可能知道别人的心灵呢？当然不是，首先雷勒（K. Lehrer）及密尔认为搭配因果原则以进行自我类比的推论还是可以获得合理支持的，其关键在于所谓的最佳解释推论（inference to the best explanation）。"支持类比推理的辩护者结合了科学推理和假设推理提出了最佳解释推论。"① 当然，最佳解释推论诉求的仍然是在我们自己和他人之间所具有的类似性，并且在这种类比假设推理中通过自己的经验来进行类比仍然是至关重要的。最佳解释推论的指导思想是人类的心理状态导致他们的行为表现，所以推断他们有心是基于他们的表现方式的最佳解释。

3. 最佳解释推论

根据常识心理学理论，人们用"信念""欲望""疼痛""爱恨""高兴""愤怒"等概念来预言、解释他人的心理状态和行为，这种观点得到众多哲学家们的支持。"正是因为有了这样一套理论，我们才可以据此推知他人的心理内容并预测、解释他人的行为。"② 因此，假设张三有心的解释更符合我们的常识心理学。最佳解释推论至少要符合以下两点：一是相对于其他竞争的理论或在若干理论中，它具有最佳解释力；二是相对于其他竞争的理论或在若干理论中，它最能满足精简原则（Occam's Razor，又称之为奥卡姆剃刀原则），如相互竞争的理论 T_1 和 T_2 解释盐溶于水这一现象时，T_1 要求四步才能解释这一现象，而 T_2 只需两步就可以解释这一现象，因此相比较而言，T_2 更精简。

同理，现有两个假说，假说之一是张三有心灵。例如张三几天前约了小红一块吃饭，某天小红恰巧碰到了张三，问他什么时候一起吃饭。张三愣了一下，然后想了想说：我差点给搞忘了，要不，明天一块吃饭吧。据此，小红判断张

---

① Melnyk A. Inference to the best explanation and other minds. Australasian Journal of Philosophy, 1994, (72): 482-491.
② 殷筱. 常识心理学"他心知"认知模式的非对称性. 哲学研究, 2013, (3): 95-100.

三有心理活动,他在回想和思考。假说之二是张三是机器人。它完全没有任何心灵活动,所谓的"愣了一下,然后想了想说"等行为都是程序模拟的结果。那我们看这两种假说哪个解释得比较好呢?毫无疑问,我们会觉得第一种假说更好。为什么第一种假说解释力比较好呢?因为根据我们自己的常识经验,如果自己处在张三的情境之下,我们也会回忆、思考。

因此,根据最佳说明或解释原则,我们会选择第一种假说,即你同我一样是有心灵的,会理解、思考、感受等。如果我被人狠狠地踩了一脚,我会感觉疼痛难忍,并因而产生了面部表情扭曲、哀号,甚至弯下腰来捂脚的行为。现在我们观察到张三在相同的情况下也表现出跟我类似情形,即类似的面部表情扭曲、哀号,甚至弯下腰来捂脚的行为,根据最佳说明或解释原则,我们推论张三跟我一样是有心灵的。

那么有人可能还会说,张三可能并没有感觉到痛,他只是在演戏,或者他只是一个演员在刻意模仿其他人的行为,这又如何来解释呢?对此,雷勒认为,即使存在演戏、模仿或伪装等情况,但是还可以进行如下分析:

(1)张三出现面部表情扭曲、哀号,甚至弯下腰来捂脚的行为,但张三其实没有感觉到疼痛。即使有张三这种情况,比如没有痛觉等,那么这也只是极端少数的个例情况。根据常识心理学,大部分人如果被狠狠地踩了一脚,还是会出现面部表情扭曲、哀号,甚至弯下腰来捂脚的行为的。所以没有感觉到疼痛的情况不具普适性。

(2)张三被人踩了以后出现了面部表情扭曲、哀号,甚至弯下腰来捂脚的行为,但他却没有感觉;而且除了我之外,所有人都如同张三一样有相关行为但没有疼痛。

雷勒指出,不论是(1)还是(2),我们都必须提出进一步的解释。在(1)的情况中,我们还必须进一步解释为什么有些人作出了那些行为,可是却没有痛觉,而另外大部分人却比较"正常"。在(2)的情况中,我们必须进一步解释为什么自己有痛感,而其他人都没有痛觉。如果我们假设张三甚至其他人都是没有心灵的,那么我们还需要进一步解释上述的(1)和(2)中存在的情况。

因此否定别人有心灵或心理状态反而会增加更多的解释问题，根据奥卡姆剃刀原则，与其假设张三及其他人没有心灵，还不如承认张三及其他人有心灵更为简单有效。

但是，当我们运用最佳解释推论时，所存在的问题是，对于相互竞争或不同的理论之间，我们必须决定哪一个理论是第一为真的，或者说我们必须决定哪一个解释是真实的。一般来说，人们诉诸"概率最高"和"解释最深"的标准。当我们同时运用二者来解释相互竞争的理论 T_1 和 T_2 时，可能 T_1 概率最高，而 T_2 解释最深，或者反之。也就是说同时运用二者来判定时，并不会总是方向一致。其次，有可能为真的理论 T_1 由于概率低于某个阈值如50%，而在一开始就被淘汰了。再者，有可能为真的理论 T_3 就没有出现在相互竞争的理论中，如此一来根本就不可能出现解释为真的理论。如果不能排除这些可能性的话，那么诉诸最佳解释推论并不能帮助我们解决他心问题。

因此，从根本上理解他心似乎是不可能的，每个人对于他自己的内心世界具有特许访问的地位，只有自己才拥有特许权取得关于自己内心世界的信息。而到达自己心灵状态的经验通道是他人无法进入的。心灵状态的私人性使得它只能为拥有它们的人直接感知到，你可以告诉我你在思考什么，我也可以从你脸上的表情来猜测，但终究无法观察或测量你心灵本身的状态。[①]

---

① 费多益. 他心感知如何可能？哲学研究，2015，（1）：119-128.

第二章
心物关系与原则

> 心灵只是能思的东西,但并不因此就是永远思想的东西。思想只是心灵的一种功能,而不是和心灵永远不可分的。
>
> ——约翰·洛克

上一章我们只是从心灵层面来讨论了自我同一和他心问题,但我们这个世界的事物并非都是心灵层面的,我们还有日月星辰、电脑、桌子等各种外在事物。在这一章中我们将引入另外一个实体,物质实体或物理世界。因此,在日常生活中,我们可接触到的事物就有两种,一种是外在的物理事件,一种是内在的心理事件,但为何要作这样的区分?物理事件与心理事件的差别又在哪里呢?

一、心物之原则

现在,请试想在荒野上的一幢小房子里,偶然吹过一阵风,把桌子上的一支笔吹到了地上,可是周围却没有人听到笔掉到地上的声音。那么,笔掉到地上是否发出了声音呢?再试想,在一片幽静的森林中,有一条潺潺小溪,当没有人听到溪水发出的声音时,那小溪发出声音了吗?对于这个问题,可能有两种回应:一种认为无论当时森林中有没有人听到,溪水都发出了声音,因为小溪发出声音是一个物理过程;另一种则认为溪水的声音产生了声波,声波向四周扩散,如果这些声波在扩散的时候被某种动物的耳朵所捕获,那么小溪潺潺的声音就被听到了。如果这种小溪潺潺产生的声音没有被听到,那么它们在传播扩散之后最终逐渐消失,也就没有被任何个体观察到或捕获到,也就没有任何心灵知道小溪是否发出了声音。

如果只是从物理上考虑声波的振动过程,这个问题似乎是可解的,只不过需要澄清在不同语境中我们使用的语词的意指,或者说只需要说明"声音"这个词在不同情况下的意指即可。但如果深究其意,似乎又没有这么简单。因为,一方面是可被公共观察到或检测到的物理现象,如产生的球形冲击波;另一方面,一系列物理过程最后是要被某个个体所捕获到或经验到,如声音被听到。而被捕获或被经验到的声音似乎依赖于在场的个体或群体观察者,但是每个观察者所体验到的经验是"私人的"。"人们能够观察到和检验到这些冲击波等物理现象,而这些物理现象都是公共可观测的事件,但我们无法观测被他人是否听到或经验到了的声音在其中里的情形。"①

因此,我们的世界似乎包含有两种事物:一种是"外在的"可观测的物质世界,如小溪、树、森林、声音、石头、花草等;另一种则是"内在的"不可观测到的精神世界,包括心灵及意识、经验的内容,如事物看起来的某种样子,摸起来的某种感觉,听到的某种声音,品尝到的某种味道,闻到的某种气味,等等。在这个图景中,我们会采用两种标记方式:一种是对于心理世界的标记,即心灵和它对物理世界所反映出的内容,包括各种心理本质,例如知觉经验、各种痛的身体经验、悲伤及快乐的情绪、淡淡哀伤及莫名忧愁的感受等;另一种是对于物理世界的标记,即存在于心灵之外的自然界的各种事物及其物理本质、物理现象,例如日月星辰、山川河流、花草树木、电闪雷鸣、温度湿度等,也包括借助科学仪器所观察到的微观事物如细菌、病毒等,同时还包括一些不可被感知到的事物如粒子、引力、场等。

---

① 约翰·海尔.当代心灵哲学导论.高新民,等译.北京:中国人民大学出版社.2006:3.

物理事件与心理事件的差别在哪里？物理事件发生在某个特定的时空，在时空坐标中可以被准确地定位出来。而心理事件并非如此。长期以来，我们都把被观察到的属于物理元项的性质称为"第一性质"，而把主体意识中所引起的经验等的性质称为"第二性质"。试想当我坐在音乐厅听着交响乐时，大脑中会浮现一些声音、色彩、气氛甚至味道刺激的感受。如果此时一个脑神经科学家解剖我的大脑，他所观察到的不过是一些神经元的活动，他并没有感知到我所感知的声音、色彩、气氛，等等。因此，大脑就是所谓的"第一性质"的事物，它有大小、形态、体积，在时空之中要占据位置，而听到声音、看到色彩、闻到味道等内心产生的意识或感觉，这属于"第二性质"的事物，"第二性质"的事物一般存储于我们的心灵之中。如此一来，我们的心灵与大脑就是截然不同的事物。也就是说，心灵中的对象不再是像桌子、笔、房间、日月星辰那样的实体，而一种非物质性的东西，它不存在于空间之中，不占据空间位置。所有物理事件都是公共可观察的，而所有心理事件却都是私有的。因此，我们无法知道到他人的感受。那么，物理事件与心理事件究竟有着什么样的关系呢？

一般而言，心物关系的终极困难在于如何解决心与物互动的问题。一般来说，心与物之间遵从三个原则。

（1）心物因果原则。心理世界与物理世界之间具有因果关联或者因果互动，这条理论在日常生活中是非常普遍的，例如，听到上课铃响的时候就会加快自己的步伐；有口渴感觉的时候就会去喝水；想写一篇论文的时候会首先思考要写什么内容，然后再收集资料进行分析论证；空腹喝牛奶会感到胃痛；《梦中的婚礼》的乐音传进耳中会感到心情愉悦；窗外夫妻的吵架声传入耳中后感到沮丧；等等。反之，心理事件也可作为原因，物理事件作为结果，例如，因感到紧张而心跳加快，因恐惧而冒冷汗等。所有这些都表明，我们的一些心理状态促成了对应的一些身体反应的出现，而某些物理（身体）状况又使得我们产生了某些心理状态。

（2）心物差异原则。心与物之间确实存在着极大的差异性，心所拥有的一些特征也是物所不可能拥有的。这些心所独有的特征使得所有心理的都是非物理的，物理的也都是非心理的，例如我的信念、欲望、推理及我的七情六欲等心理现象与我的行为表象（物理现象）是极不相同的。因为物理现象都是可以观察的，而心理现象却都是私密的、不可观察的。物理事件都发生在某个特定的时空之中，可被定位出来，而心理事件是一种主观的意识经验，没有形状与位置，通常难于被观测到，例如，当我们听到上课铃响了的时候，发生的心理事件可能是"啊，上课要迟到了"的想法，发生的物理事件可能是加快了自己的脚步。因此，心理事件与物理事件之间是有差异的，心里的想法是无法在空间被定位下来的。

（3）物理因果封闭原则。如果两个任意事件之间有因果关系，并且其中一个事件是物理的，那么另一事件也是物理的。根据物理因果封闭原则，在同一条因果链上，只要有一个事件是物理的，则这条因果链上所有的事件都是物理的，例如某地的森林大火导致周边一幢房子被烧毁，而导致森林大火的原因是雷电，而产生雷电的原因是最近天气的异常……这一连串的事件都遵从了物理因果封闭原则。因此，对于任何物理现象的解释，我们都试图找出物理的原因。

如果从各自的逻辑思路看，这三条原则都有被正当接受的理由。但如果把三条原则放在一块，要同时接受它们时就是矛盾的。因为根据原则（1），心与物之间有因果交互作用，亦即心理现象会引起物理事件，或者物理事物也会导致心理现象。然而根据原则（3），任何因果关联的两个事件或现象，如果其中之一是物理的，那么另一个也必然是物理的。所以，如果要同时接受原则（1）和（3），那么我们就会面临两种相互对立的选择：①只承认有物理事件，所谓心理事件只是物理事件的一部分；②只承认有心理事件，世界上所有现象都不是物理的，而只是心理的一种反应。这两种选择都主张心理和物理是同一的，要么都是物理的，要么都是心理的。在某一种选择下心理和物理并不是对立的，也不是不同的事物，心理和物理都属于同一类事物。但我们最终只能选择①或者选择②，不能兼而有之。另外，不论我们选择①还是选择②，都会违反原则（2），即违反心物之间有差异的原则。因此，同时接受这三条原则必然会产生理论矛盾。

上述两种选择都承认心与物是两个真实的存在。如果要避免上述理论矛盾的出现，一种方法是否认物理世界的存在，只承认有心理世界的存在。但由于这种观点太过极端，一般人难以接受，尤其是那些持唯物论观点的哲学家们。第二种方法是直接否认心理世界的存在。当然，这种观点同样也是非常极端的。但是，在当代心理学界和哲学界，第二种主张却非常有影响力，它持极端的唯物论立场，比如行为主义和取消唯物论都持这种立场。

如果我们想承认心与物都存在，却又要避免出现心物难题的理论矛盾的话，原则上我们似乎还有其他选择，即要么否定（1）心物因果交互作用原则，要么否定（3）物理因果封闭原则，要么否定（2）心物差异原则。如果否认（1）的话，似乎违反一般人甚至大多数人的常识观点；至于（3），从自然科学角度考虑，我们最好也不要轻易否认物理因果封闭原则。因此，当代大部分哲学家都选择否定（2）来解决心物难题。但是，心理世界跟物理世界确实又存在着极大的差异性。

选择否定原则（2）是多数当代唯物论哲学家所采用的研究进路，即主张心理世界只是物理世界的一部分，心理不是非物理的。"事实上，心物难题甚至被当代一些哲学家用来论证唯物论观点：如果心与物之间确实有因果交互作用，而且因果关系确实在物理世界是封闭的，则最好的选择应该是唯物论。大概也是基于这个缘故，物理因果封闭原则成了备受关注的观点。"[①]目前，没有哲学家坚持否认物理因果封闭原则，所以在还没有提出更好的质疑或反驳之前，我们应该权且接受物理因果封闭原则。

二、心物之差异

物理事件是公共可观察的，但心理事件是私有的。正因为内省经验的私有性，任何人想通过其他物理方式来获得是不可行的，比如通过实验来观测内省经验的结果是想听听不到，想看看不到……我们永远也无法与他人感同身受。

[①] 彭孟尧. 心与认知哲学. 台北：三民书局，2011：32.

既然如此，我们应该接受心物差异原则吗？如前所述，心理世界与物理世界确实是有差异的。所谓心物差异理论是说，心有一些特征是物不可能拥有的，这些特征既有知识论方面的差异，包括私密性及透明性等，也有形而上学方面的差异，包括感受性、意向性、主体性等。①

（一）知识论方面的差异

1. 私密性

"私密性"（privacy）是心与物在知识论上的差异，涉及的是认知主体获取信息的方式是不同的。心理世界具有私密性，意即认知主体对于自己当下的心理世界具有认知权威性（epistemological authority）。如果认知主体当下正处于某种命题态度或意向状态中，例如我处于想吃水果的意向状态中，则只有认知主体我自己直接知道命题态度的内容，也就是说我不需要透过外面观察及推论，就可以有直接的通道知道自己处在什么样的心理状态之中。因此，当我很开心的时候，我直接知道我处于开心的状态中；当我很沮丧的时候，我也直接知道自己是不开心的。也就是说我对自己的意向状态具有认知权威性，无须通过中间媒介或其他手段来获知。

如果张三能够知道认知主体我的命题态度的内容，那么必定是他通过观察我的外部行为（包括脸部表情等）之后才作出的推论或者假设；或者是由于我自己告诉了他我所具有的意向内容，并且张三也相信我所说的是真的。同样，如果认知主体我目前正处于某种开心的状态时，只有我自己有直接的通道知道我所处的那种开心的情绪。同时，如果张三能够知道我所处的那种感受，这必定也是由于他观察到了我的外显行为，或由我告知，从而进行了推论。简言之，认知主体不需要通过推论，就可以直接把握自己的心理状态。但是他人对于认知主体的心理世界是不可能通过直接通道来把握的。

反之，物理事件并不具有私密性，物理事件的信息是公开并可获取的，并且也可以在时空之中予以定位。关于物理事件的信息不仅可传递给他人，而且

---

① 彭孟尧. 心与认知哲学. 台北：三民书局，2011：36.

还可以被人们公共观测到。任何认知主体对于物理事件都不具有认知权威性，因为物理事件的信息是公开给所有人的，并不局限于某个认知主体。如果某种物理现象能被张三以某种方式来认识，那么在原则上，李四、王五等其他人都能以同种方式认识到该物理现象，例如图书馆的书籍、音像资料都是可公开借阅的，不仅张三可以借阅，李四、王五等都可以。因此，凡是我可以掌握的物理现象，那么，原则上，张三、李四、王五等都可以以某种方式来获取。

因此，私密性关注的主要是主体获取信息或知识的途径是不一样的。心理世界具有认知权威性及优先性，而物理世界则不具有这种性质，物理世界的信息或知识在原则上是公共可获取的。

2. 透明性

心理世界的另一重要特征是它具有透明性（transparency）。据此，我们可以得出以下两条有效推论：

（1）认知主体正处于某种心理状态之中，那么认知主体知道自己正处于该心理状态之中，例如，当小红听到自己写的书可以出版了时心里很兴奋，小红是直接知道自己处于兴奋之中的。

（2）认知主体相信自己处于某种心理状态，因此认知主体正处于某种心理状态，例如，我相信自己现在很兴奋，因此我现在正处在兴奋的心理状态之中。

假设张三相信李四昨天晚上在写毕业论文。根据透明性，张三知道自己相信李四昨晚在写论文，不论事实上李四昨晚是不是真的在写论文。但是，关于"透明性"的上述两项推论并不适用于物理事件。因此，下述推论是无效的：

（3）认知主体正处在某种物理状态之中，所以认知主体知道自己正处于该物理状态之中，例如，小红正在自己家的书房中写论文。初春时节，乍暖还寒，屋里的实际温度是10℃。小红身处其中但并不知道屋内精确的温度是多少，只能大体上说温度是适宜的还是不适宜的。

（4）认知主体相信自己正处于某种物理状态之中，所以，认知主体正处于该物理状态之中。这一点就更荒唐了，有如某些女生总是相信自己很胖，所以她们实际就处于很胖的物理状态之中。

从"我正处于某物理状态之中",不论是要推导"我知道我正处于该物理状态之中"还是"我不知道我正处于该物理状态之中",这些推论都是无效的,例如,"我的脑容量是某个数字",这是一个物理事实,从这个物理事实并不能推论出"我一定知道我的脑容量是 1500 毫升",也不能推论出"我不知道我的脑容量是 1500 毫升"。再如,"我的心脏起搏频率是 60 次 / 分钟",这是个物理事实,从这个物理事实并不能推出"我就一定准确地知道我心脏的跳动频率",这个推论是无效的。即使前提描述的是物理事实,但也不可能有效推论出我知道该物理事实,否则我早就应该知道与我相关的各种物理事实了。

需要注意的是,"私密性"和"透明性"是针对认知主体当下心理状态而言的,不适用于认知主体的潜意识心理状态。由于"透明性"不适用于潜意识的心理状态,因此,有人提出一些例子来反驳"透明性",比如,假设张三的女朋友生他气了,于是张三在冰天雪地里等了他的女朋友许久,以求得女朋友的原谅。由于在雪地里站得太久,他感觉到自己的双脚好像没有感觉了。现在,有人端出一盆热水来让张三暖脚,虽然水温很高,可是张三还是感觉到脚很冷。张三此时经验到的应该是水很热的感觉,但他并没有感知到热的感觉。因此,上述的推论中(1)是无效的。如果是这样的话,推论(1)就不能适用到所有潜意识状态,也就是说张三潜意识状态体验到的是"冷",而真实的意识状态"热"却没有被张三意识到而突显出来。

(二)形而上学的差异

为什么心理世界和物理世界之间会有上述知识论方面的差异呢?如果心与物之间仅仅在知识论方面存在有差异,那还不足以说明心与物在形而上学领域中的不同。哲学家们指出,心与物之间的形而上学差异性表现在心具有感受性、意向性和主体性,而物理事件则没有这三方面的性质。

1. 感受性

感受性(qualitativeness)亦称感质性,是主体通过感觉外界事物而经验到的一种心理的特质状态，比如经验到的冷热、酸甜、软硬的感觉，等等。主体所具有的意识经验具有感受性特征，这种感受性特征称为感受性，其单数形式是"quale"。"感受性"的特点在于它无法被还原为行为或大脑的某种生理机能，例如，小红听到噪声时的感受，会明显不同于她听到贝多芬第五交响曲《命运》时的感受。每个意识状态都对应有一种感受性，因为每个意识状态都会对应有一种特定的感觉。当你胃痛时，胃痛会带给你一种感受性，这种胃痛的感觉是一种不同于头痛、脚痛的感受。不管是胃痛、头痛还是脚痛，对应的这些感受性是不可能通过推论推导出来的，只能被主体直接经验到。况且，感受性难以用语言来准确地描述或表达，即使语言再丰富也不可能精确地描述出那种胃痛时的感受或头痛时的感受，例如，请你描述你阅读此书时的感受，或者描述你听到悦耳音乐时的感受，即使你描述得淋漓尽致，听者也难以体会到你的感受。

进一步来说，当张三看到红色的西红柿与看到绿色的黄瓜时会有两种不同的感觉经验，两种感觉经验或知觉经验的不同之处在于前者具有"红性"（redness）的感受性，而后者具有"绿性"的感受性，也就是说两者的差异可以归结为它们在"感受性"上的不同。不仅如此，每个感受性呈现给我们的那种感受就是它的本质属性之一。也就是说，感受性是没有表象的，因而感受性不会产生幻觉。我们不可能在自己不兴奋的情形下感觉到自己很兴奋，我们也不可能在自己不悲伤的情形下感觉到自己很悲伤，等等。普特南（H.Putnam）及塞尔曾经指出，对于感受性这类心理状态而言，表象就是实在。[①]胃痛给人的感受就是"胃很痛"，如果你感觉到某种疼痛，但不是胃疼给你的那种疼痛，那这种疼痛绝对不是胃痛。普特南指出："我们也许会有幻觉而看到一只粉红色的大象，但我们绝不可能会有'痛'的幻觉。"[②]如果我们在某时出现的知觉是真实的，则必定能感知到那事物也是存在的，这就是心理状态具有的透明性。

---

① Searle J R. The Rediscovery of the Mind. Cambridge: The MIT Press, 1992: 147.
② Putnam H. Philosophy and Our Mental Life in Mind, Language, and Reality. Cambridge: Cambridge University Press, 1975: 291-303.

而物理状态是不透明的,既有表象又有实在。首先,表象是感觉对外界事物的一种直观的反应,这种反应未必是事物的物理本质或客观实在,比如幻觉和错觉。幻觉和错觉不同于真实的知觉,是对物理事件的一种错误反应。我们生活中有许多感官知觉经验,其中幻觉和错觉的例子不胜枚举,它们并没有真实地反映现实世界。其次,实在是客观存在的,不依赖于感观反应而存在。即使有某事物是真实存在的,但我们却不一定能感知到它存在,比如我们可能不在现场,这也是物理状态不透明性的一种表述。物理状态的不透明性是针对感受性的透明性而言的。

同时,塞尔似乎也认为感受性这个词存在误导现象,因为有一些心理状态并不具有感受性。似乎疼痛或喝绿茶的意识状态是具有感受性的,而思考中文句子的语法就没有特别的感受性。因为意识的概念和感受性的概念完全是共同延展的,因此塞尔认为,他不会使用"感受性"这个概念来区分意识,"当说意识时就意味着它具有感受性这个特征"。[1]

目前一般认为,每个感受性带给认知主体的那种感受就是它的本质属性之一,而物理事件则没有这样的特征。物理事件呈现的表象通常并不是事物的本质属性。因此,"感受性"构成了心与物之间的一项形而上学的差异。

2. 意向性

有一些心理状态,例如你希望什么事情会实现、怀疑什么事物会出错、想象什么画面很惊悚、担心谁会生病、后悔当了女博士、判断事物的真或假、爱谁或恨谁,等等,这些都是具有命题内容的心理状态。早在中世纪时就已经有哲学家注意到这种特征,并将这种心灵代表或呈现事物属性、状态的能力称为意向性(intentionality)。但是直到19世纪的布伦塔诺(F. Brentano)和他的学生胡塞尔(E. E. Husserl)才重新将意向性带回到我们的视野之中,并影响至今。在《从经验的观点看心理学》(*Psychology from an Empirical Standpoint*)一书中,布伦塔诺认为:"心灵现象与物理现象的根本区别就在于心有某种指向性,即具

---

[1] Searle J R. Mind: A Brief of Introduction. Oxford: Oxford University Press, 2004: 134.

有意向的心灵状态是关涉对象的,当然,所关注的对象并不一定是指真实存在的事物。"① 由于这种"指向""关涉"(aboutness)的特征是心理世界所独有的,物理事件绝对没有,因此,人们一般认为意向性是心的标记。

每种意向状态都会"指向"一件事物,所指的事物就构成了意向状态的内容。需要注意的是,意向性和意识是彼此独立的现象。但是,"许多意识状态在本质上是意向的。"② 例如视觉感知不具有意向性,如果我在教室里没有看到有椅子和桌子的话,那么桌椅就不构成我的视觉经验。而"意向性"所指涉的事物是可以超越事物本身的。意向状态的一个特殊之处在于,其对象不一定在当时出现在那个情境之中。

如我相信地球距离太阳大约 1.5 亿千米,那么我的信念内容是"地球离太阳大约 1.5 亿千米"。尽管太阳并不在场,但我还是可以拥有关于地球与太阳之间有多远的信念内容。信念是能够以不在现场的事物为内容的。意向状态还可以指向曾经存在过的事物,例如我们相信范仲淹写了《岳阳楼记》。意向状态也可以指向实际不存在但有可能变成实际存在的事物,例如理想中的"共产主义""世外桃源"。意向状态还能指向实际不存在的事物,例如麒麟、独角兽、三头六臂的妖魔鬼怪等。甚至,意向状态能够以不可能的事物作为对象,例如相信有圆的方,或相信有逻辑悖论等。当然,并不是所有的意识都是意向的,也并不是所有的意向状态都是有意识的。

反之,没有任何物理现象或者物理状态具有意向性,物理世界的事物不会有指向或关涉到某个对象,尤其不会有任何物理世界的事物能够指向不存在的事物。例如,台灯就是台灯,它不会指向另外的事物;红苹果、绿树、大地等都不会指向另一事物。那么,有人可能会问,戒指会不会具有指向性呢?事实上,戒指可以代表婚姻关系,但它并不指向婚姻,也就是说戒指本身不具有指向性,而是夫妻双方内心认为戒指具有代表婚姻关系的这种性质。因此,"指向性"是心理世界才拥有的意向特征,物理世界是绝对没有的。

---

① Brentano F. Psychology from an Empirical Standpoint. London:Routledge, 1995:68.
② 约翰·塞尔. 心灵、语言和社会. 李步楼译. 上海:上海译文出版社,2006:65.

当然，正如前面所提到的，不是所有心理状态的都具有"透明性"一样，也并不是所有的心理状态都具有"意向性"这个特征。例如感受性就不具有意向性，它也没有内容，如我感到胃痛就不指向某件事件。同样，并不是所有的意识都是意向的，也并不是所有的意向都是有意识的。在意识和意向性之间存有一个非常严重的重叠问题。但是，这并不会因此而抹杀心与物之间的差异性，因为凡是物理现象都不具有意向性。

3. 主体性

主体性（subjectivity）是解开意识经验和感受性不可还原之谜的关键。意识经验的主体性是指意识总是以第一人称的方式向"我"显现，而不可能向张三或李四显现"我"的意识经验这一过程，即意识经验是作为我的意识经验而被我意识到的。正是因为意识具有主体性特征，因此只有当意识被人类或动物认知者所体验到时，意识状态才存在。或者说，意识具有第一人称主体性，它们的存在必须被人类或动物认知者经验到。

那究竟什么是主体性？这个概念的内涵很模糊，文献上有很多种提法，这里以"完全或严格拥有者"的内涵来说明。所谓感受性具有主体性是指如果某种感质（胃痛）出现，则它必须来源于严格意义上的某个拥有者（如张三胃痛）。感受性这种状态的存在蕴涵着必须有某个个体来作为这种状态的承担者。

任何感受性的存在必定有唯一的拥有者，而且感受性跟它的拥有者之间具有必然的一一对应的关系。任何感受性的出现都表明：必定存在某个独一无二的个体拥有者（如张三）可以经验到该感质的内容；而且该感质也必须是被该个体拥有者（如张三）所经验到的。如当"胃痛"这种感质出现时，表明当下一定有一个人（如张三）处于胃痛之中，这是他当下正在经历的一个心理状态，而且胃痛的承担者必定是这个人。因此，在当下语境中，如果胃痛的是张三，那么这种痛就不可能是李四的感受，例如，当你看到自己亲人很痛苦的时候，你会很希望能代替他承担那种痛苦。再试想你的某位好朋友长期受抑郁症的困扰，感到万分痛苦。虽然你为此心里也感到很苦闷，也很想替他分担，但这只是你自己心理所承受的痛苦，依然代替不了他心理所承受的那种痛苦。

再者，当我得知我的论文要发表了，我为此感到很开心，我的这种开心的心理状态是我亲自且直接感受到的，而且我也无法把我的这种心理状态转移到你的身上去，变成你的开心。当然，我兴高采烈的样子可能也会感染你，让你也跟着兴奋起来。但是你开心的状态与我感受到的开心状态仍然是不一样的。因为我亲身体验或感受到的那种心理状态无法转移到你身上，也不可能被我以外的其他人所拥有。简言之，我亲身经历的那种感受也许可能会引起其他人产生某种类似的感受，但是没有人能够完全拥有我的那种心理感受。那种心理状态具有严格的拥有者。另外，那种心理状态也具有严格的时间、地点、个体前期的心理状态等方面的独特性。

因此，感受性存在着严格意义下的拥有者。我的感受性经验只有我能够拥有，它无法被转移，变成别人的感受经验。改变了感受性现象的拥有者，原先的感受性现象就不再存在了。即便我所亲身感受到的喜悦能够感染到他人，使他人也感到某种喜悦，但这也不是我所感受的那种喜悦。我的高兴只有我自己才能体验得到。

总之，心理状态是通过语言来表征这个世界的，它们具有意向性。你认为张三现在在教室，这个信念只不过是你大脑中的一个表征。这个信念表征了张三和教室。"心理"和"物理"之间在本体论范畴上是相互排斥的。如果一种现象是心理的，那么就不可能是物理的。如果一种现象是物理的，那么它就不可能是心理的。也就是说二者是彼此排斥的，这是最基本的假设。如果我们认为世界是物理基底的，那么我们如何来认定心理世界呢？"人们一般否认我们可以把心理现象还原于物理现象，而是把心理现象等同于物理现象，他们认为通过这种主张可以克服二元论对立，但问题并没有这么简单。他们之所以认为心理是物理的，其前提是取消心理状态，心理现象不存在了，世界上除了物理现象外一无所有，这是一个关键点。"[1]

---

[1] 费多益. 他心感知如何可能？哲学研究，2015，(1)：119-128.

三、心物的因果解释可靠吗？

现代科学的前提是假定物理世界是一个因果封闭的系统。也就是说，物理世界的一个事件总是由另外一个事件引起的，并且只对物理事件有效。这样一种关系似乎被普遍认为是真的，即因果关系总是那些在时间中被编录的、离散的事件之间所具有的关系，而且在这些关系之间，原因总是先于结果，即一件事物作为原因，在时间上总是先于作为结果的事物，例如，光波的长度决定了颜色的色调，声音的频率决定了声调的高低，等等。

这种主张物理世界在因果上封闭的观点与自然法则是密切相关的，因为自然法则不允许有例外的情况发生。也就是说，牛顿的万有引力理论不仅在中国有效，而且在世界的任何一处地方都是有效的。但是如果说心灵会引起物质世界的某些反应，例如我们感到口渴就会去喝水，这似乎与物理因果封闭原则是相矛盾的，因为这里还有心理因素的影响。如果物质世界在原因上是自我封闭的，那么心灵就不可能对物理世界进行干预。这里讨论问题的语境是，如果大脑事件是一个物理事件，而心灵则是一个心理事件，如果物理世界是因果封闭的，那么像口渴这样的感受性对行为的影响又究竟如何来解释呢？这些感受性是发生在大脑的意识过程之中的吗？

谈到因果关系，我们就必须从休谟开始，正如我们谈到心物问题时总是会从笛卡儿开始。休谟对因果关系的哲学解释迄今为止是最原始、最强大、也是最深刻的。首先，我们来看一下休谟对因果关系的怀疑论解释。

休谟认为，"关于实际事物的一切理论似乎都建立在因果关系之上，仅凭借这种关系，我们就可以超越记忆和感官证据。如果我们要知道使我们相信各种事实的那些证明究竟有什么本性，那我们必须研究如何才能得到什么样的因果知识"[①]，"当我们问，'关于实际事情的一切推论其本性是怎么样的？'普遍而适当的答复是，它们似乎是建立在因果关系上的。如果再问，'关于那个关系所有的一切推论和结论其基础何在？'"[①]我们也需要追溯其中的因果联系。因此，

---

① 休谟.人类理解研究.关文运译.北京：商务印书馆.1982：27-32.

关于我们推理时考虑因果关系的成分及其联系的原则，休谟把它归纳为三类：一是相似关系；二是接近关系；三是因果关系。

休谟认为，当我们开始察看实际情况时发现我们根本无法感知原因和结果之间有任何必然的关系，例如，我们观察到小明用石头击打窗户玻璃（A），玻璃碎了（B）；当他再次为之时，依然如此。因此我们会理所当然地认为在 A 事件和 B 事件之间有因果关系。在这里，我们所能够观察到的就只有两件事：一件是小明用石头击打窗户玻璃，另一件是窗户玻璃碎了。这两件事 A 和 B 总是一先一后地发生，作为结果的 B 事件总是紧随在作为原因的 A 事件之后。通过仔细观察，我们发现在二者之间似乎有某种必然的联系，并因此断定了 A 是 B 的原因，两者存在有因果关系。但是，休谟认为这二者之间是没有必然联系的。所谓 A 事件与 B 事件之间的联系，只有二者在出现时间上的先后顺序和空间上的接续关系，再没有别的关系。很有可能在 A 事件和 B 事件之间还有 C 事件，例如玻璃老化自己裂开了，或者是发生地震震裂了，等等。那么可能有人会反驳说，我们通过一些观察方法、仪器手段、计量设备等，有助于我们的观察获得真实结论，但这是无济于事的。比如我们通过计量设备发现玻璃老化了（C 事件），那事件出现的顺序成为 A、C、B，即便如此我们仍然无法断定 A、C、B 之间有某种必然的联系。因为我们还可以发现 C 事件可能和另外的 D 事件有因果关系，玻璃之所以老化是因为玻璃在高温下接触到了强酸性物质所引起的。同样我们还可以发现还有 E 事件、F 事件，等等。

休谟经常以太阳晒石头发热为例。休谟认为这两件事情确实是我们可以感知或观察到的。我们抬起头看了看天上有太阳在发光，这是每个人都可以感知到的。然后我们再摸一摸脚下的石头感觉到石头在发热，这两件事情都是我们的感官知觉可以经验得到，是千真万确的。但是我们并不能感觉到太阳发光是石头发热的原因，石头发热是太阳发光的结果。我们只感觉到有两件事：一是太阳发光在先（G），二是石头发热在后（R）。它们两个在时间上是先后接续的关系，在时空上也是比较接近的关系。但不能否认的事情是，太阳发光作为原因通常在先，而我们称为结果的事物往往随后发生。但这样一种时间上的先后关系是不是就是一种因果关系呢？

在 G 和 R 之间是不是真的有一种必然的因果联系呢？休谟认为这种关系我们谁也无法断定。因为这两个事情总是恒常地一起出现，于是在主观上我们就形成一种联想习惯。每当看到了 G 时，我们就联想到了 R。因而休谟认为所有的因果关系只不过是我们主观习惯联想的结果，所谓的因果关系只不过是两个事物恒常会合，再加上我们主观的心理联想。客观上这两个事情总是一先一后地出现，于是我们心理上就产生了一种习惯性联想，只要有 G 出现就会有 R 出现，而所谓的因果关系只不过是我们主观的决定性。

除了时空上的接续和相近关系引发我们的主观决定之外，我们作出这样的决定还参照了太阳晒在我们身上产生的感受性的进一步延展。假设没有这种心灵感受性延展的作用，比如冬天里有一块石头在发热，你会以为是太阳照射的原因吗？

此外，休谟在考察因果关系时还发现有两个原则：因果关系（causation）和因果律（causality）①。因果关系原则是指每个发生的事件都有一个原因。而因果律原则是指事物有原因必然就有结果；相反，事物有结果也必然会有原因。很明显，因果关系与因果律二者之间是有差异的。每个事件都有一个原因，与任何事物有因就必然有果之间是不一致的。休谟认为，如果我们考察因果关系和因果律这两个原则就会发现一个奇怪的特性：它们似乎都没有说服力，二者都不是真正的定义。也就是说，因果关系原则和因果律原则都不是分析先验真理，因而是综合的经验真理。通过经验方法我们不可能建立绝对必然的真理，也不可能建立两者之间的因果原则，这就是著名的休谟问题，也称为归纳问题。因为任何归纳都只是有限归纳，不能穷尽所有可能性，这样得出的结果在有效性上是要打折扣的。但演绎则不然，例如：

（1）张三是哲学家。（前提，P）

（2）所有哲学家终有一死。（前提，P）

（3）因此，张三必然会死。（结论，C）

---

① 因果律表示任何一种现象或事物都必然有其原因，即"物有本末，事有终始""种瓜得瓜，种豆得豆"之意。

我们可以看到这个论证是有效的,因为结论已经隐含在前提之中。也就是前提包含了所有的结论。我们可以用符号来表示,P→C,并且P≥C。前提包含的信息比结论所包含的信息更广,甚至在极端的例子中前提就等同于结论(例如A=A)。这样,结论的有效性就得到了保证。

但是,演绎法是用论据来证明前提的,是从普遍性所提供的证据来支持或建立个体性的假设。在演绎论证中,我们从证据(E)推出假说(H)。例如从关于特定的"所有人都有一死"的证据,得出"张三必然会死"的假设。因此,在演绎论证中,我们的顺序是从证据到假设,即E→H,但归纳法不同于演绎法。在归纳论证的情况中,与其说是用证据支持假设,还不如说是使用证据的总和。也就是说,证据要小于假设,即E<H。在因果关系这样的情况中,我们似乎不应该使用归纳法。如果它们是绝对必然关系的话,那我们如何从演绎的前提来建立一般的命题呢?例如建立"所有人必有一死"的命题,不能从特殊个体实例来概括得出一般的结论,或者说不能从其他类型的证据概括出"所有人必有一死"的一般结论。

我们从证据得出了假设。但当我们说证据支持这一假说时,我们不能以一种任意的或毫无根据的方式来得出结论。相反,从证据到假设之间有一些原则或规则R。你可能会认为这些都是科学方法,因此我们不是以一种独断的方式来得出E→H,我们从E→H是基于规则R,即从E_R→H。但这正是被休谟所反驳的地方,认同规则R的理由是什么?我们可以假设证据E是来自实际的观察,而H是来自观察后的概括。但是,如果我们要证明基于规则R,从E→H的推理是合理的,那么规则R的合理性如何来辩护呢?休谟的回答是:任何试图证明R合理性的过程,都已经预设了R的存在。R到底是什么呢?这就与因果关系和因果律有关了。R可以用多种方式来陈述,最明显的陈述方式是每个事件都有一个原因,并且任何事物都有因有果。未被观察到的实例将与观察到的实例的情况是一样的,自然是统一的,未来将和过去是类似的。除非我们假定自然有某种统一性,通过自然的一致性来保证因果关系和因果律。但我们没有理由来通过归纳进行论证,这是关键的一点,自然具有统一性是没有理由的,因为任何的这种信念必须基于归纳法，反过来归纳法又必须基于自然的统一性，因此关于自然统一性的信念是循环论证的，因而也是不可靠的。

到目前为止，休谟的论证完全是持怀疑态度的。在自然中的事物之间没有必然联系，也没有事物能作为归纳的合理基础。当我们在寻找事物之间必要的联结时，我们并没有发现事物之间的这种联系，除了事物之间有时间先后顺序和空间上的接续性之外，还有相似情况的不断联结。我们会发现，在我们所生活的世界中，我们称为结果的事情总是紧随着我们称为原因的事物（事物的恒常出现）。这种现象在我们的经验生活中总是不断地重复出现。这种相似关系的不断联结，在我们的心灵中引起了我们的预期，即当我感知到称为原因的事物时，我自发地预期了会感知到称为结果的事物。正是这种"心灵的恒常感知联结"把原因传递到结果。总是这样重复出现，就给了我们一种幻觉。因此，通过对心灵确定性的感知就给了我们一种坚信的信念，即在自然之中有必然的联结，但这种信念只不过是一种错觉。自然界中唯一真实的情况是实在的优先性、接续性和不断的联结（事物的恒常出现）。在休谟对因果关系的解释中，唯一能确定的是一件事跟随着另一件事而出现这是有规律的，但这种恒常性却给我们以幻觉，认为两件事情之间有了因果联系。但事物之间的必然联结只不过是心灵的一种主观联想。

退一步来说，事物之间存在着某种规律性或因果关系，那么这也只是在之前我们所经历过的事例中观察到的现象。然而，没有理由设定在未来也会出现类似的情况，也就是没有办法来解决归纳问题，归纳的总是有限的情况，或者说我们的生命是有限的，而自然界中许多事情是无限的，如何从人类有限的观察来得出一个普遍的、全称的命题是困难的。因此，这就给了我们一种错觉，似乎我们可以解决归纳问题，因为事物之间的必然联结完全在我们的心灵之中，而不是在自然之中。

休谟对因果关系的讨论，至少涉及两个基本原则。首先，在自然之中没有必然性联结；其次，在自然之中因果关系是普遍性规律。休谟对必然性联结的怀疑并没有导致他认为没有因果关系。相反，我们期望在原因和结果之间有某种因果关系，但实际上我们找到的只是一个事件的先后顺序和普遍的实例化规则，这两个特性已经影响了我们今天对因果关系的讨论。大多数哲学家认为自然界中没有因果关系，任何特定的因果关系只是实例化了的一个普遍规则。

休谟对于归纳的怀疑在当代哲学中所产生的影响力，不如他在因果关系理论中产生的影响强烈。一般认为，休谟是错误地认为归纳论证应该符合演绎的标准。他认为在归纳论证中缺失了一些东西，因为前提并不蕴含结论，例如，张三说"我的书桌不是一张好的书桌，因为李四在英语比赛中没有取得好成绩"。书桌和李四是两个不同的事物，二者也不应该运用相同的判断标准。"正如运用演绎的标准来评判归纳的标准一样，都是错误的。"①

因此，没有什么能保证我们所体验的因果关系。如果认为我们在任何情况下都可以体验到因果关系，那很可能是错误的。这种错误和幻想可能来自于我们的感性经验，而所讨论的因果关系无非就是一些其他的感性经验。

休谟主要的结论是对事物必然联结的陈述，他认为没有所谓的因果必然联结。这听起来似乎违背了我们的常识观念。当我们有知觉经验或从事自愿行为时，在意向现象的满足条件中会有一个因果自我参照条件，只有身体产生运动时行动的意向才能被满足；只有对象产生了知觉，知觉经验才能被满足。这两种情况是比较常见的，但也并非放之四海而皆准。因此，似乎在实际情况与我们的经验之间有着某种因果联系，并且在世界中的对象和事物状态之间也有因果关系。如果你对此仍有怀疑的话，只需要动动自己的胳膊去体验一下，自己有意识地抬胳膊与他人吩咐你抬胳膊之间是有区别的。神经外科医生怀尔德·潘菲尔德（Wilder Penfield）发现，对神经元运动皮层微电极的刺激作用，可以导致受试者的胳膊抬起。但受试者会以为是医生让他抬胳膊，而不是他自己要那样做的，这种情况显然不同于自己主动地抬胳膊。正常情况下，抬胳膊是自己有意而为的，而实验中却是另有一种因果作用导致你被动但也是有意抬胳膊的。此外，如果有人不小心踩到了我，我体验到了某种痛感，但我并没有体验到痛感是由自己产生的，因为我会认为我之所以产生痛感是由于其他人踩到了我。

---

① Searle J R. Mind: A Brief of Introduction. Oxford: Oxford University Press, 2004: 179.

所以，在知与行之间我们感知到了世界中的对象、事物状态与我们自己的意识经验之间有着某种因果联系。在行动中我们体验到了自己的意向行动会造成身体的动作，而在感知中我们体验到了世界中的对象与事物状态，这导致我们产生了相应的知觉经验。

因此，塞尔在《心灵导论》(Mind: A Brief Introduction)中提出，休谟在因果关系的论述上是错误的。他以一种分离的方式来看待对象和外在于自身的事物，因而他发现对象与事物之间没有必然联系。但如果考虑你的实际经验，你的经验是你自己会使得某些事情发生（一种意向的行动），或者你会因为经历了发生在你身上的某件事情而获得经验（感知）[1]。这两种情况是非常常见的因果关系的例子。

假设我坐在办公桌前，突然外面一阵吵闹声，吓了我一大跳。这种情况下我实际体验了由吵闹声导致的一种非自愿的运动，因而我体验到了一种因果关系，进而这种因果关系成为我意识经验序列的一部分。当然，这只能在我们自己的经验和现实世界之间给出一种因果关系。但我们希望因此能够发现，在现实世界中除了我们自己的经验和现实世界间之外，其他事物之间也具有相同的因果关系。外在对象、世界事件以及它们之间相互作用的方式完全独立于我们的经验，不论是你在开车还是我观察到你在开车，因果关系是相同的，例如，在马路上，我看到张三正拉着小红往前走。我们首先看到的是张三导致了小红在运动。似乎除了我们实际经验到的因果关系之外，我们很容易把因果关系的概念扩展到世界的物理事件序列上，从自己的体验扩展到自身之外的世界事物之中，但不包含我自己或他人的经验。毕竟涉及人类的因果关系只是宇宙中因果关系的冰山一角，而我们所要讨论的是，即使我们没有体验到因果关系，但当我们体验到相同关系或者相同事物使得一些经验重复出现时，我们可以感知到它们的存在。

假设有因果关系的体验来作为我们正常且清醒意识的一部分，因果关系是我们现实世界中的一种真正的关系。尽管如此，似乎还会产生关于心理因果关

---

[1] Searle J R. Mind: A Brief of Introduction. Oxford: Oxford University Press, 2004: 204.

系的特殊问题。如果意识是非物理的，那么它怎么可能有物理效应呢？如移动自己的腿等。在我们的经验中，似乎是我们的意识在移动我们的身体。我有意识地决定来抬起我的腿，然后我的腿就会抬起来。但与此同时我们知道，这是通过神经元在运动皮层发射、运动神经元轴突端分泌乙酰胆碱（acetylcholine），以及通过离子通道的刺激、对肌肉纤维物质的胞浆攻击，最终导致了抬腿。[①] 假如我们对心理因果关系有影响，即使心理对于身体行为发挥了因果作用，这似乎就是哲学家所说的"因果决定论"。看起来似乎有两个部分导致了我们抬腿的行为，一个与神经元有关，另一个与有意识的意向相关。

总之，如果心理状态是真实的、非物质的状态，那么我们很难看到心理状态是如何有效地作用于现实世界的。但是如果它们真正地对现实世界有影响，那么它们看起来似乎也是多种因素决定的因果关系。无论哪种方式，我们似乎都不能理解心理因果关系。

综上所述，关于心理因果关系的描述产生了两个问题：第一，虚无缥缈的心理如何来影响现实世界？第二，如果心理是因果地运行的话，那么它会产生因果决定论吗？回答这些问题的唯一方法就是放弃一种假设即心理隐含的不可还原性。这种不可还原性是超出物理现象的，而且也不是物质世界的性质。一旦我们放弃这种假设，就必须面对和解决下述两个难题：首先，心理只是大脑物理结果的一项功能；其次，因果地来说这有两种独立的现象，即有意识的作用和无意识的神经元发射。只有在大脑系统中，同一层次上描述神经元发射及系统层次时，系统是有意识并有意尝试抬腿。一旦我们放弃传统的笛卡儿式的心理和物理的分类，那么就没有关于心理因果关系的特殊问题。当然，不可回避的问题是在神经生物学上心身互动是如何运作的。在大多数情况下，我们对此还是一无所知。

---

① Searle J R. Mind：A Brief of Introduction. Oxford：Oxford University Press, 2004：206.

第三章

笛卡儿与心物难题

> 怀疑中的我常常处于迷失状态,幸亏思想最终让我发现"我是真实的",我思故我在。
>
> ——笛卡儿

在认知哲学的研究传统中,西方近代哲学之父笛卡儿是一位关键的人物。可以说当代对心灵与认知的哲学讨论都源自于他。在本体论方面,笛卡儿建立了心物实体二元论,却留下了心物难题。笛卡儿同时代及之后的哲学家们,纷纷用自己的聪明才智提出了许多各不相同且自成体系的关于心物关系的学说,试图通过各种方法来解决或者消解心物难题。笛卡儿的认知哲学是从"怀疑"开始的,他的《第一哲学沉思集》(Meditations on First Philosophy)中的"第一沉思"就是从论述普遍怀疑开始,认为我们感官所感知的一切都不一定是真的,都有可能只是一种假象,只有"我思故我在"原则才是真实的,才能成为哲学的起点。当然,毋庸置疑的是笛卡儿的怀疑论只是他的一个哲学起点,到最后他仍保留了物质世界的真实性。

一、感官知觉可靠吗？

通常情况下，我们不会怀疑外部世界的存在，例如不会怀疑所看的书、窗外摇曳的柳枝，或者自己身体的存在。而且，很多时候我们也不会去思考自己是如何意识到这些事物存在的。似乎我们是直接就意识到了这些东西的存在。但是我们是怎么知道它们确实是存在的呢？现在，请大家设想一下你所阅读的书本、你的电脑、桌子及房间是存在的吗？你周围的朋友他们存在吗？你有多大把握能够确定这些事物的确是存在的呢？换句话说，你怎么知道这些东西是存在的呢？

仔细思考就会发现，我们唯一能够确定存在的，就是自己的内心状态。无论是外在世界中的太阳、星星、月亮，还是身边的桌子、电脑，抑或是父母、朋友等，这些人和物都是建立在我们的经验和思想之上的，换种说法，是建立在我们的感觉和感官印象之上的。我们看书、用电脑、散步，或者想起毛泽东是新中国的第一任主席等，这些知觉都基于我们的内在经验和思想。只有作为我们的内在体验和思想时，它们才能够为我们所亲知。

从常识来说，我们可以肯定这有一个真实存在的外部世界，但是重点在于，如果不是有阳光或其他事物反射光线，然后这些光线投射到了我们的视神经中枢，从而使我们产生了相关的视觉经验，那么我们又如何能感知到这些事物的存在呢？这些知觉依然是建立在我们的感官经验之上的。再进一步来说，我们能够用这些感官材料来说明视觉经验是如何产生的，是因为我们已经提前预设了有一个真实存在的外部世界。而这一预设正是目前我们所质疑的东西。那么我们如果用感官材料来说明感官印象的可能性，就似乎陷进了问题乞求（begging-question）的谬误中了。①

通常，我们把桌子、椅子、太阳、月亮、电脑都当成是某种物质实体，而这种实体不同于心灵或心灵内容。即使心灵不复存在了，物质还是会继续存在的。房间、桌子、椅子，甚至自己的身体，还有周围的亲戚、朋友或同学，等

---

① 托马斯·内格尔. 你的第一本哲学书. 宝树译. 北京：当代中国出版社. 2009：4.

等，对于这些外在世界的事物，我们通常是通过感官知觉来认识的。那么，什么是感官知觉呢？人们对周围环境的认知，或者通过眼睛的察看，或者通过耳朵的倾听，或者通过鼻子的闻嗅，或者通过嘴巴的品尝，或者通过手的触摸与皮肤的感受。我们基本上是通过这五种身体感官感知和接触外在世界，认知外在世界的。如果某个人的这五种感官部分地损失了，他又如何才能感知和认识外在世界呢？如果让盲人来说明红色是什么样的，或让聋人来描述《命运交响曲》的感觉，会怎样呢？因此，对于外在世界的知识，我们一般是通过感官知觉来获得的。但是，如果我们继续追根究底追问下去，从五种感官所获得的知识是否百分百确定为真呢？我们又该如何来回答呢？一些哲学家如洛克、贝克莱（G. Berkeley）等认为通过感官所获得的知识是确定的（certain）。这就是所谓经验论的主张。①

我们怎么知道教室里有桌子和椅子呢？那是因为我们看到了，如果不相信还可以去摸一摸，或者去坐一坐……感官知觉提供的知识似乎是再确定不过的了。如果真的有什么东西是我们所不相信的话，我们大可亲自去看一看、摸一摸、听一听、嗅一嗅或者尝一尝。但是，也有人不相信感官知觉所提供的知识为真，这就是怀疑论者的观点。他们怀疑我们通过感官可以获得百分百确定的知识。怀疑论者认为这样的知识很有可能并不存在，只不过我们误以为它们存在而已。例如桌子、椅子、电脑及亲朋好友都不存在，只是我们弄错了而已。乍一看，怀疑论反驳得好像没什么道理，但是仔细推敲，我们真的有关于外在世界百分百确定的知识吗？

为了获得外在世界的知识，感官知觉是可靠的媒介吗？对于外在世界的认识，我们是通过感官知觉来获得的，问题在于通过感官知觉获得的知识一定真实可靠吗？借用笛卡儿的一个例子并稍加修改：假设张三去五台山的寺庙烧香拜佛，五台山有一座非常有名的白塔巍然耸立在那里。从远处看，白塔的外观

---

① 经验论（empiricism）和唯理论（rationalism）是一种认识论主张。经验论认为，我们的一切知识都来源于感官经验，我们是通过感官经验来认识世界的。其主要代表人物有培根、霍布斯、洛克、贝克莱、休谟等。唯理论主张，我们的一切知识都不可能来源于感官经验，而只能通过理性来认识这个世界。其代表人物有笛卡儿、斯宾诺莎、莱布尼茨等。

形状似乎是圆锥形的,但走近一看却分明是有棱有角的。或者设想远处有座塔,远远地看,这座塔是圆的,但走近一看却是方的。那么把方塔看成是圆塔,究竟是什么在欺骗我们呢?毫无疑问,是我们的眼睛给了我们错觉。

又如著名的光的折射实验,一根筷子插在装有水的透明杯子里,乍一看上去筷子是弯的,那它真的变弯了吗?我们眼睛看到的情况,就是筷子在水里是弯的,但是理性会告诉我们筷子其实是直的。因此,感官知觉提供的知识似乎也不见得是完全可靠的,更不用说海市蜃楼现象了。所以我们经常会犯这种知觉错误,把根本不存在的东西看成是有的,这就是一种错觉(illusions)。所谓错觉,是指把一个东西本来没有某种性质,错看成它具有那种性质。

还有一种知觉错误的情况是幻觉(hallucination)。幻觉是把本来就没有的东西看成有,即无中生有。那么幻觉究竟要表达什么内容呢?比如张三边走路边看书,太过投入,结果一不小心撞到树上后眼冒金星。不是真的有许多小金星在张三眼前晃动,这只是他产生的一种幻觉。此外还有幻肢痛现象,试想李四在战斗中失去了一条左腿,可是每到阴雨天,李四仍然觉得他左腿很痛,问题是他连左腿都没有了,怎么会产生左腿很痛的感觉呢?另外,人们被催眠师催眠后看到一些奇特的景象。这些现象都是所谓的幻觉。

所有的错觉与幻觉都是我们的感官知觉犯了错,是我们的感官在欺骗我们,所以通过感官知觉所获得的关于外在世界的知识并不是百分百可靠的。也许有人会反驳说,虽然感官知觉有时会欺骗我们,让我们误以为感知到了这样那样的存在,但这并不能说明感官知觉就是不可靠的,因为感官知觉并不总是在欺骗我们。在《第一哲学沉思集》中,笛卡儿的恶魔论证设想了一个能力高强的恶魔(evil spirit)。恶魔尽其所能地来愚弄我们,使我们误以为我们所见到的一切都是真实的,但其实都是假的。这个恶魔很聪明,它让我们以为这里所看到和摸到的桌子、椅子和人都是真实存在的。但事实上,这些东西只不过是这个恶魔印在我们心中的图像而已。当然也许有人会说他不相信有上帝,也不相信有恶魔,即使如此,我们还有当代版的恶魔论证——"缸中之脑"假想。

二、"缸中之脑"假想

"缸中之脑"(brain in a vat)假想是 1981 年普特南在《理性、真理和历史》(*Reason, Truth, and History*)一书中所构想的一个思想实验。这个假想其实也是笛卡儿恶魔论证的升级版。"缸中之脑"假想的主要内容如下,稍做修改:假设张三被一群邪恶科学家或外星人施行了手术,他的脑被从身体上切了下来,放进一个盛有维持脑存活的营养液的缸中。现在的张三没有手、脚、脸……有的只是一个大脑,然后这群疯狂的科学家或外星人把张三大脑的神经末梢连接在计算机上,计算机会按照程序不停地向张三的大脑传送信息,并不停地刺激张三的大脑,让张三的脑神经产生振荡,以维持他一切似乎完全正常的幻觉。对于张三来说,似乎桌子、椅子、朋友、天空……都还存在。包括他自身的运动、身体的感觉等,都可以通过刺激大脑神经进行程序性输入来维持。张三的大脑甚至还可以被输入和截取记忆。

在通常情况下,我们的认识过程是怎么发生的呢?假设有一本书放在我面前,我看见这本书是因为有光线投射在书本上,书上的光线反射到我的眼睛中,然后我的眼睛就如同一种光学仪器(水晶体),把书的图像或信息投影到了我的视网膜中,通过视神经传导到了大脑,再通过脑神经振荡接收了这些图像与信息,于是我的大脑中便有了书的知觉印象。既然前面一系列的物理过程,如光反射、投影在视网膜上、大脑接收信息等,最后一步都要经大脑中的脑神经振荡才能得出关于书的图像或信念,那现在设想这样一种情况,即取消或放弃前面所有的那些物理过程,我们只需在最后一步造成大脑有相同的振荡模式,我们就会"看到"面前的书、"听到"美妙的音乐……即使眼前没有书,也没有音乐,但只要造成相同的大脑神经振荡模式,我们就会"看到"书、"听到"音乐……这就是这群疯狂的科学家或外星人对张三的大脑所做的事情。

关于这个假想的基本问题是,我们如何知道自己不是处在这种困境之中,如何知道自己不是这群疯狂科学家或外星人的试验品呢?与"缸中之脑"假想相似的最早记录，是中国古代的"庄周梦蝶"。①庄周梦见自己变成了蝴蝶，感到无限的自由舒畅，竟然忘记了自己是庄周，醒来后惊异地发现自己是庄周，却又不知是庄周梦见自己变成了蝴蝶，还是蝴蝶梦见自己变成了庄周。此外，著名的电影《黑客帝国》(*The Matrix*)就是根据"缸中之脑"假想改编的。

三、笛卡儿的怀疑方法论

笛卡儿正是借由梦论证和恶魔论证开始了他的怀疑论。当然笛卡儿的怀疑论不同于古希腊皮浪（Pyrrhon）的怀疑论，笛卡儿进行怀疑的目的是为了找出一种可不怀疑的东西，来作为整座知识大厦的基石。因此，他不是为了怀疑而怀疑，怀疑只是他的一种方法。

笛卡儿首先对逻辑进行了怀疑。我们一般认为逻辑是分析命题，是必真的先验命题。但逻辑所要论证的结果早已经包含在了前提之中，因而逻辑只能证明我们已知的事物，而不能发现新知识。因此，笛卡儿认为有必要对逻辑进行怀疑。其次，他考察了神学。由于神学中的许多论题已经超出了我们的理性分析范围，例如灵魂不死、道成肉身、三位一体、上帝存在等，这些都无法通过我们的理性来进行分析论证，因此神学也要怀疑。再者，哲学也要怀疑。因为两千多年来，哲学都陷入了无尽的纷争之中，有唯物论就有对应的唯心论，有经验论就有唯理论，有怀疑论就有独断论……因此，我们很难从这些争议不断的论题中得出确切的结论或理论基础。

笛卡儿在怀疑了逻辑、神学和哲学之后，进而还要怀疑这个世界。因为很难说这个世界到底是不是如我们所看到的那样。如果我们在现实世界中被自己的感官偶然欺骗了一次，那么我们以后就很难确定感官是不是又在欺骗我们。与此同时，我们的感官还有可能会产生错觉或幻觉。只要感官产生过一次错觉或幻觉，那下次可能依然处于错觉或幻觉之中，我们很难再完全相信感官知觉了。比如之前关于白塔和方塔的事例，那我们又怎么知道近看的塔一定比远看

---

① 原文参见《庄子·齐物论》：昔者庄周梦为蝴蝶，栩栩然蝴蝶也。自喻适志与！不知周也。俄然觉，则蘧蘧然周也。不知周之梦为蝴蝶与？蝴蝶之梦为周与？周与蝴蝶则必有分矣。此之谓物化。

的塔更真实呢？似乎没有一种判定标准。我们看到筷子放在水里是弯的，拿出来后却是直的，我们怎么才能知道哪一种情况更为真实可靠呢？所以，笛卡儿认为我们这个世界也要怀疑，因为关于世界的知识是通过感官知觉获得的，但感官知觉无法保证知识的确定性。既然世界可以怀疑，我们同样还可以怀疑自己的身体是否存在。

比如我们可能多次地梦到自己没有了身体，但事实上我们在做梦。有时候我们感觉在办公室的窗边看书，却是在梦境中的办公室窗边读书，醒来后才发现自己在被窝里，如庄周梦蝶一般。到底哪些是在梦里，哪些是在现实中呢？所以，笛卡儿认为这些都要进行怀疑，包括数学。在我们看来数学是最可靠的东西，笛卡儿认为那也可能是假的。我们知道 2+2=4，但这可能是某个恶魔设下的圈套，每次都让我们乘以 5 之后才得出 4，然后我们还把假的答案当作是真的。我们没有办法来驳斥这种可能性，或许我们获得的自以为是真理的必然性知识，其本身就是恶魔故意设下的一个陷阱。

当把所有的这些都怀疑过之后，我们发现只有一样东西是不可怀疑的，那就是怀疑本身。因为"我在怀疑"这个确凿的事实，是我自己亲身体验到的，我知道我现在确实正在怀疑。从逻辑上来讲，我怀疑自己在怀疑，依然还是一种怀疑。因此，怀疑是一种心理活动，是一种直接的思想过程。怀疑必须要有怀疑的主体——我，笛卡儿因此得出了"我思故我在"（I think therefore I am）的著名论断。

笛卡儿通过普遍怀疑，最终确立了不可怀疑的东西，即"怀疑"本身。怀疑是一种思想过程，思想就必须有思想者，因而由"我思"得出了"我"的存在。关于笛卡儿的这个哲学论断是不是建立在逻辑推理上，学术界是有分歧的。对笛卡儿来说，所有事物都是值得怀疑的，但有一样东西是清楚明白且毋庸置疑的，那就是"怀疑"本身，怀疑就是在进行思想、思维，这点无可置疑。所以"怀疑"本身不是推论出来的，而是我们当下的直观感受。我们把自己内在的直观经验叫直觉，直觉不需要前提，也不需要推理，更不需要推理过程。笛卡儿从怀疑直觉得出一个"我"，这一过程遭到后世很多哲学家的批判。这个

"我"究竟是从哪里来的?"思"确实存在,因为"思"是一个内在过程,是我们可以清楚明白地体验到,但"我"是从哪里来的?笛卡儿从"思"推论出了"我",以至得出"我思故我在",从我在思想这一事实推出了我的存在。如果这是一个推理过程,推理必须有一个前提。根据词位分析,这里的前提可能就是"凡思者必有我"。从而先有"我思",然后才推出了"我在"。但"凡思者必有我"这个前提是从哪里来的呢?"凡思必有我"显然并非"思"本身,从形式上看,它只是一个理论或公理。①

根据笛卡儿自己的思想,"我思故我在"不是推理,"思"就是"我","我"就是"思"。"我"之所以是"我"正是因为有"我思",若非有"我思","我"即不是"我","我"或许就成为他者或什么其他事物,或许根本就不存在。仿佛是"物之我"依存于"思之我",而非"思之我"依存于"物之我","思之不在我将焉存?"因此,笛卡儿认为"我"是一个纯粹精神性的主体,"我"的唯一本质属性就是思维。只要有思维就有"我",没有思维就没有"我"。他进一步指出,"严格地说来,我只是一个在思想的东西,也就是说我只是一个心灵,一个理智或一个理性"②,"那么我究竟是什么呢?是一个在思维的东西。什么是一个在思维的东西呢?那就是说,一个在怀疑、在领会、在肯定、在否定、在愿意、在不愿意、也在想象、在感觉的东西……总之,我就是那个在思维的东西,就好像只是通过感觉器官接受和认识事物的东西,因为事实上我看见了光、听到了声音、感到了热。但如果有人对我说:这些现象是假的,我是在睡觉。就算是这样吧,可至少我似乎觉得就看见了、听见了、就热了,这是千真万确的。真正来说,这就是在我心里叫作感觉的东西,而在正确的意义上,这就是在思维"③。

"我"在怀疑,也就是"我"在思想,既然肯定"我"在思想,那么也就肯定"我"是存在的。在笛卡儿看来,"我思"必然要依附一个主体,那就是"我"。因此"我"才是存在的。既然"我"是存在的,那就必然占有一定的空

---

① 邓晓芒,赵林.西方哲学史.北京:高等教育出版社.2005:144.
② 笛卡儿.第一哲学沉思集.庞景仁译.北京:商务印书馆.2010:28.
③ 笛卡儿.第一哲学沉思集.庞景仁译.北京:商务印书馆.2010:29-30.

间位置，因此"我"就具有了一种广延的物理属性。物理属性又必须依附于一个实体，因而就推出了"我"具有"物质实体"。而"思"也是以属性的方式存在的，"思"也必须依附于某个实体，因此又得出了有"心灵实体"。据此，笛卡儿主张这个世界有而且只有两大类实体：心灵实体与物质实体。我们平常感受到的各种物体都是物质实体，每个认知主体的心都是心灵实体。笛卡儿认为心与物之间是独立的，心不影响物，物也不影响心，心物之间不存在任何的因果关系。物质实体的唯一本质属性是广延，遵循自然规律而运动；精神实体的唯一本质属性是思维，根据自由意志而活动。这就是哲学界著名的实体二元论，也被称为笛卡儿式二元论。

尽管我们在日常生活中都可能会用到"我"，也可能会支持"凡思必有我"这一想法，但是就哲学家所讨论的这个"我"而言，我与"我"之间存在鸿沟。正如《人性论》（A Treatise of Human Nature）中，休谟写道："就我而言，当我试图以最亲密的方式进入我所称为自我的时候，我总是碰到这样或那样的知觉，冷或热，光或影，爱或恨，痛或快。我从来没有在任何时候，在没有具体知觉的情况下抓到自我。除了知觉，我观察不到任何别的东西。"①我们只是认为"思"的过程不可能不依附于一个主体，因此必须得假定有一个"我"，但"我"只是一个逻辑主语，一种逻辑上的假设，并非实在的东西。显而易见，"我"的出现只是基于对"思"的推导。

四、笛卡儿的心物难题

笛卡儿的"物质实体"和"心灵实体"是从实体属性"广延"和"思维"中推出来的。他认为"广延"和"思维"无论从哪个层面上来看都不可能还原为对方，因而它们具有不可还原性。物质实体和心灵实体具有绝对的区别，笛卡儿就此提出了心物（身心）二元论思想。

心物之间真的不会发生任何关系吗？仔细推敲一下我们自己的情况就会发

---

① Hume D.A Treatise of Human Nature. Oxford: Oxford University Press, 2000: 70.

现，这个说法似乎是不能成立的。人类身上有一个不可否认的事实，即人的思想能够支配其身体的行为，而且我们的身体受到刺激后就会在心灵中引起某种特定的反应。这就是说在人的身体与心灵（精神）之间明显存在着一种交感作用。

笛卡儿身心关系学说是其二元论哲学体系的一个重要组成部分，它主要是由"身心二元论"和"身心交感说"两个理论所构成。一方面，从"心物二元论"来看，心物二元是整个世界遵循的普遍原则，但当到某个人身上时，心灵和身体会在某个地方发生交感。因为人固然是二元的，既有心灵又有身体（物质），但是如果说人的心灵和身体没有相互作用的话，那么我们就很难理解当我们被石头打中的时候会有痛感，当我们想去看电影的时候就会去电影院买票。也就是说，在心物之间发生了某种联系。

从另一方面来说，笛卡儿为解决人的身和心之间会产生因果互动这一问题，不得不在人身上破个例①，提出了身心互动论，即松果腺理论。晚年的笛卡儿基于解剖实验提出了"身心交感说"，身心交感主张身和心会在大脑的松果腺中进行互动。"身心交感说"是否真的就解释了身心或心物之间的协调一致呢？根据笛卡儿的观点，物质世界的属性是广延，它一定会占有空间，并且它也是可见、可分的实体；而心灵（精神）的属性是思维，思维是看不见、不可分的实体。那么这两种具有不同属性的实体是如何相互影响的？心灵现象如何导致了物理事件的发生，而物理事件又如何引发了心理的反应？例如，张三踩了我一脚，我会感到疼痛。张三踩我是一个物理事件，而我感觉到疼痛却是一个心理状态，这整个过程是如何发生的？乍一看，两个事件之间似乎是具有因果关系的，被人踩是原因，感受到疼痛是结果，但身与心各自的反应是如何互相传导或转换的呢？又如我想去跑步，这种心灵中的意念如何导致了物理世界中身体的运动？这就是笛卡儿著名的"心物难题"。

"身心二元论"和"身心交感说"这两个理论在本质上是相互矛盾的主张。

---

① 由于我们当前讨论的是笛卡儿的观点，而在笛卡儿看来动物是没有灵魂或心灵的，只有人才拥有心灵或思维，因此，在本章的语境下，只讨论人的身心问题。

一方面，根据身心二元论的观点，身心是相互独立、互不相涉、互不影响的两个实体，但身心交感说却说二者之间可以相互影响。因此，"身心二元论"与"身心交感说"之间的矛盾正是笛卡儿形而上学体系矛盾之所在。

心与物的本质属性与各自的独有特征可以用表 3-1 来表示。每种实体除了具有一种本质属性之外，都还拥有各自独有的特征。①

表 3-1　心与物的属性差异

本质与特征	实体（substance）	
	心灵（mind）	物质（body）
本质属性	思维（thinking）	广延（extension）
独有特征	认知权威性、自由意志、不可分、不可毁灭	不可直接获取、因果决定、无限可分、可生成或灭亡

我们通常把物理事件作为原因，而把物理事件所引发的心理事件作为结果。那么，这种"引发"的相互作用是如何实现的呢？例如，学生看见老师在上课、学生在课堂上听见老师讲课的声音，等等。这一系列物理事件如何能够引发同学们心中的"老师在上课"这样的心理现象呢？如果心与物两者之间有交互作用的话，那么这种交互作用是在哪里发生的呢？有人认为是在大脑中进行的，因为如果物理事件不经过大脑我们就不会体验到任何心理事件。同样，除非经过大脑，否则心理事件也无法造成物理事件。所以一般而言，关于心物之间的交互作用点，我们首先会想到大脑。但是大脑本身也是一个物理事物，它跟桌子和椅子一样，有确定的大小、重量、形状等，是个物理性的东西。而心灵则是没有大小、重量、形状的事物。作为心物之间的桥梁，其本身不能是物理事物，否则，在他们之间依然存在着心与物（大脑）沟通的桥梁问题。因为大脑是物理事物，而心灵是思维或意识，心灵不处于时空之中，因此，心与物两者之间的鸿沟仍然存在。所以笛卡儿的这条进路是走不通的。

知觉经验取决于外部世界的刺激，这种刺激首先到达我们的各种感觉器官，进而引起了我们心理状态上的变化，最终导致了我们获得这样或那样的感觉。

---

① 约翰·塞尔. 心灵导论. 徐英瑾译. 上海：上海人民出版社. 2008：14.

例如张三想看电影，这一想法导致他走出房间、去电影院、买票并看了电影。换句话讲，有意识的主观经验是如何产生电化学反应，并促成行为事件发生的。也就是说张三的命题态度，比如他的信念、欲望等如何导致了他的神经元发射、肌肉收缩等，进而完成了一系列的动作。这就是自笛卡儿以来的认知哲学家们所必须要面对和解决的心物难题。

当然，笛卡儿对这个问题的回答显然也是不能令人满意的。在他之后，其观点引发了无数的争论，他带给我们的哲学困惑甚至比留给我们的哲学遗产还要多得多。后继者及其他哲学家们都发挥自己的聪明才智，围绕着心物问题进行了长达几百年的讨论，仍然没有一个令人满意的结论。

第四章 笛卡儿之后的心物难题

> 我们作为自由主体的日常意识是虚幻的。因为我们在很大程度上并没有意识到自身行为的真正原因；反思则使我们获得解脱，不再把自己看作是所谓的自由主体，而获得理智和洞见，从而把握事物的真实状态。
>
> ——斯宾诺莎

在笛卡儿之后，心物截然不同的想法已经深入人心，甚至根深蒂固。一些后起的哲学家也否认心物两种实体之间具有因果关联。其中二元论进路有以莱布尼茨为主要代表的平行论（psychophysical parallelism），以斯宾诺莎（B.Spinoza）为主要代表的属性二元论（property dualism），及以马勒布朗士（N.Malebranche）为主要代表的偶因论或机遇论（occasionalism），等等。另一条发展路径则否认心物的实体地位，进而发展出了实体一元论，其中包括唯心论（idealism）、唯物论（materialism）。到了当代，兴起了由哲学家杰克逊（F. Jackson）等倡导的副现象论。

一、心物难题的二元论方案

当我们对自己的思想、情感和信念进行内省时，我们似乎无法像对物理世界那样找到实在的对应物。不论内省或强或弱、信念重要与否,我们都无法在物理世界中对它进行准确定位。内省或信念不似物理事物。当我们努力去寻找内省证据时可能会发现,心灵世界与物理世界是截然不同的世界。这种自然观一般被称为二元论(dualism),二元论主张心与物是完全不同的事物或实体。

二元论本身只是一种认知哲学的理论,是关于心灵与物质(身体)之间关系的一系列观点。在西方哲学中,最早讨论二元论思想的是柏拉图。在其著作中,柏拉图认为人类的"理智"(心灵或灵魂的能力)不能等同于或解释为他们的身体。二元论发展的鼎盛时期大约在公元17世纪左右。最著名的二元论版本出自于笛卡儿的主张,他认为思维是没有广延性的、非物理的实体。笛卡儿创造性地把心灵等同于意识或自我意识,并且将心灵与大脑进行了区分。笛卡儿是第一个明确表述身心问题的人,而对这一问题哲学家们至今仍然在讨论不休。自笛卡儿提出心物二元问题以来,关于心物之间关系的二元解释主要有这么几种:互动论(interactionism)、偶因论、平行论、双面向论(dual aspect theory)及属性二元论等。

二元论最常见的论证往往诉求于常识性直觉,认为意识经验不同于无生命的物质。关于什么是心灵,二元论者通常会把心灵看成是自我,看成是自己的个性、灵魂或其他实体,他们几乎都否认心灵只是大脑,也反对把大脑看成仅仅是心灵。现代许多认知哲学家认为这些直觉都是错误的,我们应该运用自己的判断力和科学中的经验证据来检验这些假设,以确定有心灵存在的真实依据。

二元论的一种重要论证是精神和身体有着完全不同的属性,甚至有着不可调和的矛盾属性。心理事件有主观的感受性,而物理事件则没有。例如一个人手指被针扎是什么感觉、蓝色的天空看起来是什么样子的、《命运》交响乐听起来是什么样的……哲学家把这类主观心理事件称为"感受性"(qualia)或"原始感觉"(raw feels)。感受性或原始感觉就像感觉到疼痛、看到某种熟悉的颜色、听到音乐旋律后在心里产生的知觉或信念,这些涉及心理事件的感受性完全是一种心理反应或心理过程,其本身似乎很难被还原为物理事物或物理过程。查尔默斯(D. Chalmers)指出,我们可以知道身体接受刺激后发生的所有物理性反应。比如可以设想张三知道所有关于红色的客观信息，如所有关于红色光波的信息，物质吸收或反射红色光线的特性，所有关于红色出现的其他环境因素，甚至当看到红色时大脑物理状态发生的所有可能的变化，等等。但我们据此仍然不能知道哪怕一点儿心理反应方面的相关信息，就是说借由看到红色时发生的这些物质世界的变化，依然了解不到心理的主观感受是什么样的。

如果意识（心灵）可以独立于物理实在（大脑）而存在的话，那么人们也必须解释关于物理实在的记忆是如何由意识构成的。因此，二元论最终必须解释意识如何影响了物理实在。一个可能的解释是奇迹的出现，海林克斯（A. Geulincx）和马勒布朗士认为，所有的身心交互作用都需要上帝的直接干预。

二元论的另一种重要论证是刘易斯提出来的，他认为如果我们所有的思维过程都受物理原因影响，那么我们就没有理由来假设这些过程都是理性推理的结果。如果一元论是正确的话，我们也无法知道身心到底是怎么交互的，我们甚至不能假设理性的存在。

在二元论诸多说法之中，有所谓的假象论和互动论。假象论认为，我们的大脑和神经系统如此复杂，使我们拥有似乎可以独立决定或自由选择的假象。心灵好像通过自由选择，进而影响外在世界现象，而实际上外在世界只是依从物理定律而变化，早已被决定。所谓心灵所做的决定，也只是大脑细胞的电子脉冲影像而已。这种说法其实是物理论的，认为心灵根本没有丝毫的影响力，就像现在的人工智能一样。人与计算机下棋〔如李世石与机器阿尔法狗（AlphaGo）下围棋〕，计算机好像懂得用"心"思考并与人一手一手地下围棋，但其实这只是有人早已把很多很复杂的棋谱或棋局变化通过计算机程序语言输入到其系统中，计算机经过复杂的运算后得出每一步的出棋方案，貌似人在思考一般，但实际上只是一连串机械的程序运算而已。在与阿尔法狗（AlphaGo）的人机大战中，机器只是通过计算胜率来选择落子位置，其逻辑前提及处理方式与人的思考是根本不一样的。

互动论所面对的主要问题是，如果心灵与身体是可以区分开的，那么身和心如何做到互相影响呢？在心理现象和物理现象之间有没有一种分界呢？若是没有分界，那么又如何来区分这是两个不同的领域呢？若有分界，二者又是如何越过分界线而产生互动的呢？

（一）互动二元论

互动二元论（interactionism dualism）是特殊形式的二元论，由笛卡儿首先在《第一哲学沉思集》中所阐发。互动二元论认为，心理状态与物理状态有因果相互作用。在20世纪，这一观点的辩护者有波普尔（K. Popper）和约翰·卡鲁·艾克尔斯（John Carew Eccles）等。

二元论者最直接诉求的立场是互动论。虽然互动论者把心理事件和物理事件当作是不同的事物，但二者之间却存在因果作用，这样既可以避免形而上学上的一些过度猜测，也可以避免人们对内省的不可置信性。在笛卡儿的二元论模式中，心灵是一个非物理的事实，但它可以通过松果腺来作用于身体。同样，身体也可以通过松果腺来影响心灵。但身体和心灵是两个截然不同的实体。一般而言，我们可以理解物理事件如何作用于物理事物，但物理事件如何作用于非物理事件，或者非物理事件如何影响物理事件，这又怎么理解呢？

关于互动二元论这一观点，例证可以概述如下：张三对于身心有着明确和清晰的区分，他的心灵是一个没有广延的思维事物，而他的身体要占据空间、有广延、是可以被量化的事物，但没有思维。虽然心灵和身体是两种完全不相同的事物，它们分别具有完全不同的性质，但心灵与身体可以即时地互通"信息"，心灵接受的刺激可以转化为身体的动作，身体的动作也可以反应为心灵信息，两者可以互为因果。

笛卡儿的互动二元论主要取决于这一前提，即张三认为他心灵中的想法是必真的。但是许多当代哲学家都怀疑这一论点。约瑟夫·阿加西（Joseph Agassi）认为，自20世纪初以来，许多的科学发现已经削弱了人们对自己内心想法具有访问特权的观点。

除了互动二元论之外，这还有其他三种形式的二元论（other forms of dualism），详见图4-1。

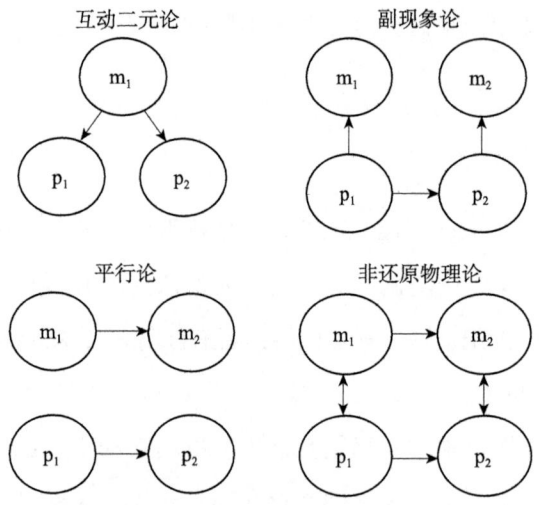

图 4-1 四种二元论示意图
（p 表示物理事件，m 表示心理事件，"→"表示因果关系）

（二）心物平行论

心物或称为心身平行论（psychophysical parallelism）简称平行论。平行论者认为，身体和心灵二者之间有着不同的本体状态，并且彼此之间不会产生相互的因果影响，身体和心灵之间的运行是并行的，心灵实体与物质实体之间的因果关系是无法被人掌握和理解的。因此，他们提出，心灵实体与物质实体之间并没有交互作用，但却总是能平行地发生某种共变关系。心灵事件与心灵事件产生因果作用，而大脑事件与大脑事件产生因果作用（图 4-1）。这种观点为莱布尼茨所主张，虽然莱布尼茨在本体论上主张一元论（单子论），即他认为这个世界上只有一种实体——单子（monad），宇宙中的一切存在物都可以还原为单子。虽然如此，但他仍然坚持认为，根据因果关系，在"心灵"和"物质"之间有一种重要的区分。他认为上帝前定、和谐地安排好了一切，因此身与心之间才会如此和谐地运行。这就是所谓的前定和谐原则（pre-established harmony）。

莱布尼茨主张，心与物之间并不具有真正的因果关联，心理世界与物理世界是平行而互不影响的，心理世界不影响物理世界，物理世界也不影响心理世界。如果平行论者坚持心物之间互不影响,没有任何因果作用的话,那么他们就需要解释清楚,为什么当别人踩了我们一脚时,我们的心里立刻就会感到疼痛。也就是说,平行论者需要解释心物之间为什么互不影响,但彼此运行还那么协调一致。

简言之,平行论主张心理世界与物理世界之间没有任何因果关系,只具有某种共现关系,如图 4-2 所示(p 表示物理事件,m 表示心理事件,"→"表示因果关系)①:

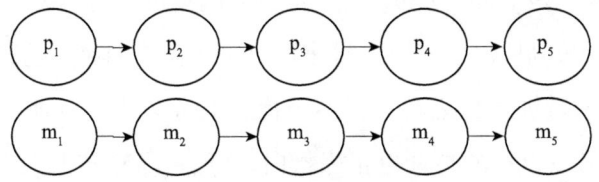

图 4-2　平行论示意图

所以,心理世界与物理世界之间只具有某种共变或共现的关系,意即当且仅当物理的 p 发生,心理的 m 会出现。心与物之间仅仅具有这种共现关系,我们只不过错把这种共同出现的现象当作了因果关系。然而,又如何能进一步解释这种共同出现的现象呢?偶因论认为这种共现关系只是纯粹的巧合,真实的原因是当且仅当上帝创造了物理 p,上帝也创造心理 m。而平行论则是诉诸神(自然)的存在,认为神不但创造了心理世界,还创造了物理世界。二者表现为一体两面,是同一个实体的两种属性,所以它们是先天的,必然会共同出现。这样的回答都不可能令人满意。

(三)偶因论

偶因论者则把上帝作为连接心理与物理的纽带,认为上帝同时作用于物理世界和心理世界,上帝作为一种必然的原因对这两个世界中的事件做出调整。表面上看似乎是物理世界对心理世界具有某种因果关系的作用,但实际的作用者是上帝。偶因论的主要代表人物是马勒布朗士和海林克斯。马勒布朗士主张

---

① 彭孟尧.心与认知哲学.台北:三民书局,2011:24.

所有物理事件之间的因果关系，或者物理与心理事件之间的因果关系并不是真正的因果关系，这些只是偶然的原因。身体和心灵属于不同的实体，它们二者步调协调一致的真正原因实际上是不出场的上帝，上帝的干预让身体和心灵彼此之间保持如此的和谐一致。

马勒布朗士否认心物之间具有因果关系。心理与心理事件之间并没有因果关联，物理与物理事件之间同样也没有因果关联，更不消说心理事件与物理事件之间有因果关联了。他认为心与物之间的关系只是"偶然的原因"，而真正的原因或"肇始者"是上帝，上帝才是使心物之间真正协调一致的"有效因"。

上帝如同一位高明的钟表匠。钟表匠制造了两个时钟，将这两个时钟调成同步之后，两个时钟各自运转，互不干扰。上帝会让一口钟"铛铛铛"敲 12 下的同时，让另一口钟的指针也正好指向 12 点。马勒布朗士主张，心与物之间就像这两口钟一样，具有某种共变关系。关于心物因果就如张三去台球室打球，当张三用 A 球击中 B 球后，B 球就往前移动并落入了袋中。在常识上，我们会认为 A 球的击中是 B 球运动的原因，B 球运动是 A 球击中的结果。因为正是 A 球击中了 B 球，才使 B 球往前运行的。那么，对此偶因论者会怎么认为呢？

按照偶因论的观点（图 4-3），A 球的击中并不是 B 球运动的原因，B 球运动也并非 A 球击中的结果，而是上帝刚好让 A 球弹到 B 球这里时，又让 B 球接着继续往前走。看起来好像 A 球击中了 B 球，然后 B 球往前运行了。而实际上 A 球的击中只是 B 球运动的偶然原因，真正的原因是背后那个不出场的上帝，是它让 A 球走到 B 球这里，然后又正好让 B 球往前走了。显然，A 球运动的原因也不是被球杆击中，而同样是上帝的安排。那为什么我们会认为正是由于 A 球击中了 B 球，所以 B 球才往前运行的呢？这是由于我们的认识能力有限，所以只能看到偶然的原因（即把 A 球的击中看成是原因，B 球的运动看成是结果），真正的原因是不出场的上帝。今天看来，这种观点似乎有点荒谬，因为它违背了我们的常识观点，与我们通过感官直接观察到的结果是完全不同的。虽然在第一章中我们已经说过，我们的感官知觉有时也会欺骗我们。偶因论的主张如

图 4-3 所示（p 表示物理事件，m 表示心理事件，"→"表示因果关系，这里的"神"代表上帝）：

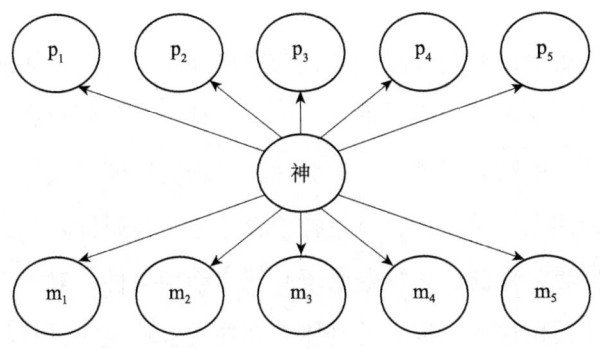

图 4-3　偶因论示意图

马勒布朗士提出用神来解释心与物之间协调一致的原因。就物理世界（p）来说，物理事件系列（p_1，p_2，p_3，p_4，p_5，…）之间并没有因果关联，神创造了每一个物理事件，从而产生了物理事件系列。对心理世界（m）来说同样如此，神创造了每一个心理事件，从而产生了心理事件系列（m_1，m_2，m_3，m_4，m_5，…），心理事件之间也没有因果关联。更为重要的是，如果神创造了 p，与此同时，神创造 m，神的运作是心物之间共同变化的原因。

（四）属性二元论

属性二元论有时也称为双面向一元论（dual-aspect monism），该观点认为，世界是由一种实体，即物理实体所构成的，但物理实体存在着两种截然不同的属性，即物理属性和心理属性。作为一种实体的两种属性，彼此可以具有良好的协调一致性。换句话说，属性二元论认为非物质的心理属性，如信仰、欲望、情感等与物理的身体（至少大脑）是和谐一致的。

属性二元论认为，心理和物理是同一实体的两个面向。属性二元论是一种混合立场，在某些方面是一元论的，而在其他方面则是二元论的。在现代哲学著作中，属性二元论与中性一元论的关系变得有些界线不清，唯有一点区分是，中性一元论允许语境性地给定一组中立元素，这些中立元素进而可以被确定为是心理或身体，或者两者都是，或者两者都不是；而属性二元论表明，心理和物理是一些潜在实体的一些面向或表现，在理解过程中，实体或过程本身既不是心理的也不是物理的。

面对笛卡儿留下的心物关系问题，斯宾诺莎提出了"一体两面"的双面向论观点。他提出，从本体上看，世界上没有两种实体，而只有一个实体，但是却存在两种属性，即物理属性和心理属性。物理属性就是我们看到的具有广延的物质世界，诸如电子及其他物体是物理属性；心理属性是具有思维特质的心理世界或精神世界，像痛、思维等属于心理或精神属性。对于人类来说，尽管人不是由两种实体构成的，但人的身体尤其是大脑不仅仅具有物理属性，而且还具有心理属性。由于心与物是同一个实体的两个面向，那么它们彼此在某些方面肯定会表现出内在的协调一致性。斯宾诺莎属性二元论的意义在于，同一种东西的两种属性一定具有内在的协调性一致，而这种内在协调不是经验的，而是先验的。属性二元论避免了实体二元论的固有缺陷，但是它依然回避不了一些来自实体二元论的麻烦，比如，心理属性与物理属性之间是一种什么关系？物理事件到底是怎样影响心理属性的？等等。心灵属性与物理属性之间的因果关联，在这里并不是一个清晰的问题。因此，不同形式的属性二元论都要求心理和物理是互补的，彼此不可还原，尽管心物两者截然不同，但二者也不可分离。属性二元论主要有以下几种形式：

（1）非还原的物理论（non-reductive physicalism）。认为心理属性具有一种独立于物理性质的本体论状态，但心理状态，如感受性无法还原为物理状态。就非还原的物理论来说，感受性具有本体论状态并不意味着感受性是因果惰性的，这是非还原的物理论与副现象论的区别。

（2）泛心论（panpsychism）。认为所有物质都有心理面向，或者说所有对象都有一个统一的体验中心（center of experience）。从表面上看，这似乎是一种属性二元论，因为泛心论认为一切事物都是同时拥有心理属性和物理属性。然而一些泛心论者认为，机械式的行为来源于有意识的原初原子和分子，也来源于复杂的心灵或有机体的行为。泛心论主张可以适当地把非物理的属性还原至某种心理属性，但泛心论并不是一种强形式的属性二元论。

当前，上述几种二元论学说在很大程度上已经被科学和哲学放弃了。有许多因素导致了二元论的衰弱，最重要的可能是以下几方面的原因。

（1）心理对身体的明显依赖。一些治疗精神抑郁的药物如百忧解或摇头丸会影响大脑的物理进程，并且会系统地影响我们的情绪和情感。脑损伤同样对心理具有破坏性。智能生物的进化与大脑结构的变化相关。这些现象都表明，大脑活动和心理活动有一种系统的关联性。因此，随着科学认识的不断进步，支持二元论的论据越来越失去了原有的说服力。

（2）笛卡儿提出的推理和计算都是外在于物理的心理事件。但现代神经科学和人工智能领域的研究表明，如果没有纯粹的物理系统的话，许多事情都无法完成。事实上，当我们做事情时，面对的大部分情况是纯粹的物理系统。

（3）关于内省的证明是一个更难解决的问题。信念不是大脑或身体的某种状态，但我们是通过内省来了解自己内心感受的。内省是一种弱化的证据，虽然我们可以感受到自己的头痛、胃痛等。除非有人能证明，内省所揭示的感受就如身体的物理表现一般可以得以观察或证明，否则我们无法接受内省确实存在，也无法把内省作为有利于二元论的决定性证据。

综上所述，二元论缺乏独立的证据支持。随着自然科学的发展和科学方法论向哲学领域的不断渗透，自然化思潮蔓延到了认知哲学领域，自然主义或唯物论一元论纲领遂成为哲学家们解决身心问题的主要思路。

二、心物问题的一元论方案

由于二元论自身的理论困境，一些哲学家开始否认世界有两种实体，而仅承认只有一种实体，即实体一元论立场。实体一元论与斯宾诺沙及莱布尼茨的主张不同。许多学者倾向于认为世界只有一种本体，即心或者物，分别被称为"唯心论"和"唯物论"，统称为一元论（monism）。唯心论否认物理实体，仅承认心理实体，认为世界完全是由心灵或精神构成的，除了心灵以外世界上无物存在。唯心论的主要倡导者是18世纪哲学家贝克莱（G. Berketey）、黑格尔（G.

W. F. Hegel)、布拉德利（F. H. Bradley）及罗伊斯（J. Royce）等，当代少有人接受这种哲学观点。在认知哲学中，更有影响的一元论是唯物论观点。

唯物论否认心理实体，认为唯一的实体就是物质或物理的实在，这个世界的一切都是物体、物理性质以及物体与物体之间的物理关系。即使有心灵的存在，在某种意义上，心灵也可以被还原为某种物理状态。在当代，唯物论似乎成为一种显学，其许多观点被广泛而无条件地接受。由于考虑到"力"和"能量"等概念都是物理的，但它们本身又不是物理实体，也很难说明它们具有怎样的一些性质或属性，因此，物质一词已经不足以涵盖整个物理世界，因此当代许多哲学家已经改用物理论（physicalism）来代替"唯物论"一词。

对于物理论者来说，这个世界并不分为心理世界和物理世界两个相互对立的部分，这个世界就是物理世界，心理世界或者不存在，或者只是物理世界的一部分。极端的物理论主张心理世界不存在，对于心灵现象在本体论上采取"取消"的进路；温和的物理论主张心理世界是物理世界的一部分，对于心灵现象在本体论上采取"还原"的走向。物理论学说主流性地影响了整个20世纪，并且这种影响在21世纪依然持续。物理论包括很多流派，主要有行为主义、心脑同一论、功能论、强人工智能和取消唯物论等（本部分内容详见第五章，在此只做简要的介绍）。

（一）物理主义一元论

1. 行为主义

最早产生影响力的唯物论是"行为主义"。20世纪上半叶，行为主义（behaviorism）成为认知哲学中的显学。行为主义可以算作是一种哲学思潮，特点是强证实主义观点，认为无法证实的心理内部状态是无意义的。行为主义认为，在以往的心理学中，内省（introspection）观点存在着不足。人们关于自己心理内部活动的内省报告经不起精确性的检查，也不能概述为一般形式。其主要观点包括：心理学是研究行为的科学；心理学并不研究心灵，而是通过对行为的观察来区分不同的心灵状态；对行为进行描述或解释不参照心理事件或心理内部过程，行为来源于外部环境，而非心理内部状态。行为主义者认为，如果心理学要成为一门科学的学科，就必须经过第三人称的方式来对其普遍性和可能性进行考察，心理术语或概念可以被转换或改述成关于行为的术语或概念。事实上，人们无法对他人的心理内部状态进行第三人称的考察，只能关注他人的可观察行为。总之，心理现象是由行为倾向来表现的，心理状态不需要一种内省状态，并且心理状态不是可以做出内省报告的内在状态，它们只是在描述行为或是在描述行为的倾向，这种行为或行为倾向通常由第三方来进行解释，并用以预测他人的行为。

随着认知主义的兴起，同时也由于行为主义自身存在的一些问题，如行为主义者坚持认为，当张三正头疼时，我们只是在谈论张三的各种外显行为，而这是违反直觉的，自20世纪下半叶以来，哲学行为主义不再受人关注。

2. 同一论

当行为主义没落之后，在20世纪50年代中后期，哲学家开始意识到通过神经生理学来解释心理现象，仿佛更具有生命力。这种解释进路是把思想、信念和感觉的心理现象与大脑过程当成是等同或同一的，理论上一般称为心脑同一论（mind-body identity theory）。斯马特（J. J. Smart）、普莱斯（U. T. Place）和阿姆斯特朗（D. Armstrong）发展了一种类型物理论（type physicalism）或类型同一论（type-identity）。同一论有时被称作等同论，也称为心脑同一论。支持同一论的哲学家们认为，如果心理状态是物质的，且又不是行为的话，那么心理状态可能等同于大脑的内部状态，例如疼痛、喜爱、厌恶、害怕等感觉只不过是某种大脑状态，或者说这些心理状态只不过是某种脑神经状态。用一种简化术语来表示，精神状态M只不过等同于大脑状态N（图4-4）。如"张三渴望看电影"的心理状态，只不过是张三大脑特定区域的某些神经元的特定发射。

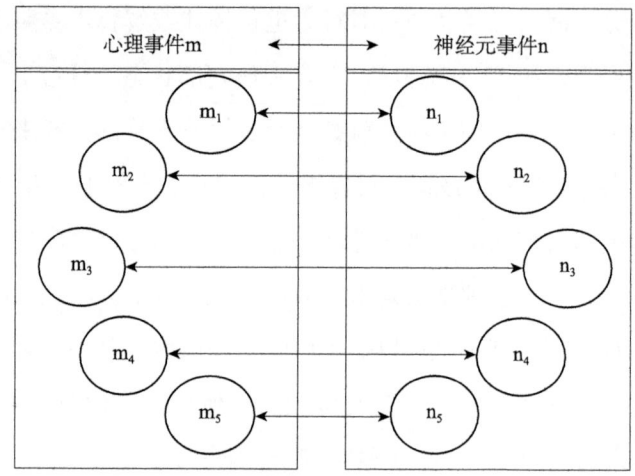

图 4-4 类型和个例同一论图示

异常一元论与经典的同一论的立场正好是相反的。经典的同一论认为，每一个心理类型的个例都对应于每一个物理类型的个例。而对于异常一元论来说，个例-个例的对应可以在类型-类型对应之外，其类型-类型同一的结果只是个例的同一（图 4-5）。

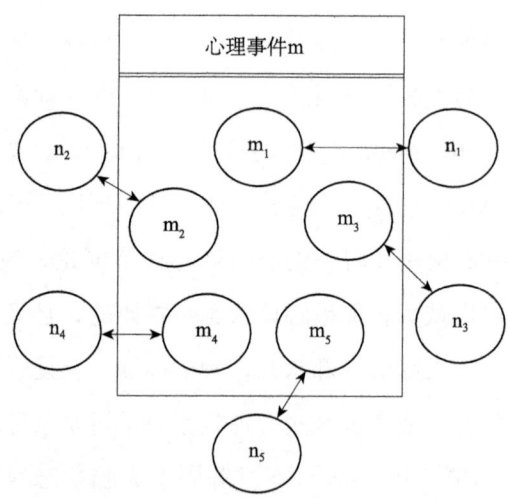

图 4-5 异常一元论（个例同一但类型不同一）

尽管同一论有一定的合理性，但也面临着多重可实现性论题的强大挑战。多重可实现性论题首先是由普特南（H. Putnam）提出的。很显然，不仅是人类，许多不同物种的动物甚至一些植物也会经历痛苦或是愉悦的"心理"状态,并直接反映到身体行为上来。然而,假设所有具有相同痛苦经验的这些不同生物体都有相同的大脑状态的话,这似乎也是不可思议的。因此,痛苦的心理状态不可能等同于某一个个体的特定的大脑状态。因而在经验上,同一论是没有事实根据的。

但同一论者认为,即使承认普特南的观点,那它也并不意味着必须放弃类型同一论。因为根据个例同一论,即某一个确定的大脑状态只与某一个人的心理状态相关联,这并不一定意味着"类型同一",亦即某一类型的心理状态与某一类型的大脑状态之间有着绝对的关联。类型-个例(type-token)的区别可以由一个简单的例子来说明:"red,red,红",前两个"red"是个例同一的,但三者又是类型同一的。个例同一论的观点主张,只有在特定的心理事件出现时,对应于个例的特定物理事件才出现。异常一元论和大多数其他非还原物理论都属于类型同一论。尽管存在这样那样的问题,但类型同一论的观点仍然历久弥新,这主要基于金在权(J. Kim)对这一观点的长足发展。

3. 功能论

功能论(functionalism)为心物难题提供了另一种解决方案。功能论主要有四种不同的版本,以应对同一论的不足之处。一种是由普特南和福多明确表述的,他们把心理状态看成是心灵的计算理论(computational theory of the mind);之后,阿姆斯特朗和刘易斯(D. Lewis)提出了另外版本的功能论,他们主要是根据功能作用来分析民间心理学的心理概念;而维特根斯坦的"意义在于使用"的观点也导致了某种功能论意义理论的产生,这一观点由塞拉斯(W. Sellars)和哈曼(G. Harman)进一步进行了发展;福多和派立新(Z. Pylyshyn)的自然主义认知哲学采用了心理分析功能论(psychofunctionalism)的方法,也属于功能论的一种版本。

这些不同版本的功能论的基本主张是:任何类型的心理状态都等同于某种类型的功能状态。心理状态是由它们的因果关系来描述的,这些心理状态与其他心理状态、感觉输入及行为输出是相关的。其核心思想是心理状态（如信念、欲望和疼痛等）完全是由其功能作用构成的，也就是说与其他心理状态、感官输入和行为输出之间具有因果关系。因为心理状态是由功能角色来定义的，它们可以在多个层面来实现，例如，肾脏是由它的功能作用来科学地描述的，即肾脏的功能是过滤血液并维持某种化学平衡。因此，从功能论角度来看，肾脏的本质属性体现在它的功能，而非其质地或结构等，它可以是有机组织，可以是塑料纳米管甚或是由硅胶片组成，这些都不重要，重要的是肾脏所起的作用及它与其他器官之间的关系。换句话说，心理状态能够体现在各种系统中，甚至能通过电脑来实现，只要电脑系统执行相应的功能。布拉克（N. Block）将功能论区分为计算功能论以及非计算功能论两大进路。

4. 非还原物理论

关于心物之间的关系，非还原论哲学家坚持两个基本信念：首先，物理论是真的，并且心理状态也一定是物理状态；其次，所有还原论者的提议都是不能让人满意的，因为心理状态必须被还原为行为、大脑或功能状态。但问题在于非还原的物理论是否可能呢？戴维森的反常一元论就试图支持这种非还原的物理论观点。

戴维森使用随附性（supervenience）论题，认为心理状态随附于物理状态之上，但无法将其还原为物理状态。因此"随附性"只是描述了功能上的依赖性，如果物理状态在因果还原性上没有变化的话，那么在心理上就不可能有变化，因为在心理与物理之间没有本体论上的可还原性。

副现象论把一种或多种心理状态视为大脑状态的副产品，而且心理状态对物理状态没有因果作用，二者之间的交互作用是单向的。副现象论首先是由托马斯·亨利·赫胥黎（Thomas Henry Huxley）提出来的。副现象论主张，心理状态作为大脑状态的副产品，可以进行因果上的还原，但本体论上心理状态不可以还原于物理状态，心物之间具有单向因果关系，物理事件会导致其他物理事件的产生，或者物理事件会导致心理事件的产生，但是精神事件不会影响任何事物，因此，物理状态可以作为原因造成心理事件作为结果。所以，大脑会产生意识，就如同肝会产生胆汁、物体会产生影子、汽车引擎会产生尾气一样，但反之不然。因此，副现象论者认为，信念、欲望、思维和其他心理活动都是由大脑活动所引起的，但信念、欲望等心灵现象不会对身体产生任何因果作用，因为它们只是物理世界的副产品（即副现象）。近年来，这一观点为杰克逊所支持。

弱突现论（weak emergentism）。弱突现主义是"非还原物理论"的一种形式，这一主张涉及的是自然分层观点。分层是根据日益增加的复杂性来排列的，每一个分层都对应自己的特殊学科。一些哲学家认为，突现的属性是因果与更基础的层次进行互动的结果，而其他哲学家则坚持认为，高阶属性只是简单地随附于低阶层次之上，二者之间没有直接的因果关系。后一种观点则没有那么严格，或者说其所持的观点更弱一些。突现论定义可以严格表述为：如果复合对象 O 的某种属性 p 是突现的，那么在形而上学上 O 对于属性 p 来说是不可或缺的。有时，突现主义者使用水的例子来说明，当氢和氧结合形成水（H_2O）时，水具有了一种新的属性，即水是透明的液体，这种属性是在理解氢气和氧气时不会出现的。这类似于大脑的物理性质引起了心理状态。突现主义者试图解决心物问题，但面临的一个问题是，物理世界的"因果封闭性"不允许有从心灵到身体的因果进路。

强突现论（strong emergentism）。强突现论是一种新兴的突现唯物论（emergent materialism），认为当以适当的方式组织物质属性即将人类身体以适当方式组织时，精神属性会以某种方式突现出来，这种精神属性是不能根据物理定律来解释的。这些突现的属性有一种独立的本体论地位，但突现的精神属性不能被还原为物理属性，并且它也不能根据物理基底来解释。有学者认为精神属性依赖于所从中突现的物理属性，有学者则认为心物之间遵循的是自上而下的因果关系，即属性之间的因果效用。

取消唯物论（eliminative materialism）。取消唯物论主张，人们对心灵的常识性理解或民间心理学是错误的，大多数人所相信的心理状态其实并不存在。人们所使用的许多日常心理概念，如信念或欲望等都没有确切的神经科学基础，因为它们缺乏准确的定义。因此，唯物论者最后采取了一种更为激进的立场：取消唯物论。取消唯物论具有多种不同的观点，但其基本观点认为，常识性的"民间心理学"严重歪曲了一些认知的本质。取消论者如丘奇兰德（P. M. Churchland）认为，民间心理学把认知现象看成是像如此之类的基本句子（sentence-like），但非语言向量/矩阵的神经网络理论模型或联结主义（connectionism）将被证明能更准确地解释大脑是如何运作的。丘奇兰德经常引用民间心理学中关于错误的流行理论的命运，他认为，民间心理学命运就如同这些错误的理论一样，不应该保留任何常识概念的框架，如信念、欲望、希望和恐惧等心理概念都应该放弃，最终被取消。

（二）非物理主义一元论

1. 唯心主义

唯心主义也是一种一元论形式。唯心主义认为世界是由心灵、思想内容或意识构成的。唯心主义者不是要解释心灵如何从身体中产生的，而是要解释世界、身体和对象都可以被视为是心灵所持有的表象。因此，唯心主义者的主要目的不是去解释心物问题，他们往往是出于怀疑的目的来解释意向性和心灵的独特性质。

2. 中立一元论

在哲学中，中立一元论（neutral monism）是一种形而上学的观点，即主张心理和物理是按两种方式来组织或描述相同的元素，无论是物理的还是心理的词汇都是"中立"的。中立一元论否认心理和物理是两种完全不同的东西。相反，中性一元论主张宇宙只由一种东西构成，这种中立的东西既不是心理的，也不是物理的。这些中性元素可能有颜色和形状的属性，正如我们主观所经验到的这些属性，但这些形状和颜色的元素并不存在于大脑之中，也不存在于自身之中。

3. 新神秘主义

一些哲学家认为身心问题目前无法解决，或许永远也无法解决，这通常被称为新神秘主义（new mysterianism），主要代表人物是科林·麦金（Colin McGinn）。根据麦金的观点，人类关于自己内在的想法是认知闭合的，人类思维缺乏形式化的概念程序来完全理解心灵属性，如理解意识如何从因果关系的基础中产生。托马斯·内格尔（Thomas Nagel）阐述了一种较温和的新神秘主义版本。他认为，身心问题在现阶段的科学发展中无法解决，但未来在科学范式转变或科学革命之后，有可能解决这一解释性鸿沟。因此内格尔指出，在未来，一种"客观现象学"可以弥合主观意识经验及其物质基础之间的差距。

以上几种学说都从不同进路来解释或消解笛卡儿的心物难题，具体观点总结如表 4-1 和表 4-2[①]。

表 4-1　一元论的哲学立场

① 唯心论		
代表人物		
贝克莱		
② 唯物论（物理论）		
学说	代表人物	简述
个例物理论	几乎所有当代认知哲学家	● 任何个例心理状态存在皆等同于个例物理状态 ● 可与其他物理论和功能论相容（故与异常一元论不同）
异常一元论	戴维森	● 不存在任何类型的心理状态 ● 仅承认个例心理状态存在，且等同于个例脑神经状态 ● 否认任何心理定律
强逻辑行为主义	维特根斯坦 斯金纳	● 不存在心理状态 ● 仅承认行为或行为倾向为心理学的研究对象
弱逻辑行为主义	行为主义 心理学家	● 承认任何类型心理状态等同于某类型的行为或行为倾向

[①] 表4-1和表4-2参见：彭孟尧.人心难测：心与认知的哲学问题.北京：生活·读书·新知三联书店，2006：16-17.

续表

②唯物论（物理论）		
学说	代表人物	简述
心脑同一论（类型物理论）	斯马特 普莱斯	● 承认任何类型的心理状态等同于某类型脑神经状态
取消唯物论	丘奇兰德	● 常识心理学是错误的 ● 不存在任何类型的心理状态 ● 仅承认大脑神经系统为恰当的研究对象
非还原物理论	金在权	● 每个类型的心理状态都随附于某个物理状态（脑状态）
③功能论（与物理论相容）		
学说	代表人物	简述
因果角色功能论	刘易斯 阿姆斯特朗	● 心理状态等同于扮演因果角色的物理状态 ● 扮演因果角色的物理状态随物种族而异（对于人类来说，就是人类的大脑状态）
计算功能论	普特南 福多	● 每个类型的心理状态都等同于某类型的计算状态 ● 认知机制是计算机制

表 4-2　二元论哲学立场

①实体二元论
代表人物
笛卡儿

②性质二元论		
学说	代表人物	简述
心物平行论	莱布尼茨	● 心理现象和物理现象并无因果交互作用 ● 心理世界的运作跟物理世界的运作是协调的
偶因论	马勒布朗士	● 心理现象和物理现象并无因果交互作用 ● 心理世界的运作跟物理世界的动作是协调的，且这种协调来自于神的作用
双面向论	斯宾诺莎	● 神是唯一的实体，具有心的性质与物的性质
副现象论	杰克逊	● 心理性质或现象是由大脑运作而产生的 ● 心的现象是演化的副产品。

下面我们将从笛卡儿及其之后时代关于心物关系的讨论直接进入 20 世纪及 21 世纪，关注现当代哲学界关于心物关系的讨论。

第五章 当代物理论

> 哲学是关于真理的客观科学，是对于真理之必然性的科学，是概念式的认识；它不是意见，也不是意见的产物。
>
> ——黑格尔

随着自然科学的发展和科学方法论向哲学领域的不断渗透，自然化思潮蔓延到了认知哲学领域，自然主义或唯物论一元论纲领成为哲学家们解决身心问题的主要思路。但是，对心理状态的简单否定，同时也遭到了很多责难。哲学家们试图通过探寻一条既能肯定内部心理状态，又能坚持唯物论的途径来解决心物难题。正是在这样的背景下，20世纪50年代，一元论华丽地登上了历史舞台。目前，认知哲学界有影响力并且也是主流的观点还是一元论，主要是唯物论或称之为物理论。一般而言，唯物论否认世界上同时有物质实体与精神实体（心灵实体），认为心灵与其他事物，如花草树木、日月星辰一样，都是由物质性的东西构成的。本章主要探讨唯物论对心物关系的阐释，重点介绍几个重要的物理论流派，包括行为主义、心脑同一论、取消唯物论和异常一元论、副现象化及心物随附原则等。

一、物理论转向

唯物论者认为，只有由物理理论所假设的实体才是存在的，而心理过程最终将根据物理实体来进行解释。由于心理属性的本体论状态仍然不清楚，唯物论试图把心理属性也还原为物理属性。唯物论有着悠久的历史，从古希腊开始就有其思想的萌芽，例如德谟克利特认为原子是构成世界的最小单位，原子在虚空中做旋涡运动产生了万事万物。在近代哲学史上，霍布斯和拉美特利等认为，人只不过是一架按照机械方式组合起来的机器。

唯物论否认心理实体，认为唯一的实体就是物质或物理的实在，这个世界的一切都是物体、物理性质以及物体与物体之间的物理关系。即使有心灵的存在，在某种意义上，心灵也可以被还原为某种物理状态。在当代，唯物论似乎成为一种显学，其许多观点被广泛而无条件地接受。但唯物论有意或无意地忽略了宇宙的心灵属性，其理论进路要么是彻底的否定心灵的属性，要么是把心灵的属性还原为物质属性，要么就把心等同于大脑。"力"和"能量"等概念都是物理的，但它们本身又不是物理实体，也很难说明它们具有怎样的一些性质或属性。因此，物质一词已经不足以涵盖整个物理世界，因此当代许多哲学家已经改用物理论（physicalism）来代替"唯物论"一词。

当前，各种版本的物理论已然成为研究的显学，关于心灵就是大脑的思想，也得到了广泛的接受。克里克（F. Crick）最近把这种信念描述为"令人震惊的假说"；吉尔伯特·赖尔（Gilbert Ryle）在《心的概念》（The Concept of Mind）中认为，心灵是一种实在的观点，根源于一个"范畴错误"。[1] 所谓的"范畴错误"是说：假设你的同乡或朋友张三大老远来看你，你带他参观了你的大学。你们去了大学中的很多地方，参观了各种不同的学术机构和管理部门，比如你们去了图书馆、校史馆、科教中心、学生宿舍、哲学院、数学院、音乐学院、食堂，等等。然后你问张三是否还想看看其他什么地方。张三回答说，你已经带我看了许多学术机构和管理部门，但你却还是没有带我参观你的"大学"，我

---

[1] 吉尔伯特·赖尔. 心的概念. 徐大健, 译. 北京: 商务印书馆, 1992: 13.

想看看"大学"是什么样的。张三的这种认识中,存在一个"范畴错误"。因为张三认为"大学"是一种实在,就如同我们把心灵当成一种不同于身体或大脑的实在一样。根据赖尔的观点,张三被他人看作是拥有心灵状态的,不是因为张三的心灵运作,而是因为他能够表现出什么样的行为倾向,例如,当张三头痛时,他可能会表现出按摩头部、大声呻吟、找头疼药吃或去看医生的行为或行为倾向。

当前,比较有影响的物理论主要有三种研究进路。第一种否认有任何心理特性或心理特征的实例化,这是取消唯物论;第二种允许一些心理特征的存在,但坚持认为这些心理特征只不过是物理特性,也就是说,心理特征等同于物理特性,这是还原唯物论的观点;第三种认为,尽管心理特性不同于物理特性或属性,但心理特征必然由物理属性来确定,即心理特征形而上地随附于物理属性,这是非还原的唯物论。20世纪到21世纪最常见的一元论是各种物理论立场,包括行为主义、类型同一论、异常一元论等。行为主义主张心灵归结为行为或行为的倾向,例如"痛"的心灵状态要依附于痛苦的外显身体行为。物理论(心脑同一论)认为心灵状态等同于大脑状态,例如"痛"的心灵状态等同于大脑 C-fiber 释放。强人工智能则把心灵状态看成是一种执行计算程序的软件,而大脑就是执行程序的硬件。尽管唯物论版本多种多样,但当代唯物论的共同目标是力图把一般的心理或精神现象,特别是把意识现象归结为某种物理的形式或物理的东西,它们都否认意识的感受性、意向性和主体性。

20世纪上半叶,行为主义成为研究认知哲学的显学。在心理学中,行为主义认为以往的内省研究存在着不足。关于人们自己的内心活动的真诚报告经不起精确性的检查,也不能形成一般化形式。行为主义者认为,如果不经过第三人称的普遍性和可能性考查,心理学将不成其为科学。既然人的心理是存在的,那么作为科学的对象,它一定是客观的、可观察的行为。而诸如"信念""欲望""思维"等心理现象如果能被正确使用的话,其所表明的就是人们的某些行为。因此,行为主义以这样的方式来消除内部心理状态,它更多地关注于对可观察行为的描述。哲学行为主义(有时称为逻辑行为主义)是心理学发展的另一种思潮，其特点是强证实主义观点，通常认为无法证实的内部心理状态是无意义的。对于行为主义者来说，心理状态不是可以做出内省报告的内在状态，它们只是描述行为或是描述行为倾向，这种行为或行为倾向通常由第三方来解释或用于预测他人的行为。

二、行为主义

最早产生影响力的唯物论是"行为主义"，是 20 世纪初起源于美国的心理学流派。这一时期对心灵的研究依然被看作是对意识状态和心理过程的研究，心理学和哲学家们一直试图把对心灵与大脑的研究结合起来，结合的关键也在于正确地在心灵与大脑之间建立联结。行为主义的倡导者们试图通过否定内部心理状态，将描述内部状态的心理陈述转译或还原为对外部行为（或行为倾向）的描述，并希望以此来消解身心二元难题。行为主义的研究对象是物理行为，特别是针对个体行为进行科学的研究，不关注社会群体及其文化。亨普尔（C. G. Hempel）指出，科学意义上的行为主义与哲学意义上的行为主义是不同的。他将前者称为"方法论行为主义"，将后者称为"哲学行为主义"。[①]

行为主义有宽泛的和严格的两种不同含义。宽泛地来说，行为主义是一种态度——对于归因心理状态的一种经验限制；而严格地来说，行为主义是一种学说，即以某种方式对心理学进行的科学研究。塞拉斯（W. Sellars）指出，从松散的意义上来说，如果一个人坚持认为可以"根据行为标准来解释心理事件"[②]的话，那么就可以把这个人称为行为主义者。行为主义者主张，对于任何心理假说都必须有行为的证据，因此如果张三和李四在行为上没有明显差异，那么他们在心理状态（如信念、欲望等）上也没有必然的区分。

行为主义的主要观点包括：①心理学是研究行为的科学。心理学并不研究心灵，只是通过对行为的观察来区分不同的心灵状态。②对行为进行描述或解

[①] Hempel C G. The logical analysis of psychology // Block N (ed). Readings in the Philosophy of Psychology. Cambridge: Harvard University Press, 1980: 15-23.
[②] Sellars W. Philosophy and the scientic image of man // Science, Perception, and Reality. New York: Routledge & Kegan Paul, 1963: 22.

释不参照心理事件或心理的内部过程。行为来源于外部环境，而非心理内部状态。③在心理学的研究过程中，如果根据对行为的描述或解释来建构心理术语或概念，那么这些心理术语或概念应该被取消，并且被行为术语所取代，或者心理术语或概念可以被转变或改述成关于行为的术语或概念。

这三种主张在逻辑上是有区分的，并且每一种主张都形成了一种独立的行为主义观点。"方法论"行为主义致力于①的真理性；"心理学"行为主义致力于②的真理性；"分析"行为主义（也称为"哲学"或"逻辑"行为主义）则更加重视③的内容，主张心理术语或概念可以而且也应该转译为行为的术语或概念。关于行为主义的分类，通常基于乔治·雷伊（Georges Rey）的方法，他将行为主义区分为方法论行为主义（心理学行为主义）、分析行为主义（逻辑行为主义）[①]。下面我们将分别进行讨论。

（一）方法论行为主义

方法论行为主义，又称为心理学行为主义，是当代心理学三大运动思潮之一，是科学研究心理学的标准理论，其主要倡导者有华生、斯金纳、巴甫洛夫、桑代克（E. Thorndike）等。[②] 之所以称"方法论行为主义"，是由于华生认为心理学不仅仅是研究"心灵"的科学，而且也应该是研究人类一切行为的科学，可以用来衡量人类的所有行为，因而它具有一种方法论意义。方法论行为主义和分析行为主义都受实证主义的影响。实证主义的主要目标之一是用自然科学来统一心理学。华生写道："行为主义者把心理学看作是纯粹自然科学的一个客观分支，它的理论目标是……预测和控制"。[③] 方法论行为主义主张以客观的科学方法研究人类的行为，从而预测和控制有机体的行为。主要根据外部的物理刺激、反应、学习史等来解释人类和动物的行为，而人和动物的行为都是由刺

[①] Rey G. Contemporary Philosophy of Mind: A Contentiously Classical Approach. Oxford: Blackwell, 1997: 96.
[②] 第一次思潮是1879年冯德开启的科学心理学的思潮。这时心理学已经脱离了哲学，但还没有形成统一、联合的学科。第二次思潮是1910年以后，心理学内部产生了行为主义、精神分析和格式塔学派。第三次思潮是在20世纪50年代后期，第三势力、人本主义的产生，价值信息加工认知心理学的诞生统领了现代心理学的发展方向。
[③] Watson J. Behaviorism. New York: Norton, 1930: 158.

激－反应的联结构成的。

　　方法论行为主义的历史渊源包括了英国经验主义者洛克和休谟的观点，主要根据联结论来对行为作出解释。该观点是一种联结论观点，不诉求于任何的心理活动。古典联结论（classical associationism）主张，认知行为是联想学习的产物，人和动物从环境中获取知识并进一步采取行动。联结论通过内省首先把知觉经验或刺激联结在一块，再把联想、思维或观念联结在一块儿。方法论行为主义主张用环境中物理事件的刺激来取代主观经验刺激，而思维或观念应该被取消或被取代。方法论行为主义不谈论任何内省实体，如思想、感情等，他们并不认可这些概念，主张把这些内省实体的概念理解为行为或行为的倾向。

　　方法论行为主义者认为，心理学应该关注有机体行为，包括人类和非人类动物的行为。在理解行为时，提及如信念或欲望等心理状态，在心理学上并没有增加什么内容。由于心理状态有私密性，而科学研究的本质具公开性，因此心理状态不适合成为实证研究的对象。方法论行为主义受实证主义的影响，试图把心理学的研究置于科学的研究之中，认为心理学研究的对象应该具有客观的可观察、可测量的性质。该思潮反对19世纪以来心理学以内省作为研究的方法，认为以内省来进行研究是不科学的。行为主义是把有机体的输入刺激与行为输出反应直接联结起来，跳过了大脑处理或心理的中间过程不予考虑，因此行为主义有时也被称为"刺激－反应"心理学。行为只是对环境刺激的反应，因而行为的原因是环境刺激的作用而不是心理的反省状态，从而从根本上取消了心理的因果作用。例如我被张三踩了一脚非常痛，对于方法论行为主义者来说，我们不需要研究我当时的心理状态，而只需要研究我的面部表情如面部扭曲、肢体动作如弯腰捂脚，以及我的语言行为如"哎哟"，等等。行为主义名噪一时，成为研究人类行为的科学。

　　对方法论行为主义来说，介于环境刺激与行为反应之间的事物不是科学心理学所研究的对象，而是一个"黑箱"（图5-1）。"黑箱"有可能是大脑活动，或者是一般心理活动，但不论"黑箱"是什么，都不是科学心理学所要关心的，不是科学心理学的研究对象。因为只有环境刺激和行为反应才是可观察的。我们需要研究的只是人类行为，唯一可以被观察到的心理现象也只有行为反应，因此，我们不需要研究"黑箱"是什么，也无须再研究神秘的、内在的、精神性的心灵实体，因为它们都是不可观察、不可测量的。

图 5-1　方法论行为主义模式

方法论行为主义对于二元论的打击不在于不承认心灵的存在，而是说科学上没有可检测的手段能够对心灵进行量化研究。科学研究的对象必须是客观可检测的，而可检测的只有人的行为而非心灵。因此，科学心理学所研究的只不过是人的行为而不是研究人神秘的内在、精神、心灵。

方法论行为主义通过外在的行为词汇来说明心灵所联想的内容，把感知的事物与外在环境联系起来，从而了解外在环境如何影响行为，从中发现相关因果规律或法则，进而预测行为如何会随着环境的变化而改变。方法论行为主义一般分为古典行为主义和新行为主义两个学派。

1. 古典行为主义

古典行为主义即早期行为主义，主张放弃意识而改以行为作为心理学的研究对象，抛弃内省法而改以客观法作为心理学的研究方法，用刺激和反应的术语来解释行为。它强调，科学心理学所研究的内容只是能够由别人客观观察和测量的外显行为；主张构成行为的基础是个体的反应，集多个反应便可知行为整体；坚持个体行为不是与生俱来的，不是由遗传决定的，而是受环境因素影响被动习得的；认为经由对动物和儿童实验研究所得到的行为的原理原则，即可推论解释一般人的同类行为。像此种纯粹以"客观的客观"为标准的行为主义取向，也被人称为激进行为主义。

2. 新行为主义

新行为主义主要包括：①托尔曼的目的行为主义。托尔曼坚持认为心理学必须以客观的方法来研究可以外部观察的行为。②赫尔的逻辑行为主义。赫尔提倡把数理演绎系统作为模型，发展成为一种普遍的和形式化的行为系统。这一假设-演绎系统开始于假设，每个假设都充分、完满地与一个逻辑系统相合。③斯金纳的操作行为主义。斯金纳强调行为科学研究必须在自然科学的范围内进行，其任务就是建立实验者控制的刺激情境与继之而来的有机体反应之间的函数关系。斯金纳的立场是严格的行为主义，他只研究能够观察到的行为，他关心的是描述行为，而不是解释行为。④社会学习理论（social learning theory）。社会学习理论是解释人在社会环境中学习的行为主义理论，这一理论着重阐明人如何在社会环境中进行学习，从而形成和发展其人格特征。20世纪60年代，班杜拉（A. Bandura）创立了现代社会学习理论，认为人的社会行为是通过观察学习获得的，即观察他人的行为和模仿他人榜样形成的。在这一社会学习的过程中，起决定性作用的是环境，只要控制环境，就可促使儿童的社会行为朝着预期的方向发展。

方法论行为主义对于后世的影响巨大，但它绕开了哲学对于心灵的终极关怀，其所关注的方法并不是哲学家研究的重点。哲学家所关注的仍然是究竟有没有心理世界的存在，人有没有心灵。

（二）分析行为主义

分析行为主义（或称为逻辑行为主义、哲学行为主义）主要研究心理术语或概念的意义及其语义性。分析行为主义也是哲学领域的运动思潮之一，属于一种哲学观点或一种本体论主张。分析行为主义不是从方法论的角度来考虑对心理领域进行科学研究，它认为笛卡儿关于心灵的论证基本上是错误的，心灵不是一种实体。大致来说，分析行为主义的逻辑经验论有两点主张：①只有具备认知意义的语句才有真假可言；②只有满足可验证原则的语句才具有认知意义。

分析行为主义主张，心理状态或条件只是行为的倾向或一组行为的倾向。当我们给张三归因一种信念时，我们并不是说他正在一个特定的内部状态或条件中，而是说，张三在特殊情况下或环境交互中，他可能会作出什么行为。分析行为主义的主要代表人物有赖尔、维特根斯坦和亨普尔。最近，美国哲学家普赖斯（Place U. T.）提倡通过一种分析行为主义来限制对信念等心理状态的表征。此外，丹尼特的"异质现象学"（heterophenomenology）[①]也可以归因为某种分析或逻辑行为主义。分析行为主义认为行为主义是我们对关于心灵的论述的概念或意义的逻辑分析。

分析行为主义来源于逻辑实证主义的哲学思潮。逻辑实证主义提出，科学中所使用的术语要根据经验条件或观测来验证其真理性，这是一种实证主义观点。在心理学中，实证主义是分析行为主义的基础或理由，即主张心理概念指称行为倾向，因此所有的心理概念必须转变为描述行为的术语。

分析行为主义回避了实体二元论的观点。实体二元论认为，心理状态发生在一种特殊的、非物质的心理实体中。对于分析行为主义者来说，我有一种信念，如我准备星期天去看电影，这样一种信念不是心灵或精神实体的属性，而"相信"只不过是我身体行为的倾向。

分析行为主义的观点比方法论行为主义更强，它主张心灵是某种特定类型的行为倾向（disposition），没有所谓的内心世界，只有外显行为，所谓的心理事件其实只是种种复杂行为的倾向，例如说玻璃杯易碎，意思是玻璃杯有某种特定的倾向。玻璃杯之所以会如此，是因为其内部特定的分子结构。即使玻璃杯现在没有被摔碎，但是它仍具有这种易碎的性质。同样，说某个人情绪火暴、动辄发脾气，意思是他性格中有某种特定的倾向。

方法论行为主义者只是断言笛卡儿式的二元论在科学方面是无关紧要的，而分析行为主义则主张笛卡儿在逻辑上就错了，其基本观点是思维与逻辑经验论有密切关系。赖尔在《心的概念》中详细地阐述了分析行为主义对于人类心灵的立场。他认为纠结于心物难题是没有意义的，因为心与物是两个完全不同的范畴，也不能在二者之间运用所谓的因果理论。因为我们一开始就假设了心

[①] Dennett D. Sweet Dreams: Philosophical Obstacles to a Science of Consciousness. Cambridge: The MIT Press, 2005: 25-56.

灵是一种不同于大脑或身体的实体，而当我们开始在物理世界中寻找这种实体时，便预设了它是非物质的。赖尔还进一步认为，心灵根本不是什么实体，心灵就犹如居住在身体之中的一个不可见的、非物质性的实体。因此，赖尔将其称为"机器中的幽灵"。[①] 因为我们把心灵当成了"机器中的幽灵"，我们无法用"机器中的幽灵"来解释机器是如何运转的，所以我们也不能用心灵来解释身体的一般行为。

根据分析或逻辑行为主义的立场，可以将其区分为强逻辑行为主义与弱逻辑行为主义。强逻辑行为主义取消甚至否认有心理现象，认为只是我们人类长期以来误以为自己有心灵而已。而弱逻辑行为主义是一种相对较温和的观点，主张任何类型的心理状态可以被还原或等同于某种行为倾向，例如张三相信明天会下雨，那么他会多穿一些衣服并带好雨伞等。这些状态都可以被转译为一系列假设的行为样式。再如，张三认为他脚很痛，那么他会去看医生，因此"痛"这个概念（或语词）并不是指涉"痛"这种心理状态，而是指涉一组行为样式和行为倾向。也就是说，每一种心理描述在逻辑上都可以等同于表达行为倾向的"如果－那么"的陈述。

行为主义者认为，他们可以用简单的联结机制解释所有的刺激－反应模式。但乔姆斯坦（N. Chomsky）在《言语行为》（*Verbal Behavior*）中指出，如果只是把人的行为比喻为老鼠般的刺激－反应模式，那么这种解释注定是不成功的，因为人类具有极其复杂的认知机制和认知结构，它们控制着人类的语言行为。我们把行为当作心理学的证据，就如同我们在物理学上所使用的计量器一样，而行为主义把证据与事物本身相混淆了。心理学研究的是人类的心灵，而人类行为只是心灵存在的证据，证据并不等同于心灵。

对于行为主义主要命题的批判，导致了许多心理学家开始对僵化的行为主义理论产生不满。到 20 世纪中叶，行为主义所遭遇到的种种困难使得它最终难逃被排斥的命运，并逐渐转向了其他研究方向。

---

① 吉尔伯特·赖尔.心的概念.徐大健.译.北京：商务印书馆，1992：14.

（三）行为主义的困境

在心理学发展史上行为主义曾经盛极一时，它对心理学的影响一直持续到20世纪70年代才渐渐消退，消退的原因在于哲学界也存在着不少对行为主义的反对意见。再者，随着脑神经科学的发展，人们已经开始有比较好的理论和技术来掌握脑神经系统的运作，这方面的发展使得科学界不再局限于对个体的行为进行研究。哲学行为主义所遭遇的一些理论困境在于：

（1）循环论证。对心理现象的倾向性的分析似乎存在无限性或循环论证。我们为信念给出某些行为倾向，那么这些行为倾向将是无限多的。如果我们列出的倾向无法还原为其心理状态的话，那么就存在循环论证，倾向又需要其他的倾向来解释。对于如何把心灵状态转换成行为状态，行为主义难于给出一个合理的解释。尤其是分析行为主义是根据行为加信念来分析心理状态的，这种情况很容易就会陷入一个循环论证当中。行为主义只是告诉我们如何来使用心理概念，但并不是针对心灵现象的最终解释。即使"可溶性"只是意味着"溶于水"，但我们还可以进一步追究事物溶解在水的原因。例如，如果张三相信明天会下雨的话，那么他会带雨伞，为什么他会带雨伞呢？因为他有不想被淋湿的信念。因此，到最后还是不得不回归到分析他的内在信念，如此便陷入到了一种循环论证当中。我们根据行为来分析信念，但对行为的分析又要诉诸信念，因此我们并没有把信念还原到行为，只不过是通过行为加信念来解释心理现象。

（2）违背直觉。分析行为主义者认为心理状态只不过是由行为或行为的倾向所组成的，倾向性的解释似乎想排除内在的心理状态，但这种观点是违背直觉的。从常识来看，我们通常认为内在的心理状态与我们外在的行为之间具有因果关系。难道我们真的没有内在心理感受如痛苦、想象之类吗？我头痛通常会导致我找药或者去看医生。行为主义的困难在于无法解释内在经验与外在状态之间的关联，因而他们从根本上就否认存在内在经验。

（3）外在行为与内在经验的不一致性。普特南曾经提出完美伪装者论证和超级斯巴达人论证来驳斥哲学行为主义。[①]"完美伪装者"是指一个极具表演天

---

① Putnam H. Mind, Language and Reality. Cambridge：Cambridge University Press, 1975a: 331-333.

分的演员,他表演任何角色或过程都能惟妙惟肖,他的一切行为表现、脸部表情等都非常入戏,比如他脸上出现的"疼痛"表情就好像真的正处于疼痛的情境之中,他在完全没有任何闲情逸致的情况下,可以表现得像真的听到《梦中的婚礼》交响曲一样如痴如醉,而这些都只不过是他的"表演"而已。"完美伪装者"是要说明,一个人可以表现出与正常人一样的面部表情、说话、肢体动作、七情六欲等,但是却可以没有正常人应该有的内心状态。

在提出"完美伪装者"论证之后,普特南接着提出了"超级斯巴达人"论证。想象有一位"超级斯巴达人",这位"超级斯巴达人"跟"完美伪装者"恰好相反,不论他正处于哪种喜怒哀乐的状态之中,哪怕正在经历剧烈的疼痛、极度的瘙痒、万分的悲痛等,他也完全不会表现出任何相关的面部表情和肢体动作。这样的斯巴达人有充分的内心状态但却没有与之相匹配的行为表现。

不论我们是接受"完美伪装者"假设,还是接受"超级斯巴达人"假设,甚或两种假设都接受,事实上,"这几种情况中都没有任何的心理状态会等同于任何类型的行为表现,也没有任何类型的行为表现会等同于任何类型的心理状态"①。这样,我们完全可以合乎逻辑地想象张三具有外显行为但不具有相应的心灵状态,也可以想象张三没有任何外在行为表现但具有某种心理状态。因此,由于行为主义自身的理论困境,到了 20 世纪 60 年代,行为主义逐渐被"心脑同一论"所取代。当行为主义解释失败之后,斯马特和普莱斯发展了一种类型物理论或称为类型同一论。

三、心脑同一论

"物理论"有时也被称为"心脑同一论",因为它宣称心理状态与大脑状态之间具有同一性,文献上也通称为"还原唯物论"。因此,心脑同一论也称为类型物理论、还原唯物论(reductive materialism)、类型同一论(type identity theory)、心脑同一论(mind-brain identity theory)及心灵同一论(identity theory

---

① 彭孟尧.人心难测:心与认知的哲学问题.北京:生活•读书•新知三联书店,2006:71.

of mind）。目前，越来越多的脑神经科学发现心灵与大脑之间有着某种显明的联系，这种联系是基于心灵与大脑之间有着某种因果作用的。心脑同一论主张，一种类型的心理事件，例如"痛的心理状态"可以由大脑中的物理事件如大脑中的 C-fiber 的释放来描述。物理论认为心灵只不过是一种大脑的状态，例如疼痛、喜爱、厌恶、害怕等感觉只不过是某种大脑状态，或者说这些心理状态只不过是某种脑神经状态。

（一）同一论的具体观点

同一论来源于 20 世纪 30 年代的心理学家博林（E. G. Boring）。20 世纪 50 至 60 年代，同一论影响较大的人物是普莱斯。博林花了近 25 年的时间来论证同一论，最终获得了哲学共同体的一致认可。他在《意识的物理维度》（The Physical Dimensions of Consciousness）中写道：一个完美的相关性是二者同一。两个事件总是发生在同一时间同一地点，没有任何时间或空间区别，只能说明这其实不是两个事件而是同一个事件。当前提出的身心相关性并不承认身心在空间上的相关性，因此身心相关性被还原为简单的相关性事物。同一论认为如果心理状态是物质的并且不是行为，那么心理状态可能等同于大脑的内部状态。用一种简化术语来表达：精神状态 M 只不过是大脑状态 B。如"渴望喝一杯咖啡"的心理状态，只不过是大脑特定区域某些神经元的释放，即认为心理事件只能看作是物理事物，或者说心理事件只不过是神经事件。

同一论实际上有三种具有微妙差异的观点，这种理论的提倡者有斯马特、阿姆斯特朗、费格尔（H. Feigl）等。他们在 19 世纪 50 年代末分别撰文来支持同一论观点。当然，同一论所有版本所共享的中心思想，是心灵事件等同于某种物理事件。心脑同一论是指心就是脑，二者只是同一个事物的不同称谓。这样一来，心物之间的难题便自行消解了。事实上，这样的例子在科学界屡见不鲜，例如在气体动力论提出以前，人们不知道"热"就等同于"气体分子的运动"。科学家们百思不得其解，为什么热和气体分子运动有关？一旦弄清了热现象其实就是分子运动的结果，那么原先的问题便变成了伪问题。再回顾痛觉的例子，如果痛这件事其实就是大脑 C-fiber 在释放的话，那么张三觉得痛指的就只有一件事，即张三的大脑 C-fiber 在释放。

同一论的奠基性论文是普莱斯的《意识是一个大脑的过程吗？》(*Is Consciousness a Brain Process?*) 和费格尔的《"心灵"和"物理"》(*The "Mental" and the "Physical"*)。普莱斯之后，其观点由斯马特和马丁（C. B. Martin）所发展。普莱斯的同一论观念来自罗素，罗素对不同类型的"是"（is）进行了区分：同一的"是"（the is of identity）、相等的"是"（the is of equality）和谓词"是"（the is of predication）。普莱斯的同一论关系更为准确地描述了一个组成的不对称关系。对于普莱斯来说，高阶的心理活动是由低层的物理事件构成的，并且心理活动最终将还原为物理事件。但有一种反对意见认为，"感觉"并不意指是与"心理过程"相同的事物。普莱斯回应道，"闪电"并不意指与"电子放电"相同的事物，因为我们通过观察就可以确定闪电是什么样的，但电子放电现象我们只能通过试验和测试来确定。然而"闪电是一种电子放电"的确是真的，由"电子放电"构成了另一种现象，即"闪电"。同理，"云是水蒸气"意味着"云是由水蒸气的小水滴构成的"，但反之却不然。

费格尔和斯马特都是物理论者，在19世纪50年代，他们与普莱斯都是心脑同一论的发起人，他们主张心灵的特定状态等同于大脑的特定状态。两种状态之所以被看成是同一的，是因为人们把两种描述的指称物当作指涉的是相同事物，正如"晨星"（启明星）和"昏星"（长庚星）指的都是同一颗金星。有一种反对意见，认为在"感觉"和"大脑过程"之间缺乏意义的等同性。等同论引用弗雷格式的区分进行了回应："感觉"和"大脑"过程确实意指不同的事物，但它们指称的是相同的物理现象，例如诸葛亮和孔明虽然名字不同，但指称的是同一个人。

斯马特赞同行为主义的立场，认为心理事件纯粹是由假设的行为命题来阐明的。赖尔则认为第一人称的内省报道是可以公开表达的，但可被公开表达的只是纯粹的行为，例如有一种痛苦的感觉，那只是一种复杂的肌肉抽搐。斯马特把赖尔的观点看成是支持物理论的，"物理论"之所以被称为"同一论"，正

如水等同于 H_2O 一样，"开心"这种心理状态其实只是大脑的某种神经状态，"痛"则是另外一种大脑神经状态的 C-fiber 释放。同一论把心理状态等同于某种脑神经状态。

斯马特对比了心脑同一论和其他的同一论的论题，认为虽然科学同一论产生了如弗雷格（G. Frege）的晨星和暮星难题，但在科学的背景下反对同一论的理由似乎有一些荒谬，例如闪电是一种电子放电现象，或者晨星就是暮星的情况。而物理论（心脑同一论）所面临的难题与科学同一论的难题是极其类似的，因此斯马特认为排斥心脑同一论也是荒谬的。

严格说来，心脑同一论主张任何一个"类型"的心理状态等同于某种类型的脑神经状态，心理的状态和过程等同于大脑的状态和过程。同一论者认为，痛苦的经历、看风景时的感觉或心理意象，这些主观经验都是大脑的神经元过程。这种形式的同一论可以看作是物理论的一种。

所谓心理状态与大脑状态是同一回事，不是指心理状态与大脑状态具有相同的性质或特征，而是说这两种状态本来就不是两件事情而是同一回事。比如两张颜色、大小和形状完全相同的桌子，无论如何它们仍然是两张桌子；两块颜色、大小和形状都相同的大理石，无论如何它们仍然是两块大理石。而同一论强调，心理状态与大脑状态是同一回事，意思是说它们就是同一个东西。如果我们问大脑状态如何产生了心灵状态？这种语言是有问题的，因为这个问题事先预设了大脑与心灵是两个不同的事物，才导致了我们不得不去解释两者之间的关联性。所谓的关联性必然是建立在两件事物之上的，如果从头到尾只有一件事物，那么再来谈论关联性似乎是画蛇添足了。例如，古人把清晨天亮之前观测到的一颗行星"启明星"跟黄昏时候观测到的另外一颗行星"长庚星"当作是两颗行星，一颗叫作"晨星"（the morning star），另一颗叫作"暮星"（the evening star）。但它们实际上是同一颗行星——金星，只不过出现的时间和在天空中的位置不同罢了。所以等同论认为大脑状态和心理状态的情况就好像是"晨星"和"暮星"一样，实际上是人们给弄错了，它们本来是同一的。

可能大家会比较困惑，心与脑是极其不同的事物，二者怎么能同一呢？如意识、信念、欲望的心理状态明明就有跟大脑状态不同的性质，既然两种事物具有不同的性质，那它们怎么可能是同一呢？而且它们二者的意义差别也很大。同时，我们对它们的认知也不同，比如我知道我现在很开心，但是我并不知道我开心时大脑处在什么样的状态。既然我可以知道其一，却不知道另一，那么它们便不是同一回事。再者，我对它们二者的期望也是不一样的，比如我期待张三爱上我，而不是期待他的大脑处在某个特定的状态之中。既然我期待其中一种状态，却不是期待另一种状态，这不就说明它们不是同一回事，不具有等同关系吗？举例来说，假设我正听一场漫长而且枯燥的讲座，天气闷热让人感到昏昏欲睡。此时我正处于这种昏昏欲睡的心理状态，但并不等于说我的大脑也处于如此这般的状态。当张三对他女朋友小红说"我很喜欢你"的时候，难道张三什么话也不用说，小红只需要看看张三的大脑状态，便可以知道他处于"喜欢她"的心理状态之中吗？在这种情境下，小红期待的是张三喜欢她的那种感觉，而不是期待他处于某种特定的大脑状态之中。

而且心理状态明显具有与物理状态不同的性质，即心理状态无法在特定的时空中被定位，并且它是完全私有而非公共性质的，例如当我坐在音乐厅津津有味地享受着音乐时，旁边正好有一位高明的脑神经外科医生在解剖我的大脑，他所看到只不过是我的听觉神经在一直振荡，但他终究无法听到我所听到的声音、看到我所看到的颜色，这不仅由于我的心理状态是私有的，也由于在目前的科技水平下，我所听到的声音不能定位于我的大脑之中，我所看到的颜色也不能定位于我的大脑之内。就此而言，心理状态当然不同于物理状态。

因此，我们是不是可以断言，听到优美的音乐时的心理状态与大脑的状态一定是不同的，或者说听到什么与看到什么时的心理状态与大脑的状态也一定是不同的。如果说，我听到的声音就是我的听觉神经在振荡，而我所看到的颜色就是我的视觉神经在振荡，那么脑神经外科医生为什么听不到我所听到的声音，也看不到我所看到的颜色呢？那是因为振荡的物理过程并非发生在他的脑神经回路之中，而是发生在我的脑神经回路之中。如果脑神经外科医生的神经回路也如同我的脑神经有一样的振荡模式的话，那么他当然也会听到我所听到的声音或看到我所看到的颜色了。

虽然如此，等同论者还是回应，认为上述质疑都是不成立的，因为意义虽然不同但指称的未必不是同一件事。意义不同的东西，可以指涉到相同的事物，比如说《纯粹理性批判》（Critique of Pure Reason）的作者，和以"位我上者，灿烂星空；道德律令，在我心中"作为墓志铭的哲学家，虽然两件事物具有不同的意义，但指称的却是同一个人——康德（I. Kant）。因此无论如何，等同论者仍然坚持认为心理状态就只是大脑状态。

根据同一论的观点来看，"痛"就是 C-fiber 在释放，如同"热"等同于分子运动一样。既然如此，就不可能出现张三有 C-fiber 在释放但没有感到痛的情况，也就是说不可能会只出现其中一个情况而另一个不出现。但是我们可以试想催眠的例子，张三在一房间里被催眠了，当时房间温度高达近 40 度，可是他在催眠师的指引下一直在瑟瑟发抖冒冷汗。因此，虽然"热等同于分子运动"，但只有在把"热"理解为"物理上的热"的意义下才是有效的。也就是说必须让我们的神经受到刺激，我们真正感觉到了热才行，感觉到热和某种神经元的刺激反应不是同一回事。

但是同一论者依然会认为，感觉到热与某种神经元的刺激反应在脑神经状态上是等同的，甚至神经元刺激反应也会造成体表有相同感觉的假象，比如某种神经性搔痒会使病人不断地去挠皮肤的某个地方，而这个地方的皮肤与别的地方原本并没有任何异常。因此等同论认为皮肤某个地方的神经性搔痒与此处被蚊虫叮咬过在脑神经中的反应状态是等同的。的确，我们的皮肤本来可能是非常健康的，但负责痒感的神经部位发生了病变，因而让我们挠痒不止，甚至抓破了皮肤。

那么，等同论究竟遗漏了什么呢？等同论遗漏的是知觉主体自己的主观感受性。主观感受只能由"内在视角"来掌握，科学家从外在视角无论怎么研究，都无法掌握从内在视角得到的主观感受。而主观感受却不能区分外在感受与某种神经元刺激的反应，比如仅凭感觉分辨不出神经性搔痒与过敏性搔痒的区别。

从模态逻辑上来说，《纯粹理性批判》的作者和以"位我上者，灿烂星空；道德律令，在我心中"作为墓志铭的哲学家，在逻辑上是不是同样不可区分呢？想象一个可能的世界，在那里康德依然是《纯粹理性批判》的作者，可是他的墓志铭却可能是"上善若水"。那就表示，《纯粹理性批判》的作者和以"位我上者，灿烂星空；道德律令，在我心中"作为墓志铭的哲学家，他们在逻辑上是可以区分的。因此，我们是否可以说它们所指涉的就不是叫康德的那个哲学家了呢？

再者，李四可能只知道张三是谁，但不会知道"狗三"指的也是张三，因此他会认为张三借走他一百块，而不会认为"狗三"借走他一百块钱。当他向张三索要债务时，邻居可能知道"狗三"，而不知张三，从而告诉李四，这里根本没有张三，而事实上，张三（狗三）就住在隔壁。

下面请大家想象一下王国维所描述的古今之成大事业、大学问者，罔不经过的三种境界："'昨夜西风凋碧树。独上高楼，望尽天涯路。'此第一境界也。'衣带渐宽终不悔，为伊消得人憔悴。'此第二境界也。'众里寻他千百度，蓦然回首，那人却在，灯火阑珊处。'此第三境界也。"[①]当我们读到以上这些诗词时，所产生的那种遐想或感受，与当我们读到它们时大脑处于特定状态是同一回事吗？进一步的案例请见托马斯·内格尔[②]（Thomas Nagel）所提出的蝙蝠案例（此部分内容详见第七章）。内格尔从感受者即认识主体的角度出发，认为我们处于某种心理状态时的感受不同于大脑神经生理过程、现象学的质性特征或属性。从感受者的角度来看，可以把主观特性理解为事物显现给认识主体的方式，即某物在我们看起来、听起来、尝起来、疼痛感觉起来所是的样子，如看到红色的事物所产生的"红性"的感觉。而红色呈现在我们每个人眼前时，不同的人所感受的"红性"究竟是怎样的呢？可能有的人认为是看到了"鲜红色"，有

---

① 王国维. 人间词话. 北京：中华书局，2009：16.
② 托马斯·内格尔（1937—），美国哲学家，研究领域涉及政治哲学、伦理学、心灵哲学等。内格尔出生于南斯拉夫的贝尔格勒，就读于康奈尔大学（1954—1958 年）、牛津大学（1958—1960 年），1963 年取得哈佛大学博士学位。曾任教于柏克莱大学、普林斯顿大学，1980 年进入纽约大学任教至今。任美国人文与科学学院院士及英国国家学术院院士。

人看到的是"玫色红",还有人报告说是"紫红色",甚至有人认为是"绿色"(考虑存在色盲情况)。这种感受性就是经验呈现出来的感受性特征,它只能由经验主体才能感受到、经验到,或说由主体第一人称报告,这就是主观特性或经验的主观性。内格尔认为还原论错误地将经验的主观特性也作了还原。物理论的还原论并不能涉及对经验的主观特性即感受性的还原。

当然,不可否认的是,心脑同一论这种主张还是相当具有吸引力的。从常识看,许多人认为心理活动就是大脑的活动。如大家所熟知的科幻电影《黑客帝国》中,科学家就将思想和记忆视为一种脑电波,只要截取脑电波就可以截取到人的思想或者记忆。一般人都很乐意接受心脑同一论,当代也有许多认知神经科学家接受这种观点,不过,心脑同一论仍面临一些哲学困境。

(二)心脑同一论的困境

心与脑是如此不同的事物,正如我们知道的,大脑状态可以在空间被定位,而心理状态却无法在空间中被定位。一种信念可以是为真或为假的,但是大脑状态如何确定是为真还是为假呢?心理的疼痛感觉可能是刺痛感,但大脑状态同样会拥有刺痛感吗?我对自己的心理状态有认知权威性。如果我真诚地相信自己处在痛苦之中,那么我就是处于痛苦之中。但是我对自己的大脑状态却并没有这样的认知权威性。通过对同一论的讨论,同一论所存在的主要困境如下面所讨论的。

(1)违反莱布尼茨定律。莱布尼茨定律指出,如果同一个对象用两种方式来描述,只要一种描述为真,那么另一种描述也是为真的,即对于任何事物 x 和 y 来说,如果 x 等同于 y,对于任何的性质 z,如果 x 拥有 z 则 y 拥有 z,如果 y 拥有 z 则 x 拥有 z。从数学上看,如果两个数学对象是等同的,则它们在各个方面都相同。也就是说,"x 等同于 y"与"x 和 y 之间有关系",这二者是不一样的。心脑同一论主张每个类型的心理状态都等同于某个类型的大脑状态,这二者是等同的关系,而不仅仅是二者之间有关联。莱布尼茨定律指出:如果两种物体是同一的,那么它们有完全相同的性质或属性。用逻辑形式来表示就是：(x)(y)(x=y) → (F)(Fx↔Fy)。然而，心脑同一论却是违反了莱布尼茨定律。试考虑：

前提一：张三相信诸葛亮写了《出师表》。

前提二：张三不相信孔明写了《出师表》。

结论：通过莱布尼茨定律得出，诸葛亮不是孔明。

众所周知，心理状态与大脑状态具有不同的性质。若两者具有不同的性质，则它们便不是同一件事，同一个东西不能同时具有两种相对立的性质。心理状态确实具有与物理状态不同的性质，因为心理状态无法被定位在特定的时空之中，并且是完全私有而非公共的。从同一论的观点来看，心理状态的属性应该等同于脑状态的属性。但是心理状态并不能归于大脑状态，而大脑状态也不能归于心理状态。

（2）物种沙文主义。类型同一论主张，如果我们的 C-fibers 1-9 在释放，那么我们处于疼痛之中。因此，如果我们大脑中没有 C-fibers 释放，那么我们就不处在疼痛中。但这种主张似乎太强了。也许有外星人的存在，他们处于痛苦之中时也会作出畏缩一团、呻吟等行为，但却没有 C-fibers 释放。我们也可以把某些心理特性运用于一些动物，如动物也会感到饥饿或生气，但它们却没有 C-fibers 释放。也许不久的将来我们所建立的智能计算机系统，将会用电子芯片代替人类大脑神经元。通过这些不同的物理系统，我们真的能够排除所有心理状态吗？答案当然是否定的。

根据同一论的主张，心理状态等同于某种神经刺激，而每种信念等同于大脑活动状态，那么反之，一个没有神经元的低等动物是不会拥有痛感，也不会拥有信念的。也就是说，与我们大脑状态不同的动物或其他生物是否有心灵呢？我们知道，人类当然是有心灵的，但有没有方法来确定人类以外的其他生物，甚至外星生物也可能是有心灵的呢？某些动物似乎是有心灵的，例如猩猩、大象、海豚等，虽然这些动物的大脑结构不同于人类，但我们还是可以观察到它们能表现出某些心理现象。但像蚯蚓、细菌等，特别是那些不具有中枢神经系统的生物或微生物，我们是否也要承认它们拥有心灵呢？"如果从心脑同一论的立场出发，必然会得出：没有中枢神经系统的生物是不具有任何心理现象的。"①

人们一般认为，将心理状态等同于人类的大脑活动状态是一种自大的主张，从最基本的立场出发，我们也不能断然否定某些动物具有心理状态。动物学家早就发现一些动物是可以使用工具的，如乌鸦会用石头将瓶子填满取水，鸭嘴兽可以用石头砸开坚果取食，大猩猩可以用树枝钓出白蚁食用，等等。动物使用工具的方法，是否也是通过大脑"想"出来的呢？有了"想"，随之能否产生一种观念呢？比如说这根细而长的树枝比另一根粗而短的树枝会更好用。另外，动物具有一定的记忆性，也得到了实验的证明。

（3）意义不同的困境。就像"暮星"与"晨星"一样，虽然二者看起来不同，一个很早就出现在东方的天空中，一个很晚还在西方的天空中，但二者其实是同一颗金星。可是，它们表现出来的意义是不同的，就如同"我想喝水"的心理状态意义并不等同于"我的大脑正处在某种状态之中"。当张三说"我想你"时，所表达意义也并不等同于"他的大脑处在某种状态"。

如《岳阳楼记》的作者与《苏幕遮·碧云天》的作者指涉的是同一个人范仲淹，但两种指涉具有不同意义，而分别谈到了同一个人的两种性质。再者，我们知道《纯粹理性批判》的作者及以"位我上者，灿烂星空；道德律令，在我心中"为墓志铭的哲学家指涉的是同一个人康德，但二者的意义是不同的。

既然它们之间的意义不同，它们就不是同一回事。此外，我对它们的认知也不同，例如，我知道我现在很开心，但是我并不知道我现在正处在什么样的大脑状态。既然我可以知道其一，却不知道其二，那么它们便不是同一回事。再者，我对它们的期待也不同。例如，小红期待张三喜欢他，而不是期待他的大脑处在某个特定的状态。

（4）个例同一与类型同一的不对称性。我们是否可设想，建造一个没有神经元但仍有心理状态的机器人呢？即建造一个会思考、有情绪的机器人是否有可能呢？这种困境直接导致了同一论从"类型同一论"（type identity theory）转

---

① 彭孟尧. 心与认知哲学. 台北：三民书局，2011：85.

向了"个例同一论"的讨论（token identity theory）。

同一论的一种较强的解读方式是类型同一论。类型同一论主张某种类型的心理状态等同于某种类型的大脑状态，如高兴、生气、看见蓝色、相信张三处于危险之中的某种心理状态等同于某组神经元或 C-fibers 等释放的大脑状态。除了类型同一论之外，个例同一论主张，每个个体出现的心理状态都等同于该个体的大脑状态。个例同一论这样命名，是因为它将个体的心理事件等同于个体的大脑事件，而不主张说同一类型的心理事件等同于同一类型的大脑事件。但个例同一论的麻烦在于它的解释力非常弱。为什么任何特定个体的物理状态等同于特定个体的心理事件，而在决定行为时心理归因的作用却是共同的、群体的，所谓的个体的行为不具有普适性？假设我们发现不同的人有着不同的大脑结构，如张三感到疼痛时是 C-fibers 的 1-9 号在释放，而李四感到疼痛时是 C-fibers 的 1-7 号在释放。心理状态的类型同一，但大脑状态却不同一。

一般来说，类型是指抽象和一般的实体，而个例是指具体的、特定的对象和事情，是出现于某个特定时空之中的，例如：当一张纸上写着"Red""Red""红"，这是三个词还是一个词呢？一般来说，这是三个个例词，但却是同一种"红"的类型词。根据个例同一论，特定的痛苦是与大脑的特定过程等同的。个例同一论主张，每一个实际特定的对象、事件或过程 x，都有一个特定的物理 y 与之对应，并且 x = y。个例同一论的目的是要理解物理机制。类型同一论认为，每一类型的心理状态都等同于某种类型的物理状态，例如"疼痛"这一类型的心理状态等同于某一类型的大脑状态，而"开心"这种类型的心理状态会等同于另一种类型的大脑状态。从哲学界的观点来看，类型同一论是有问题的，因为严格的同一论或心脑同一论不是指抽象或普遍的类型同一，而是指具体个例之间的同一。

与个例同一论相比，类型同一论认为心理事件不太可能有"稳定"或与生物分类相关联的事物。这些立场都利用了哲学上的类型－个例的区别。类型同一论可以理解为在类型之间是恒等的，而个例同一论认为人们只能描述一个特定的、独特的大脑活动，例如张三现在正处于很开心的心理状态中，那么从个例同一论来看，实际上是张三在当时大脑内部出现的某种神经状态，而不是普遍意义上的大脑内部出现这种神经状态。对于个例同一论者来说，每个个例的心理状态类型都有一个对应类型的个例物理状态。也就是说，他们不要求个例的痛都阐释为相同类型的脑状态。具体来说，如果张三和李四都处于胃痛之中，那他们共同的痛是类型同一的情况，但是即使他们都处于类型同一的胃痛之中，他们却有可能是不同的个例状态，即处于不同的疼痛状态中。

对于个例同一与类型同一的区分是非常重要的。因为接受个例同一不等于一定会接受类型同一，而类型同一必定蕴含着个例同一。个例同一承认每一个心理状态的个例都等同于某种物理状态的个例。显然，"个例同一论"比"类型同一论"更具说服力。

尽管每种类型的心理状态都等同于某种类型的大脑状态，但是究竟哪种心理状态等同于哪个大脑状态，这不是哲学能够决定的，必须让科学研究来回答。但是，我们现在所面临的一个问题是，这些个例是如何与处于相同心理状态中的其他个例同一的呢？如果张三和李四都相信吴承恩写了《西游记》，那么我们如何来分辨张三和李四是处于个例相同的大脑状态之中呢？个例同一论所坚持的同一具有无法分辨、不可还原的内在心理状态，我们也不能说张三和李四是处于相同类型的脑状态之中，因为从类型同一到个例同一，要避免每种特定的个例心理状态等同于某种特定类型的脑状态。当观察一朵红色的玫瑰花时，我们可能会观察到某种红色的、有清香味的、有绿叶且带刺的植物，但是在我们的大脑中却找不到这个红色的、有清香味的、有绿叶且带刺的东西。我们对这些经验进行体验的同时，在我们的大脑中却找不到这些性质。

心物问题不等同于水是不是 H_2O、光是不是电子释放、基因是不是 DNA 之类的问题。还原论无法解释心理现象的特征——意识问题。因此，还原论者有两难：若不谈意识，心物问题就变成了无关紧要的问题；若要谈意识，心物问题则变成令人束手无策的问题。痛是什么样的，感受到热是什么样的，这些东西都没有办法从内部得到检测。

当前在人工智能领域，人们想制造能思考的机器人。但很明显，人们想要建造的机器人其材质、构造与运作原理跟人脑是截然不同的。心脑同一论势必无法容许这种不具人脑材质的事物能够有心灵，但这却又与许多人的直觉相悖。当普特南凭借功能论提出所谓"多重可实现性"（multiple realizability）的观点时，他就试图指出，没有必要将人当作唯一可能有心灵的事物。[①] 心理过程可能由不同的神经过程来实例化，即使是在非神经学过程中，如在机器或外星人的情况下也是可能的。在实例化过程中，神经系统术语可以被翻译为心理学术语，但必须是以析取（disjunctions）的方式，但物理法则不可能使用这些析取术语。心脑同一论出现的时间很短，昙花一现，这主要归因于当代认知哲学的蓬勃发展，和普特南提倡的功能论密切相关。

四、取消唯物论与异常一元论

唯物论的一个特征是几乎所有的唯物论立场都会有一些哲学家来支持。为了让唯物论的观点更加完整，有必要提及另外两种唯物论，即取消唯物论和异质一元论（anomalous monism）。取消唯物论认为心理状态并不存在；异质一元论由戴维森所提出，是另一形式的个例同一论。

（一）取消唯物论

在心物关系问题上，丘奇兰德从唯物论立场提出了取消唯物论的主张，简称取消论。这是一种非常极端的唯物论立场。顾名思义，取消论在本体论上采取了"取消"的走向，彻底否认心理世界。它的主要观点是，人们对心灵的常识性理解或民间心理学（folk psychology）是错误的，大多数人所相信的心理状态其实并不存在。一些取消论者认为，"许多日常所使用的心理概念，如信念或欲望都没有确切的神经科学基础，因为它们缺乏准确的定义。他们认为应该把心理概念还原到生物层次上来解释"[②]。一些强取消论者认为，"如疼痛和视觉感知等有意识的心理状态是不存在的"[③]。

---

① Putnam H. Mind, Language and Reality. Cambridge: Cambridge University Press, 1975a.
② Lycan W G, Pappas G. What is eliminative materialism? Australasian Journal of Philosophy, 1972, (50): 149-159.
③ Rey G. A reason for doubting the existence of consciousness // Davidson R, Schwartz G, Shapiro D (eds). Consciousness and Self-Regulation, 1983, (3): 1-39.

取消唯物论最初是由罗蒂（R. Rorty）及费耶阿本德（P. Feyerabend）提出的，目前的倡导者是丘奇兰德和斯蒂克（S. Stich）。他们都主张：我们关于心理现象的常识观念所构成的是一个完全虚假的理论，它存在着根本性的缺陷，因此无论它的基本原理还是它的本体论都将被完备的神经科学所取代，而不是被神经科学所还原。[①]

斯蒂克认为最好的出路是抛开民间心理学的信念等概念及其理论，创立新的理论。这新的理论就是取消唯物论。民间心理学确实存在于日常的解释、预测活动中，并渗透到了心理学、哲学和经典认知科学之中。"但斯蒂克认为它是错误的，它所设想的信念、愿望等心理状态并不存在。取消论在本体论上主张，民间心理学所断定的信念之类的实在并不存在。因为神经科学家在研究大脑时，只发现了神经元及其活动、过程和连接模式，并未看到具有命题内容的信念、愿望和感觉等状态。"[②]

"从常识来看，人们把某些心理实体当成理所当然的，如把信念、欲望和疼痛的主观感觉看成是理所当然存在的。但取消论认为这种心理实体并不存在。"[③]为什么我们认为人具有信念、记忆和欲望以及其他类型的心理状态呢？我们假设这些信念和欲望是一类理论实体，就像物理学假设电子或电磁力是理论实体一样。这种假设的理论实体的特点是，如果该理论被证明是错误的，那足以证明这个实体不存在。这种假设的信念及欲望可以被称为常识心理学，在文学上通常被称为"民间心理学"。丘奇兰德主张，心物长期得不到解决的根源并不是哲学家们总是在出错，而是因为心理学总是在出错。人们使用了几千年的民间心理学理论，以及由此建构的认识框架都是错误的，却让我们误以为诸如意识、信念、感受这一类无法被客观科学所还原的现象是存在的。对于取消论者而言，真正存在的只有神经元活动。

取消论最常见的是丘奇兰德所主张的取消命题态度，以及丹尼特和乔治·雷伊（Georges Rey）所主张的取消感受性（主观经验）。他们认为，传统的

[①] 丘奇兰德. 科学实在论与心灵的可塑性. 张燕京, 译. 北京：中国人民大学出版社. 2008.
[②] 高新民. 斯蒂克：取消论物理论的旗手. 中国社会科学报. 2015-12-15（2）.
[③] Feyerabend P. Mental events and the brain. Journal of Philosophy, 1963,（40）: 295-296.

哲学家经常诉诸一种内省式的错觉，除非有进一步的科学进展，否则现在的研究将无法为各种心理现象找到一种神经元基础。

当代认知哲学通常用常识心理学来解释民间心理学。取消论者认为，人们对于"意识"这一术语的使用依赖于错误的民间心理学。民间心理学指的是大众所具有的依据信念、愿望等命题态度解释、预测行为的心理学学说。它潜藏于每个正常人的心理结构之中，显现于对行为的解释、预测实践中。但要注意的是，"民间心理学不是心理学的分支，也不是写于书本、为专家们所坚持、讲授的学说，而是自发流传于大众之中的、用命题态度解释和预测行为的常识，因此也常被称为常识心理学或命题态度心理学"①。

常识心理学主张，人们对于行为的解释与预测方式大致上是正确的。人们通过个体所处的各种相关的心理状态，尤其是个体的某些信念和欲望等来解释和预测他的行为。也就是说常识心理学接受"心理因果原则"，常识心理学因而也被称为"信念－欲望心理学"，例如，我们看到张三奋力追赶他前面的李四，并呼唤他的名字。对于张三行为的解释有：他很想要追上李四，他相信李四听到有人叫他会回过头来看是谁在叫他……此外，这种"心理－行为"的因果关系是规律的，任何人处在相类似的情境下或处于类似的心理状态中都会作出类似的行为。各种有关心理－行为因果关系的规律构成了常识心理学。在本体论上，常识心理学显然承认心理状态的存在。

对于民间心理学的存在形式，目前主要有三种看法：一是"理论论"，认为民间心理学是一种根据刺激或假设的心理状态与行为之间的因果关系来解释行为的理论或知识体系，它由一系列存在命题（如人是有理性的存在者，人有心理活动等）、普遍原则（如心理状态与刺激、反应之间有因果关系等）和理论术语（如"信念""愿望"等）组成；二是"模仿论"，认为人们在解释和预测行为的过程中借助的不是理论而是模仿或"移情"，即通过想象"进入"被解释者的情境，设身处地地模仿他们的内在过程，从而对其行为作出身临其境的解释和预测；三是"混合论"，认为在人们解释和预测行为的过程中起作用的惬意心

---

① 刘占峰. 解释与心灵的本质——丹尼特心灵哲学研究. 北京：中国社会科学出版社，2011：86.

理学是理论与模仿能力的混合。①

目前，几种不同类型的取消唯物论都主张"民间心理学"严重歪曲了一些认知的本质。如帕特里夏和丘奇兰德认为，"当我们从神经科学的角度，对自己的心理活动有了充分的理解之后，就会发现，所谓的信念、疼痛、感受性等这类模糊词语都可以被忽略。"②尽管民间心理学把认知看成是如此之类的基本句子，但非语言向量/矩阵的神经网络理论模型或联结主义将被证明能够更加准确地解释大脑是如何运作的。他们相信常识心理学的所有观点将会被还原为一种成熟的认知神经科学，而非还原的唯物论是错误的。丘奇兰德经常引用错误流行理论被抛弃的命运，及其在历史进程中曾产生本体论作用的例子。例如，在曾经的一千多年间，托勒密天文学大致解释和预测了行星的运动，但这一解释太阳系运行的模型最终被哥白尼的模型所取代。正如关于燃素理论的失败排除了燃素存在的信念那样，常识心理学的失败也必将成为排除常识心理学的理由。因此，丘奇兰德也认为，相同的命运等待着心灵的"决定性打击"的模型，思想和行为只是操纵像如此（sentence-like）之类的句子，这类句子被称为"命题态度"。所以"如果常识心理学是错的，那么我们也没有理由相信信念、欲望、希望、恐惧等实体形式的存在"③。

基于类似的考虑，取消论者认为，现在可以证明常识心理学是不充分的，甚至说是一个错误的理论，并且是一个很糟糕的理论。随着神经科学知识的发展，我们会发现，感受性等问题不过是一个假问题，所谓的感受性其实根本就不存在。因此，取消论者认为，常识性的民间心理学是错误的，最终将由神经科学解释来取代民间心理学。取消唯物论的哲学家们倾向于用神经科学研究以及人工智能的发展来支持他们的观点。

因此，丘奇兰德主张必须完全取消常识心理学，理由如下：

（1）民间心理学是一个关于人类行为全面发展的非形式化理论，它是用来解释和预测人类心理状态和行为的。这种观点通常被称为心灵理论（theory of

---

① 刘占峰.解释与心灵的本质——丹尼特心灵哲学研究.北京：中国社会科学出版社，2011：86-87.
② 陈思.感受质研究.武汉：华中科技大学博士学位论文，2014：45.
③ 约翰·塞尔.心灵的再发现.王巍，译.北京：中国人民大学出版社，2011：41.

mind）或者是理论论，但这是一个未得到证实的理论。取消论者认为，作为科学意义上的理论，需要根据预测力和解释力来进行评估。取消论者提出了不同的论证来表明民间心理学是一个严重错误的理论，需要被取消。他们认为，民间心理学虽然在解释人类行为方面有着巨大的成功，但同时也不能忽视它在很多场合是失败的。民间心理学对许多重要心理现象的阐释无法接受现代神经科学的检查和解释。如做梦、意识、精神障碍、学习过程和记忆能力等都无法接受神经科学的检查和印证。此外，他们还认为，在过去的2500年里，民间心理学的发展一直都停滞不前，民间心理学也经历了从开始、发展到成熟的阶段，但是在高峰之后，它几乎是停滞的，而且它未来的发展也不容乐观。神经科学的迅速发展及科学过程的复杂性可以解释许多认知过程，但民间心理学却不能。

（2）民间心理学保留了传统或过时理论的特征。古代社会试图通过神秘的心理条件来解释各种自然现象，如通过"大海很生气""河神发怒"等语句。因而这些日常的民间心理学解释逐渐地被更为有效的科学描述所取代。取消论者认为没有理由不去接受一种更为有效的关于人的认知能力的科学解释。如果确实存在这样一种更为有效的科学解释，那么就不再需要民间心理学来解释行为。因此，民间心理学应该被取消，就如同古人使用神话来解释自然现象一样，应该被现代科学所取代。

（3）常识心理学对心灵采用常识性的解释是错误的。有朝一日神经科学将揭示我们每天所谈论的所有心理状态，在日常交流中所使用的"意愿""相信""欲望"和"爱"等并不指称任何真实的事物，由于自然语言的不充分性，人们才错误地认为自己拥有这样的信念和欲望。一些取消论者如杰克逊等人主张，"意识并不存在，没有意识这样一种实体，它只能作为大脑的一种副现象功能。"① 其他人如雷伊则声称，当神经科学取得长足进步之后，意识这一概念最终将会被消除。

（4）常识心理学的解释力薄弱。常识心理学不能解释心理疾病、不能解释我们三维空间的视觉、不能解释创造想象力的运作、不能解释大脑受伤与心灵

---

① Jackson F. Epiphenomenal qualia. The Philosophical Quarterly, 1982, (32): 127-136.

运作失常之间的关联，等等。常识心理学通常也无法解释行为的特例情况。

（5）常识心理学理论概念是虚假的。假设存在信念或欲望的理论是错误的，那么这些实体就并不存在。历史上曾经出现过的炼金术、燃素论、以太论等均已被现代科学所淘汰。燃素理论认为，物体燃烧会释放一种叫作"燃素"的物质，而该理论已经被反驳，现在我们当然不再相信有燃素的存在。上述理论都是常识心理学所认可的，而现在却都已经被淘汰了。因此可以推论，我们最好也淘汰常识心理学。因为常识心理学相信有这些物质或实体存在，可是这些物质或实体确实都已被现代科学所淘汰，所以常识心理学也应该被淘汰。

（6）常识心理学的观点诉求于把类型－类型概念还原为神经生物学现象，但这种还原的现象本身是不存在的，在日益成熟的神经科学中很少使用诸如信仰、欲望等类概念，因为这些概念与目前的神经生物学范畴并不匹配。因此，缺乏信念和欲望的类型－类型还原概念，似乎假设信念、欲望这些实体不存在更为合理。

丘奇兰德取消常识心理学的理由很快就引起了各方面的质疑。其中主要的意见包括：

（1）常识心理学根本就不是理论。理论必然是由一组规律和假设构成的，有特定的论域，而常识心理学不是如此。模仿论者罗伯特·戈登（Robert Gordon）和阿尔文·古德曼（Alvin Goldman）认为，民间心理学并不是一种理论，而只是一种对他人的内部模拟，因此不需要以科学解释和预测的方式来证伪民间心理学。

（2）福多等人认为，民间心理学是一套成功的（甚至是必不可少的）理论，它具有卓越的解释力与预测力。我们在日常生活中经常使用个体具有的信念和欲望来解释和预测个体的行为，这种做法确实也有很高的成功率。

（3）自我反驳。如果人们接受直觉有可能出错的话，那表明心理状态是存在的，因而需要以极强的论证来否认心理状态的存在。取消论需要说明"心理状态""逻辑论证"和"心灵"等实体的不存在，否则取消论是自相矛盾的。一些哲学家如保罗·博格西昂（Paul Boghossian）试图表明，"在某种意义上，取消论是自我反驳的，因为理论本身预设了心理实体的存在。"[1]如果取消论是真的话，那么取消论者就必然允许有一种就像真理这样的意向属性。如果这一论题为真，那么取消论者也就必须相信存在如"真理"这样的一些信念。因此取消论的主张是自相矛盾的，也是错误的。

（4）无法说明感受性。取消论的另一种反对意见是人们会经历某种主观经验，因此他们拥有感受性的心理状态。感受性通常被认为是心理状态的特点，它们的存在似乎与取消论不相容，因此像丹尼特和雷伊等取消论者通过否认感受性来进行回应。取消论的反对者认为这是有问题的，因为许多感受性的存在似乎是很明显的，例如痒、胃疼等。因此"取消"感受性是让人难以信服的。

（5）丘奇兰德的历史归纳是一种错误的推论或模拟。常识心理学与炼金术、燃素论、以太论等未必相似。在出现理论变动的情形时，一般会随之出现保守派和激进派之争。保守派认为从理论1变动到理论2，理论2仍然能够接受理论1中所承认存在的一些事物。例如在天文学史上，从托勒密的天文学学说变动到哥白尼的天文学学说，并没有因此而否定星体的存在。激进派则认为理论2否认了理论1中所承认存在的所的事物，而承认有另外的事物存在。例如，从燃素论变动到氧气理论后，否认了燃素的存在。"造成理论变动的因素很多，有纯粹的理论因素（如理论的内部困难、提供的解释不足、预测失败等），也有无关理论的其他因素（如社会、政治、经济因素等）。当理论出现变动时，究竟走向保守派还是激进派，没有定论。"[2]

因此，一方面，常识心理学的实体被假定为理论结构的一部分，但总的来说这并不是真的。另一方面，常识心理学命题被证明是错误的。如果你翻阅那些持常识心理学观点的著作，会发现他们对常识心理学命题的辩护是极其不合理的，有时他们把这归因于自己的信念，但显然并非如此。

事实上，取消唯物论对于常识心理学命题是非常犹豫的，因为许多所谓常

---

[1] Boghossian P. The Status of Content. Philosophical Review, 1990, (99): 157-184.
[2] 彭孟尧. 心与认知哲学. 台北：三民书局, 2011: 95-97.

识心理学的命题并不是经验命题，在构成性原则的意义上，它们只是我们心理内容的分析原则。例如有这样一个常识心理学命题：信念可以是真或是假。取消唯物论的困境在于他们把所谓的常识心理学命题看成是经验假设，但在许多情况下，你却很难发现普通的经验命题是错误的。许多经验命题只能证明自己的信念是错误的，但这并不能表明常识心理学实体不存在，因为许多常识心理学的基本命题只是类似的定义、分析或只构成了常识心理学的实体原则。这就是为什么许多人反驳不了常识心理学的原因，但这也并不能证明常识心理学实体的存在。

最后一个反对常识心理学的论证更加没有说服力。这一观点的论证过程是，因为我们不能把类型同一的信念、欲望还原到神经生物学层次，因此这些心理学实体不存在。我们可以比对一个相类似的命题：由于我们不能把类型同一的小轿车、房子、桌子等还原为物理原子实体，因此我们不能进行类型同一还原，因为像桌子、房子等是多重可实现的（实际上，原子物理学中没有使用小轿车、房子、桌子等概念），那么，是不是这些实体就不存在呢？一般而言，我们不能把某些类型同一的实体还原为更基础的科学元素，这并不表明这些不可还原的实体不存在。

虽然丘奇兰德试图否认常识心理学，但他曾指出取消论与功能论是兼容的。取消论并不预设对于心理领域的理解必然是自然主义式的。[①] 简单地说，拒斥常识心理学在概念上并不蕴涵接受脑神经科学，对于脑神经科学的坚持只是丘奇兰德的理论选择。可是这个选择是恰当的吗？一方面，反对者试图指出常识心理学并没有丘奇兰德说的那么一无是处，因而也没有引发理论变动的需要；另一方面，反对者从功能论的立场也试图指出，即使未来出现了发展成熟的脑神经科学，也不可能取代常识心理学，因为认知科学不但需要常识心理学，而且对认知哲学的研究以及对大脑神经系统的科学研究分属不同的理论。

---

① Churchland P M. Eliminative materialism and propositional attitudes//A Neurocomputational Perspective. Cambridge: The MIT Press, 1989: 15.

（二）异常一元论

前面已经提到个例物理论的主张。戴维森提倡的异常一元论也是一种个例物理论的立场，他不接受类型物理论。另外，由于他同时否认类型心理的存在，他自然不是一位二元论者。戴维森指出，有三条原则，分别来看是可以接受的。但如果让人们同时去接受这三条原则的话，那将会产生理论上的冲突。即①心物因果交互作用原则。②心物因果关系原则。哲学界通常接受个体事件之前的因果关系，例如张三被小红踩了一脚就是一个个体事件，而张三此时感到疼痛则是另一个个体事件，两者之间具有因果关系。③没有任何严格的、决定论式的规律可以让我们解释预测心理事件的发生。

戴维森以"心物规律关系"以及"心物等同关系"为基础区分所谓的四种哲学立场。心物规律关系是说，任何类型的心理事件都与某种类型的物理事件之间具有规律关系。所谓的心物等同关系一般是指，任何类型的心理事件等同于某类型的物理事件（类型物理论），例如之前介绍的心脑同一论所主张的。或者说任何个体的心理事件都等同于某个个体的物理事件（个例物理论）。依据"心物规律关系"以及"心物等同关系"而划分的四种哲学立场包括[①]：

（1）规律一元论，这一观点承认心物之间具有规律关系，并且任何类型的心理事件都等同于任何类型的物理事件。如心脑同一论属于这种立场。

（2）规律二元论，这一观点承认心物之间具有规律关系，但是任何类型的心理事件都不等同于任何类型的物理事件。如平行论、机遇论、副现象论都属于这种立场。

（3）异常二元论，该观点否认心物之间具有规律关系，并且任何类型的心理事件都不等同于任何类型的物理事件。

（4）异常一元论，该观点否认心物之间具有规律关系，并且否认有心理事件的存在。但它承认个体的心理状态与个体的物理状态是等同的。戴维森所提倡的异常一元论就是这种立场。

---

① 彭孟尧.心与认知哲学.台北：三民书局，2011：87-89.

（1）和（2）两种哲学立场都接受上述的第二条原则，即因果关系的规律性原则。戴维森的异常一元论看似并不接受这条原则，但实际上，他的异常一元论是同时接受上述三条原则的。首先，因果关系是介于个体事件之间的，不是语言的。任何两个个体事件之间如果具有因果关系，那么不论如何描述它们，因果关系都依然存在。例如，如果小红踩了张三一脚，不论我们如何描述小红的那双鞋（白色的、细高跟的、男朋友送的，等等），也不论我们如何描述张三的疼痛现象（皱眉、弯腰、大叫"哎哟"等），这两件事情之间的因果关系并不会因为我们的描述而改变。反之，规律本身是用语言来表达的，因此任何个体事件是否被规律所涵盖，必须要看个体事件是如何被描述的。因此，上述第一条原则，即心物因果交互作用原则指的是心理事件与物理事件之间的因果关系，但与对个体事件的描述无关。设想在夏天，烈日当空，小红车里的空调恰巧坏了，车内温度高达45℃。小红一开车门就有一股热浪扑面而来，她说了一声：好热。那么，我们可以用"小红此时感觉很热"来描述小红的心理状态，并且用小红不停地在冒汗、扇扇子来描述她的行为。"小红此时感觉很热"这件事与"小红冒汗和扇扇子"这件事之间具有因果关联，这是心物因果交互作用原则所涵盖的。

等同关系同样是介于个体事件之间的，而不是语言的。不论我们是用《苏幕遮·碧云天》的作者这个语词，还是《岳阳楼记》的作者这个语词，这两个语词所讲的都是同一个人。

我们也可以不用这种方式来描述小红此时的状态，而改用小红在感觉到热时的生理状况、大脑活动、身体接收到热空气波等物理状态来描述。根据这样的描述，小红此时的生理状况、大脑活动、身体接收到热空气波冲击的这件事与"小红冒汗、扇扇风"事件之间还是具有因果关联的，而且还可以被生理学、脑神经科学等规律所包涵。这是第二条原则因果关系的规律原则所表达的意思。但是第三条原则表明，以心物因果交互作用原则这样的方式进行的描述并不会有规律加以涵盖，也就是说不存在所谓的心理-物理规律。前面提到这三条原则之间的理论矛盾实际上只是表面上的，因为小红此时的状态不论是用"小红此时感觉很热"这种心理描述,还是用"小红此时的生理状况、大脑活动、身体接收到热空气波的冲击"这种物理描述,都是在描述同一种状态,不会因为描述语言的不同而不同。这是戴维森所谓的个体心理事件等同于个体物理事件的立场。

因此,戴维森提出的异常一元论也是唯物论立场之一,其具体观点如下[①]:

(1)心理现象与物理现象之间有严格的因果关系。

(2)只要这些事件具有因和果的关系,那么它们必须遵循严格的、确定的因果律。

(3)在心理现象与物理现象之间没有如此严格确定的因果律。用戴维森的术语来说,这没有身心规律。

(4)结论:所有所谓的心理事件都是物理事件。

戴维森认为必须用物理事件来实例化物理规律。当我们把物理事件描述为心理事件时,我们只是挑选了一类物理事件来满足某些心理词汇。这些事件一方面是心理的,但同时也是物理的,其结果自然是一种唯物论。这种唯物论认为,心理命题永远不能通过物理中的普遍规律来描述,不是因为心理是一种神秘的精神或心理实体,而是因为在心理描述与物理描述之间缺乏规律性的关系。戴维森的论点是像信念和欲望等心理现象受到了主体理性的约束,而理性在物理上是没有对应物的。戴维森强调当用心理词语来描述心理事件时,它们不能列入严格的规律之下。心灵的语词是为了解释方便而设立的,并没有实在所指。

还原论者与取消论者都倾向于认为他们的立场是不同的。还原论者认为心理实体存在,并且可以还原为物理事件;取消论者则认为心理实体不存在。但是还原论者与取消论者似乎得出了非常相似的结论,他们都认为,一切都只是对大脑进行唯物论的描述,它们之间的差异可能只在于措辞的不同。早期的唯物论者想通过把类型同一的心理状态还原为神经生物学的实体,以此来表明心理状态不存在。而之后的取消唯物论者是想通过常识心理学表明实体不存在,

---

① Davidson D. Mental events //Davidson D. Essays on Actions and Events. Oxford: Oxford University Press, 1980: 207-227.

即通过证明心理学实体不能把类型同一的实体还原为神经生物学的实体。这两种观点都不可取，但他们的策略表明，他们试图证明我们心理的常识性观念在现实世界中并没有命名任何事物。

需要说明的是，常识心理学与科学心理学有两点差异：①常识心理学用"信念""欲望"等来解释或预测个体的行为，但这些未必是科学心理学所能接受的；②两者对于物理刺激（输入）以及行为反应（输出）的着眼点是不同的。常识心理学采纳远刺激，所谓远刺激是指来自外在于个体事物的刺激；科学心理学接受近刺激，所谓近刺激是指个体本身神经系统的作用。所以，虽然二者都使用"刺激""反应"的表述，但实质上是有区别的。

五、副现象论

副现象论是一种突现论的主张。副现象论认为基本物理事件（感觉器官、神经冲动和肌肉收缩）与心理事件（思想、意识和认知）是因果相关的。心理事件完全依赖于物理功能状态，是伴随着物理事件产生的一种副现象，因而心理事件没有独立的本体地位或因果效力，它只是一种表象。根据副现象论的观点，心理活动只是物理事件的一种溢出（overflow）现象，不会引发任何其他物理事件，也没有非物质的属性。比如兴奋会使得心跳加快，这只不过是神经系统导致了我们的心跳加速。副现象论被视为实体一元但性质二元的学说，或者说是一种属性二元论的观点。

在17世纪，笛卡儿认为动物受到自然机械规律的支配，质疑非物质的心灵和物理的身体可以进行因果互动。但他的身心互动模型却认为，身体与心灵是通过松果腺来发生互动的。在此之后，拉美特利、莱布尼茨和斯宾诺莎都以自己的方式开始了对这一问题的思考，他们都认为即使在一些有意识的动物中也不会产生意识的行为。首先提倡这一观点的是拉美特利，然后是卡巴尼斯（G. Cabanis），赫胥黎也对这一观点进行了进一步的诠释。

19世纪时赫胥黎首先提倡副现象论，赫胥黎同意笛卡儿的观点，认为人的行为完全是由物理机制决定的，但他同时也承认人类具有智能生活。赫胥黎提出了心理变化只是物理变化的副产品，他把意识流称为"副现象"，就像时钟在记时方面是不起因果作用的，意识在决定行为时也是没有因果作用的。①

到20世纪，澳大利亚哲学家杰克逊是副现象论的主要代表人物。副现象论把一种或多种心理状态视为大脑状态的副产品，并且心理状态对物理状态是没有影响的，主张心理现象为物理现象所引发，但心理现象不会导致物理现象，因而心物之间的因果关系是单方面的，心物交互作用是单向的。副现象论阐述的依然是非还原的心理状态，心理状态作为大脑状态的副产品可以被因果还原为物理状态，但本体论上的心理状态依然不可以还原为物理状态。副现象论把疼痛看成是大脑状态引起的，而且对其他大脑状态没有影响，尽管疼痛可能会影响其他的心理状态，如引起悲痛感等。

近年来，认知哲学领域发展出了多种副现象论。1970年，基思·坎贝尔（Keith Campbell）提出了"新副现象论"，即身体产生心灵，而心灵不影响行动。根据坎贝尔的观点，大脑如何引起心灵的互动，注定会永远超出我们的理解。2001年，查尔默斯（D. J. Chamliners）和杰克逊提出，意识状态应该能够先验地从物理状态推出。他们提供了副现象论的框架，但没有说明如何跨越物理和心理领域之间的鸿沟。新近的观点认为，只有主观、定性的心理状态是副现象的。想象张三与机器人吃蛋糕的情景，与机器人不同的是，张三是在有意识地吃蛋糕。这种主观经验通常称为感受性，它描述了私人的"原始感觉"或主观的"它像什么样"，这是许多内在心理状态的伴随物。因此，虽然张三和机器人都在做同样的事情，但只有张三拥有内在的意识经验。

目前学界把副现象论主要分为两种，即强副现象论与弱副现象论。强副现象论者认为心理现象能够被物理现象影响，但不能影响物理现象。在强副现象论者看来，心理现象只能被物理现象引起，而不能被其他心理现象引起；但是弱副现象论者则认为，心理现象既可以由物理现象引起，也可以由其他心理现象引起，但是心理现象不能引起任何物理现象。

---

① Huxley T H. On the hypothesis that animals are automata, and its history. The Fortnightly Review, 1874,(16): 555-580.

（一）强副现象论

那些认为我们能够解释脑活动的过程是如何引起意识的哲学家们，并不能够理解意识是如何具有它自己的成因的。"只要假设不管何种意识，或者普遍意义上的心灵现象都是依赖于脑活动过程的，那么我们就难以理解这些心灵现象如何可能引起身体的运动，或是引起物理世界中发生的任何事情。"[①] 根据此论点，意识的确存在，但是其存在方式就类似于浪花的泡沫般无关紧要。因此，根据副现象论的观点，大脑会产生思想正如肝脏会产生胆汁一样。大脑和思想也如车轮和车轮运动，两者截然不同，但车轮的运动离不开车轮；又如影子和物体，影子是物体遮挡光线而产生的副现象，影子无法影响物体。因此，心理事件本身没有因果力，它无法作为任何事件的原因，表述形式为P→M。

此外，原则上可以允许反方向的心物因果关系，也就是心理现象可以引起物理现象，但物理现象不会引起心理现象，这是另外一种单向的心物因果关系。这种主张称为逆反副现象论，表述形式为M→P。但在哲学界并没有人持这种主张。

一般认为，我们这个世界是因果封闭的，这意味着物理世界之外的事无法进入到物理世界之中并与其产生因果作用。既然如此，一个非物理世界的心理状态又是如何在物理世界产生因果作用的呢？副现象论者回应说，现象A随附于现象B，就是说A通过某种方式完全依附于B，即在A属性中所发生的任何变化必将关联至B属性中的变化。人们通常都说意识是随附于大脑进程的，意识作为心灵状态中的变化也就是与之对应的大脑状态中的变化。这种观点有时被认作是"非还原论的唯物论"。

通常来说，手接近火会感觉到热，会让你有痛的感受而把手移开。如果解释整件事的因果关系，应该是：手接近火→热能影响到皮肤上的神经→神经把信号传到大脑的神经元（让你有痛的感受）→神经元信号传到手臂→手臂移动。这样，似乎心理事件对物理事件产生了作用。

[①] 约翰·塞尔.心灵导论.徐英瑾译.上海：上海人民出版社，2008：26.

日常生活中副现象论与证据不符的情况比比皆是。比如我想看书，我看书的决定是由我内心的想法造成的。但实际上在我做出看书决定之前肾上腺素已经分泌了，这才是真正的原因，从而造成了我决定看书的结果。这里，做出决定的原因不是我内心的想法，而是肾上腺素的分泌。再如，我决定举手，内心的决定引起了大脑状态的变化作为原因造成了我举手的结果。又如，小红长期精神压抑和感到沮丧，引起了她大脑状态的变化进而造成了她割腕自杀的结果。似乎心理的感受会影响人们的行为表现。为什么能作为原因的总是大脑状态，而不是意识本身呢？意识虽然能够表征大脑状态，但意识本身没有因果力，意识所反映的大脑状态才具有因果力。我们所经验到的一切都是物理上的原因，物理上的原因才是造成采取如此行为的真正原因。例如，表面上看来，想去北京玩这个心理事件，会造成你打开电脑搜索北京的旅游攻略这个物理事件。但真正让你搜索北京旅游攻略的原因，是想去北京玩这个心理事件背后所伴随的物理事件——某种特定的大脑状态。意识本身没有因果力，意识所反映的大脑状态才有因果力，才能产生行为。引起种种身体动作的是大脑，不是意识，而我们看到的原因往往是心理状态，似乎心理现象会极大地影响物理行为。

（二）弱副现象论

突现是科学哲学里的一个专用概念。突现论（emergentism）主张，心理事实在形而上学上不同于物理事实，心理属性随附于物理属性。突现论者有时会以水为例进行说明，当氢和氧结合形成水（H_2O）时，水具有了一种异于 H 和 O 的新属性，即水为透明的液体。这种新"出现"的属性是在理解氢气和氧气时不会有的。这类似于大脑的物理性质导致了心理状态。突现论者试图解决这一身心鸿沟问题，但面临的问题是，物理世界的"因果封闭性"，不允许存在由心灵到身体的因果进路。

弱副现象论中最有影响的是弱突现论。弱突现论是"非还原物理论"的一种形式，这一主张涉及自然分层观点，其分层概念是根据日益增加的复杂性来排列的，每一个分层都对应于自己的特殊科学。一些哲学家认为突现的属性与更基础的层次进行因果互动,而另一些哲学家则坚持认为高阶属性只是简单地随附于低阶属性层次之上,二者之间没有直接的因果关系。相比之下后一种观点更弱一些,没有那么严格。

所谓的自然分层观点是主张这个世界存在的事物由一个个等级构成,包括物理的层次、化学的层次、生物的层次、生理的层次、心理的层次、社会的层次等。等级本体论具体如图 5-2 所示①:

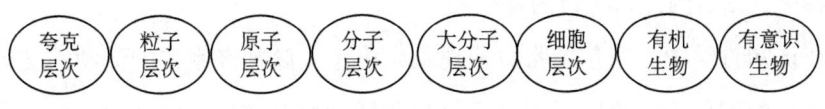

图 5-2　等级本体论

自然分层观点认为,世界上的事物可以依据"部分－整体"的关系来排列成一个个的等级,下层事物构成了上层事物。例如有机生物是由细胞构成的,分子是由原子构成的。下层事物对于上层事物来说就是元项,元项构造出了上一层的事物。比如对于分子层级来说,原子是元项,分子是整体;对于有意识生物来说,有机生物是元项,有意识生物是整体。

所谓的突现是说,元项在以某种形式组合构成一个整体之后,其本身会出现一些新的性质,这些新的性质是在构造出整体之前所不具有的。例如有一支篮球队,队员甲是大前锋,队员乙是小前锋,而队员丙是后卫,他们三人各有各的打法与特长,但甲、乙、丙组合后就突现出"铁三角"的性质(姑且把铁三角的观念算作是心理事件)。但铁三角的性质是之前三个人都没有的,只有当他们三人组合后才会"突现"出来。

塞尔根据元项上下层级的关系及其解释力,将突现概念划分为两种意义的突现理论,被称为突现论1和突现论2②。一个整体的某种或某些性质是属于突现论1的,不是说整体的这个性质等同于其下层组成成员所具有的任何性质。也就是说整体所突现的某些性质相对于下层成员原有的性质,既不等同于性质1,也不等同于性质2,整体所突现的性质乃是经由下层元项相互作用后产生的。比

---

① 彭孟尧.心与认知哲学.台北:三民书局,2011:29.
② Searle J R. The Rediscovery of the Mind. Cambridge: The MIT Press, 1992: 36.

如铁三角的性质在甲、乙、丙三人身上都不会独立体现。所谓一个整体有某个性质是属于突现论 2，则是说这个性质除了属于突现论 1 的之外，它所拥有的因果力是无法用下一层元项来解释的。比如 H_2O 的性质不能用 H 或 O 来解释。因果关系一般具有递移的性质，而突现论 2 违反了这个原则，也就是说只可以用因果关系来解释如何从突现论 1 导致了突现论 2，反之则不行。举例来说，可以用甲、乙、丙三人的组合来因果地解释铁三角的组合，但却无法用铁三角反过来解释甲、乙、丙三人各自的特征。

在认知哲学中，塞尔主张意识现象是由于大脑神经系统的活动而突现出来的。杰克逊的副现象论同样主张心是大脑活动交互作用而突现出来的性质。这两套学说看起来非常相似，但其实有着重大差别。塞尔否认心物二元的概念构架，心理的并不一定就不是物理的。然而，杰克逊的副现象论是一种实体一元但性质二元的立场，只要是心理的就必然都不是物理的。不但如此，杰克逊的副现象论还诉诸演化，心理现象的出现乃是演化的副产品。"在人类演化出大脑神经系统以应付存活时，大脑的活动突现出了心理现象，但这些心理现象都没有因果力，不会对这个物理世界起任何因果作用。"[1]正如杰克逊所言："有时，我被称为'感受性怪人'，我认为身体感觉有一些特别的功能，也有一些知觉经验。人们告诉我有关一切物理事物有一个活生生的大脑……但你无法告诉我伤心、痛苦、瘙痒感、嫉妒存在于哪里……"[2]

副现象论如果为真，那么似乎会对我们的生活产生非常大的冲击。设想将来有一天科学家搞清楚了人类大脑的复杂状态，知道当你想去北京时大脑的状态是怎么一回事，并且它如何有别于在想其他问题时的状态。目前已有媒体报道科学家们甚至可以调控你的大脑状态。2015 年 3 月 16 日英国的《每日邮报》称，通过大脑影像可以判断你是否遇到了真爱。神经学家声称已找到了不同情感如何影响大脑的秘密，借由仔细检视处于爱情不同阶段人们的脑部扫描影像，他们认为对真爱的影像面貌有了初步线索。初步的研究结果显示，大脑有 12 个

---

[1] 彭孟尧. 心与认知哲学. 台北：三民书局，2011：30.
[2] Jackson F. Epiphenomenal qualia. The Philosophical Quarterly, 1982,（32）：127.

不同区域会因爱情情感而受到不同的影响。人类不同的激素组合将信息从一个区域带到另一个区域，这可能允许未来的科学家利用磁共振造影（MRI）来判断一个人的真实感受。

大量的神经生理学数据似乎都在支持副现象论，科学数据似乎支持意识经验经由非意识的大脑过程建立。这些结果表明，人们在行动之前已经做出了有意识的决定。这些结论似乎都支持了副现象论的观点，因为它表明做出行动的决定实际上是一种副现象，决定并没有造成行动的发生。但副现象论的观点同样受到了来自各方面的广泛质疑，下面介绍几种主要的反对意见。

（三）反对副现象论的一些论证

（1）自相矛盾性。反对副现象论最有力的论证是关于副现象论的自相矛盾性的讨论。如果我们具有关于副现象论知识，那么我们的大脑知道有心灵的存在，因此意识的确存在；因为副现象论预设了心灵现象都依赖于脑的活动过程，如果副现象论是正确，那么我们的大脑不应该有关于心灵的任何知识，因为心灵不会对物理的大脑过程产生任何因果作用，心灵并不影响任何物理世界的运作。这样一来，副现象论本身预设了心灵或意识的存在，但大脑过程却没有关于心灵或意识的任何知识，这明显是自相矛盾的。当然，一些哲学家如丹尼特等通过同时拒绝副现象论和感受性的存在来消解这一难题，而赖尔通过"机器中的幽灵"提出二者出现了范畴的错误来回应这一问题。但是他们的观点过于极端而让人难以接受。

（2）单向互动的不可能性。互动论的支持者格林（C. Green）认为，在实体二元论提出的交互问题中，副现象论甚至不能提供一个令人满意的"输出"（out）问题。尽管它并不蕴含实体二元论，但副现象论意味着一种单向互动的二元论形式，而我们很难想象"单向"如何产生"互动"的具现形式。因此，这一单向的互动假设是不太可能的，物理事件并不比心理事件更具优先性。

（3）进化角度的不合理性。唐纳德·西蒙斯（Donald Symons）从进化的角度驳斥了副现象论。他认为，心灵是大脑活动的副产品这不符合进化论的观点，因为如果心灵是非功能性的话，那么它早应该在进化史上消失，而不会一直得到进化论的支持。

六、心物随附原则

近些年有哲学家主张"物理属性"是指形而上学或逻辑意义上的组合属性，他们通常使用随附性这一概念来表达心与物之间具有形而上学或逻辑的组合属性，即一个属性 A 随附于另一属性 B，或者一种现象 A 是伴随一种现象 B 产生的。亦即若 A 完全依赖于 B，如果在 A 中有任何变化的话，那么必定蕴含着 B 也会随之发生变化。一般认为，意识是随附于大脑过程的，如果在大脑状态中没有对应的变化，那么就不可能有心理状态的变化。我饿了或者我不饿的心理状态在我大脑中都有相应的变化。一般认为，意识状态完全依赖于或者完全随附于大脑状态。许多哲学家都持这一观点，最突出的是金在权，他的观点导致了所谓"非还原的唯物论"[1]。戴维森使用随附性论题，认为心理状态随附于物理状态，但无法把心理状态还原为物理状态。因此"随附性"描述了功能上的依赖性："如果在物理－因果还原性上没有变化的话，那么在心理上就不可能有变化，在心理与物理之间没有本体论上的可还原性。"[2] 随附的观点完全是一种唯物论的解释，但它没有试图取消意识的功能，心物随附原则只是认为意识完全随附于大脑过程之中。因此，有人认为随附性原则解决了身心问题或者至少提供了初步的解决方案。

如果这一观点是真的，那么意识就随附于大脑。哲学中随附性是指性质与集合间的依存关系。根据标准定义，一个由性质构成的集合 A 和一个由性质构成的集合 B 之间具有随附性，对于任何两个东西 x 和 y 来说，如果 x 和 y 都具有 B 所包含的所有性质（即 x 和 y 相对于 B 是不可分辨的），那么 x 和 y 也会具有 A 所包含的所有性质（即 x 和 y 相对于 A 是不可分辨的）。也就是说，一组

---

[1] Kim J. Supervenience and Mind. Cambridge：Cambridge University Press，1993：265-268.
[2] Stanton W L.Supervenience and psychological law in anomalous monism. Pacific Philosophical Quarterly，1983，(64)：72-79.

性质 A 随附于一组性质 B，相对于 B 的不可分辨蕴涵相对于 A 的不可分辨。在这种情况下，B 所包含的性质称为基本性质，A 所包含的性质称为随附性质。如果两个东西所具有的随附性质不同，它们所具有的基本性质也不会一样。举一个简化的例子，如果人的心理性质（如特定的情绪、信念或欲望）随附于人的物理性质（如特定的脑部状态），那么当两个人在物理上（脑部状态）是不可区分的时候，他们在心理上也会是不可区分的。而当两个人在心理上不同时，他们在物理上也不会一样。

根据随附性定义"所有属性都是物理的"，可以将随附性划分为强随附性、弱随附性和全域随附性[1]：

（1）强随附性。物理论在可能的世界 W 是真的，那么在 W 的任何物理副本世界完全地复制了 W。应用于现实世界时，这种物理论在现实世界是真的，则在每一个可能的世界里，现实世界的物理性质和法则都可以被实例化，而现实世界的非物理属性同样也可以被实例化。

然而，上述的命题（1）未能理解在真实世界 W 中物理论为真的必要条件。如果物理论在任何世界中都为真的话，那么在一个世界里就只有物理属性。但是人们可以想象这样一个世界的物理副本，它不完全地复制这个世界，副本世界有相同的物理特性，但是也有一些另外的属性。这个副本世界有可能包含"副现象的外质"（epiphenomenal ectoplasm），一些另外的纯经验并不与世界的物理成分发生互动，并且也随附于物理成分。为处理副现象的外质问题，命题（1）可以被修改为包括"全部"或"整体"的语句，或被限制在"全部"的特性之中。

（2）弱随附性。一个可能的物理世界 W 是真的，那么 W 在任何可能世界都是最小的物理副本，且 W 是完全的副本。也就是说，物理论在一个可能的世界 W 是真的，当且仅当，在任何 W 的物理副本世界，都允许一个只有物理性质的世界，物理论算作是真的，因为世界中有一些额外的东西不是这样一个世界的"最小"物理副本，也不包含一些非物理属性的最小的物理副本世界，这些非物理属性在形而上学上对于物理属性是必需的。

---

[1] 彭孟尧. 心与认知哲学. 台北: 三民书局, 2011: 103-104.

（3）全域随附性。物理论在一个可能的世界 W 是真的，那么任何 W 的物理副本世界是 W 的一个确定的副本。

科学研究表明，我们所做的一切似乎最终都是由我们的大脑神经过程引起的：我们流泪是由于一些脑细胞运动皮层释放一种电子脉冲，我们吃西瓜是由于其他的脑细胞释放电子脉冲，等等。如果你问我为什么会流泪，我可能回答是"因为我很沮丧"或"因为看到了一些很悲伤的事情"等，并不是因为我脑细胞运动皮层迫使我如此。我流泪的这两种解释，对于唯物论者来说是没有张力的。一种解释是由悲伤引起的，而另一种解释是由大脑中的神经过程引起的。

根据唯物论的观点，沮丧只是大脑的神经过程：对某事悲伤只是处于特定的大脑状态。然而对于二元论者来说，这是两个独立的状态，一种是心理状态，而另一种则是物理状态。一元论不能囊括两种解释，它必须在引起悲伤的解释与引起大脑产生反应之间做出选择。选择引起悲伤的解释突出了常识性，但似乎与科学存在矛盾，因为它割裂了我的大脑与我的悲伤之间的关系。而支持大脑引起反应的解释虽然保持了与科学的一致性，但结果却导致严重违反直觉，即悲伤永远不会让你流泪。或者说心灵因果是存在惰性的，它完全不可能影响到外在世界。①

随附性可根据其性质分为两种不同的类型：本构随附性（constitutive supervenience）和因果随附性（causal supervenience）。在哲学上，随附性的概念用于描述道德和其他评价属性。两个行为不可能完全不同，意即两种行为现象不可能一个是好的而另一个却是坏的，可它们却没有本质的不同。善与恶必须随附于行动的一些其他功能，这就是所谓的"本构随附性"。一个行为是好的并不会导致行为意识也是好的，而是说随附的心灵感受构成了好的属性。心灵随附哲学家认为，这种类似性并不适于解释心灵，因为意识随附于大脑的过程只

---

① 在现代认知哲学中，这个推理思路已经由金在权（1989）进行了讨论，其基本观点是，二元论以及某些类型的唯物论与三个不一致的原则相关。第一个原则是心理的因果效应原则：有时快乐的现象会产生如微笑等身体效果。第二个原则是物理的因果封闭原则：每一个物理事件都有一个物理原因，这意味着我们必须调用大脑来解释微笑等物理现象。第三个原则是因果不相容原理：世界上发生的事件不可能有两个独立的原因，因此我们必须选择是大脑引起的还是快乐引起的。金在权认为遵守三个原则的唯一途径是使用唯物论的假设，认为如幸福等是心理现象与一些物理现象，其大脑的神经过程是相等同的。（参见 Kim J. The myth of nonreductive materialism. Proceedings and Addresses of the American Philosophical Association, 1989,（63）：31.）

是一个因果随附性。大脑过程因果地为这些随附功能负责任。大脑过程即神经元释放，并不构成意识；相反，较低层次神经元的释放导致了较高层次的意识系统功能。但假设对我们所知道的所有事情，如果大脑表明它是正确的，那么偶然性对于我们已有的概念并没有任何帮助。我们已有的概念包括自下而上的因果关系、高层次与低层次的描述，以及由低层次构成的高层次功能等。意识可能随附于大脑过程，但我们仍然不知道它是如何运作的。

在认知哲学上，有些哲学家也采取随附概念来说明心与物之间的关系。任何两个个体如果具有相同的物理性质（例如处于相同的大脑状态），则两者也都处于相同的心理状态。不论是"本构随附"还是"因果随附"，在关于心理现象的形上学立场上都是相当弱的。首先，心脑同一论与心物随附原则是兼容的：如果心等同于脑，则心与脑必定满足随附原则，心理活动必定随附于大脑活动。其次，突现论也与心物随附原则相兼容。比如副现象论主张心理现象是从大脑活动突现出来的，副现象论可以同时接受两个相同的大脑会突现出相同的心理现象。因此，心物随附原则与性质二元论也是兼容的。最后，心物随附原则与功能论也是兼容的。按照功能论的说法，如果某个物理系统具体实现了某个功能角色，那么与这个物理系统完全相同的任何一个物理系统必定也实现了该功能角色，也就是说功能是随附于物的。由于心灵系统就是功能系统，因此心是随附于物的。

从以上的论述我们可以得出如下结论：从形而上学来看，心物随附原则不足以说明心究竟是什么，对于心与物之间关系的说明也显得不足。若是如此，随附概念还不足以建立起一套独立自主的、关于心的形而上学的学说，也不足以建立非还原唯物论。因为非还原的物理论试图保留心灵与身体之间在本体论上的区别，而批评者通常会认为这是一个悖论，并指出这与副现象论的观点非常相似，即大脑才是根本的原因，而不是心灵，心灵似乎只呈现了某种属性。

第六章 功能论

> 一个有纸、笔、橡皮擦并且坚持严格的行为准则的人,实质上就是一台通用图灵机。
>
> ——阿兰·图灵

尽管心脑同一论在实验科学家中始终占有一席之地,但这个学说在当代认知哲学领域却是昙花一现。究其原因,显然是由于同一论最终也没有能解决笛卡儿身心二元论所存在的固有问题。在此之后,认知哲学史上出现了令人兴奋的理论发展。物理论认为,个例的大脑状态使得他们的心理状态显现为有机体的某种功能,这种观点被称为"功能论"。"功能论"这个词其实不是特指某个学说,而是泛指一组学说。这些学说多样且繁杂,但都可归类到"功能论"名目之下,因为它们都是以"功能"的概念来说明心灵。功能论为心物难题提供了一种解决方案。为了解决身心问题,人们通常试图来回答这样一些问题,即心灵终极的本质是什么?在一般层次上,是什么使得一种心理状态成为一种心理状态?是什么让一种想法成为一种想法?或者是什么让一种痛成为一种痛呢?笛卡儿式二元论者认为,心的本质是一种特殊的心理实体。行为主义则把心理状态等同为一种行为倾向。最有影响的物理论把心理状态等同于大脑的状态。

而功能论主张心理状态是由与其他心理状态、感觉输入和行为输出之间所具有的因果关系构成的，是有机体的一种功能。功能论是 20 世纪分析哲学理论发展的结果，并为认知哲学提供了很多的概念基础。

一、何谓功能论

功能论的基本主张是，任何类型的心理状态都等同于某种类型的功能状态。但如何具体理解功能状态则各有说法。布拉克将功能论区分为计算功能论和非计算功能论两大进路。前者通称为"计算心理学派"，以普特南和福多为主要提倡者。尤其是福多的"思维语言假设"建立了古典论，对认知哲学的发展有很大的影响。这一派学说以计算及表征两大基本概念来理解心灵系统。计算及表征两个概念也构成当代认知哲学的核心概念。非计算功能论则以因果角色功能论（又称先验功能论）为主，以阿姆斯特朗和刘易斯为代表。功能论的本体论立场与物理论和二元论都不相同，但它与这两种立场是相容的。"不过一般来说，功能论者都倾向于物理论的哲学立场。"①

在很大程度上，功能论在当代认知哲学中替代了心脑同一论及行为主义理论，其核心思想是心理状态（如信念、欲望和疼痛等）完全是由其功能作用构成的，也就是说与其他心理状态、感官输入和行为输出之间具有因果关系。因为心理状态是由功能角色来定义的，它们可以在多个层面来实现。换句话说，心理状态能够体现在各种系统中，甚至能通过电脑来实现，只要电脑系统执行相应的功能。

因此，心理状态被定义为某种功能状态，而"功能"的概念是通过与外部刺激的因果关系来解释的，例如张三相信明天会下雨，从功能论角度来说，对于张三，这里有一系列的事件、状态和过程，这些事件、状态和过程都是某些外部刺激导致的。他感知到了气压的变化、他不想被雨淋湿等，这些外部感知会引起他带伞的举动。那么张三的信念究竟是怎么样的呢？塞尔认为，张三信

---

① 彭孟尧. 心与认知哲学. 台北：三民书局，2011：85.

念的产生就构成了某种因果关系。再如，所有的台灯和时钟都是物理对象，但它们可以由不同的材质制造，任何材料都可以，只要它们能实现台灯和时钟的功能。这正如功能论者所主张的所有的信念和欲望都是由不同材料组成的物理状态，这种物理状态是根据其因果关系来解释。也就是说，我们根据因果关系来解释信念和欲望，而不是根据组成的材料来解释信念和欲望。

在这一点上，同一论者介绍了一种专业术语"拉姆齐语句"。对拉姆齐语句理论的真理性，我们只需要其存在性的主张近似为真即可。存在着某种这样或那样属性的东西，即使理论术语没有指称，主张也可能是近似真的。[①] 张三相信明天会下雨的信念使他处于 X 状态中，而 X 状态与他不想被淋湿的信念产生了他带雨伞的行为。因此，如信念之类的心理状态不是由任何内在功能所定义的，而是由他们的因果关系所定义的，"因果关系构成了信念的功能，知觉产生的信念与其他欲望一起导致了他们的行为。"[①]

二、拉姆齐语句

拉姆齐语句（Ramsey Sentence）是形式逻辑所建构的理论命题，这一语句试图在科学和形而上学之间进行划界。拉姆齐语句主要致力于用可观察理论术语的命题来替代不可观察理论术语的命题，这一观点是由哲学家卡尔纳普（R.Carnap）提出的。卡尔纳普决定从语言学上把词汇分成两种：不可观察的理论术语（T- 术语），即我们知道但不熟悉的这些术语；另一种是可观察的理论术语（O- 术语），即我们非常熟悉且可观察的这些术语。之后卡尔纳普通过所谓的"对应规则"（correspondence rules，C-rules），把不可观察理论术语（T- 术语）和可观察理论术语（O- 术语）连接在了一起，形成了"混合"语句。

拉姆齐语句对功能论有什么作用呢？上述介绍中 T 可以是任何理论。"但在认知哲学领域里 T 指的是心理理论，或者指常识心理学（如果我们接受它是一套理论），或者是科学心理学。随着功能论哲学家的立场不同，所接受的心理理

[①] Cruse P, Papineau D. Scientific ralism without rference // Michelle Marsonet (ed). The Problem of Realism. Aldershot: Ashgate, 2002: 180.

论也会有区别。"[1]

根据拉姆齐的转换，我们可以把理论术语等价地转换于拉姆齐语句这个二阶的词语系统中，而理论术语完全不出现。具体而言，假设某一科学理论中 t_1，t_2，$t_3\cdots t_n$ 为一组理论术语，它们通过对应规则和可观察术语相联系，对应规则中的可观察术语为 o_1，o_2，$o_3\cdots o_m$。那么最初理论可以表述为两个词语的并集：$T(t_1\cdots t_n; o_1\cdots o_m)$。然后根据拉姆齐置换，理论中所有理论术语分别由对应变量替换：$TC(x_1\cdots x_n; o_1\cdots o_m)$。

姑且不论是接受常识心理学还是科学心理学，以"痛"为例。张三被人踩了一脚感到很"痛"。功能论主张：痛等于某种功能状态。张三内心的"痛"也可以在物理层面被观察到，张三会面部扭曲、皱眉并且会大叫"哎哟"。这里实际上有两个过程，一方面是可观察到的张三被踩后一系列的外在行为，另一方面是不可观察到的张三感到"痛"的一系列心理状态。我们把不可观察的心理状态如痛感、开心、快乐等用 T-术语（T-句子）来表示；把另一个可观察到的外在行为用 O-术语（O-句子）来表示。然后再把这两方面的内容用对应规则（C-rules）联结起来，得到的将是"混合"后的理论，既包括 T-句子，又包括 O-句子。这种混合后的理论可以用公式表述为 T+C=T-句子的联结 + 对应规则的联结，用公式表述为：$(T_1 \wedge T_2 \wedge T_3\cdots T_n) + (C_1 \wedge C_2 \wedge C_3\cdots C_n)$。

在拉姆齐的理论中，我们需要采取以下步骤为每个 T-术语来替换变量，然后通过 T-句子和对应规则来量化所有的 T-术语。由此产生的"拉姆齐语句"有效地消除了 T-术语，同时仍然可以解释理论的经验内容。这样，公式演变为[2]：

步骤 1（假设经验理论是真的）：$TC(t_1\cdots t_n, o_1\cdots o_m)$；

步骤 2（替换所有 T-术语的变量）：$TC(x_1\cdots x_n, o_1\cdots o_m)$；

步骤 3（量化存在量词的变量）：$(\exists x_1\cdots \exists x_n)TC(x_1\cdots x_n, o_1\cdots o_m)$。

拉姆齐语句是一种中立表达式，就如何理解心理理论术语来说，拉姆齐语句既预设了因果角色功能论，又预设了计算功能论，但这两种观点有一些形而

---

[1] 贾向桐.科学实在论的指称问题与拉姆齐语句的解答.科学技术哲学研究，2011,（2）: 71-75.
[2] 彭孟尧.心与认知哲学.台北：三民书局，2011：118.

上学方面的差异。接下来我们将分别介绍不同类型功能论的主要观点，重点介绍因果角色功能论与计算功能论。

三、因果角色功能论

哲学家认为，"心"这个介于环境刺激和行为反应之间的黑盒子，需要用功能作用或因果角色来理解。各种不同的环境刺激、行为反应以及心理状态交织成了一个因果的网络，每个心理状态都跟环境刺激、行为和其他的心理状态之间具有因果关系（图6-1），例如"痛"虽然不等同于某组行为，但"痛"指的是跟某组行为以及其他心理状态有因果关系的一种心理状态。因此，这一派学说又被称为"因果角色功能论"（causal role functionalism）[①]。

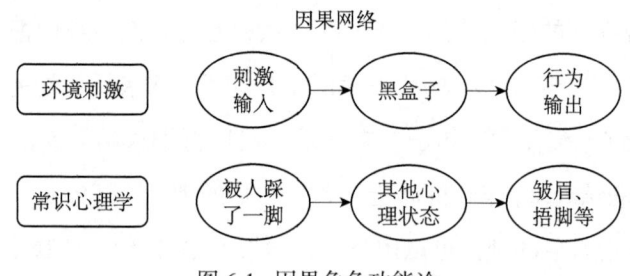

图6-1　因果角色功能论

阿姆斯特朗在《心灵的因果理论》（*The Causal Theory of the Mind*）中提出了一种"因果角色功能论"的观点。他认为，一组心理状态是作为引起某种结果的原因状态，或者作为某种原因的结果状态。在因果角色功能论中，需要考虑的相关因素有外在刺激、内在心理状态、行为反应等之间的因果关系，以及各种内在心理状态之间的因果关联。

严格说来，每类心理状态并不等同于某类因果角色，而是等同于扮演那类因果角色的事物，而且不同类型的事物有可能扮演相同的因果角色，例如"痛"是同一组因果角色所定义的，痛通常发生在大脑之中，不同的因果作用可以由不同的大脑状态来实现。对于人类来说，如果某类大脑神经状态起到了这种因

[①]　彭孟尧. 人心难测：心与认知的哲学问题. 北京：生活·读书·新知三联书店，2006：87.

果作用,那么痛就等于人类的那一类脑神经状态。现在我们来设想一架机器人,这个机器人跟人类一样有痛觉,即使机器人大脑的材质与人脑的结构不同也没有关系,因为痛觉是由相同的因果作用来定义的,机器人的痛等同于它的那种脑神经状态,而人类的痛等同于人类的某种脑神经状态。举例来说,每一部电影都会有剧本,剧本描写了电影中每个人物要完成的动作、对话等场景,至于每个人物或角色是由谁来扮演则不是剧本需要关注的事。如电影《英雄本色》中的"小马哥"这一角色,可以由周润发来扮演,也可以由刘德华或梁家辉来扮演。因此,我们可以说,剧本的台词决定了剧中人物的行为,演员则负责在电影中将这些行为表演出来。如果剧本修改了,有可能是增加了新的角色,也有可能是取消了某些角色,等等。这里,剧本的"角色"和角色扮演者对应构成大脑的物质与产生痛时大脑的某种状态。

因果角色功能论也有类似的区分:痛觉由一组因果角色来定义,扮演痛觉的这个角色通常指人的大脑状态,不同的因果角色是由不同的大脑状态来扮演的。假设"痛"是由 p 这个因果角色定义的,对人类来说就是某类大脑神经状态扮演了 p 这个因果角色,痛等于人类的那种脑神经状态。现在我们试着作一下类比,在一个剧本中,相同的角色可以由不同的人来扮演,因此相同的 p 这个因果角色,也可以由不同的神经状态来扮演。这个类比让我们在理论上可以承认,如果有外星人存在,并且外星人跟人类一样有痛觉,那么即使外星人大脑构成材质以及大脑的结构跟人脑的材质与结构不同也没有关系,因为"痛觉是由相同的因果角色来定义的,外星人的痛等同于它的那类脑神经状态,地球人的痛等同于地球人的某种脑神经状态,大脑结构可以不一样,但痛可以是一样的,因为脑神经状态的对应关系是一样的"[①]。

在认知哲学领域,刘易斯接受的是常识心理学,因此他是从常识心理学的心理语词来建构拉姆齐语句关系的。假设有某种外星人,其大脑材质、构造与运作的物理原理都跟地球人不同。但根据因果角色功能论,如果用"痛"的拉姆齐语句可以描述外星人的痛,则他们是有痛觉的。由于"痛"的拉姆齐语句

---

① 彭孟尧.人心难测:心与认知的哲学问题.北京:生活·读书·新知三联书店,2006:88.

同样适用于地球人，因此外星人和地球人的痛觉没有什么不同，尽管他们的大脑材质和结构与人类大脑的截然不同。从原则上讲，假设有（非物理的）吸血鬼存在，而且这种吸血鬼也满足"痛"的拉姆齐语句，即使这种吸血鬼没有大脑神经系统，他们也会具有痛觉的。因此，严格来说，这一学派仅仅是与物理论相容的一种哲学立场而已，但并不属于物理论学说。

因果角色功能论看似与心脑同一论相同，但这只是表象而已。心脑同一论并不从因果结构来考虑心理状态，但因果角色功能论却必定要考虑外在刺激、内在状态和行为反应之间的因果关联，以及各个内在状态彼此之间的因果关联。

但问题是如何能够找出机器人与人类相同的大脑因果作用呢？这就要用到常识心理学。一般来说，如果我们被他人踩了一脚时会感到很痛，这种痛会引起一系列的外在反应，如面部扭曲、皱眉、大喊"哎哟"，甚至心里还会想这个人怎么会这么不小心等。所谓"痛"就是由这些环境刺激、行为反应和其他心理状态之间的因果网络所定义的，而且定义"痛"的因果作用是由人类的大脑状态来实现的。因此因果网络涉及的包括环境刺激、心理状态及行为反应，等等。比起逻辑行为主义、心脑同一论以及取消唯物论，因果角色功能论对于心灵的说明似乎更有说服力。

因果功能论还有一个优势，它既消解了心脑同一论的困境，同时还承认大脑神经系统的重要性。因为同样的因果角色可以由不同的大脑结构来实现，甚至对于机器人或者外星人来说，即使他们的大脑结构跟人类不同，例如机器人的大脑可能是由金属材料或者硅基制成的，但只要这样的机器人或外星人大脑能够起到相同的因果作用就可以了，那么机器人和外星人也都有心灵，也会跟人类一样会思考。

尽管如此，我们对这个理论也是存疑的。我们真的可以承认机器人或外星人跟人类一样有心灵吗？因果功能论所依据的是常识心理学，即我们一般都认为当我们被其他人踩了一脚的时候，会有一系列的身体反应。但是我们凭什么假定机器人被其他人踩了以后也会出现相似的反应呢？我们人类的常识心理学能同时适用于机器人、外星人甚至是动物吗？即使承认机器人、外星人甚至动物有心灵，但是它们的痛感跟我们的痛感是一样吗？它们的心理状态会跟我们一样吗？有没有可能它们的心理状态正好跟人类的心理状态是相反的呢？

同样，在人类中有一些人被视为"疯子"，不论他们是因为什么原因发疯的，但他们的行为总是异于我们正常人，他们的思考方式也不同于常人，因而常识心理学对于他们来说也是无效的。"因为我们无法从常识心理学来预测他们的行为，也无法解释他们行为的原因。但是他们确实也是有心灵的，他们也有七情六欲等。在经历了行为主义和心脑同一论后，好不容易因果角色功能论给我们带来了一线希望，但机器人的痛与'疯子'的假设又把我们拉回到了现实世界之中。"①

四、计算功能论

随着科技的发展，尤其是脑神经科学与人工智能的发展，人们自然而然地会思考人的心灵是不是就像计算机程序一样，而人的大脑就像执行某种程序的计算机硬件。其实早在20世纪60年代，普特南就主张，图灵机的概念框架提供了理解人类心灵系统的一个很好的解释，在心灵和"机器"或计算机之间具有某种理论类似性，人的心灵系统其实就是一个图灵机。②普特南的这种观点现在被称为机器状态功能论（machine-state functionalism），或者称为计算功能论。计算功能论采取计算机模拟来理解人类心灵的本质，成为当代认知哲学的主要理论，这种哲学立场为人工智能的发展提供了完整的概念框架和理论基础。

计算机科学通过诸如电脑之类的事物来关注信息的自动处理，或关注物理符号系统的信息分配。计算机程序员就可以通过开发某种程序来支配计算机执行一些任务，这些任务可能需要拥有心灵的有机体才能完成。一个简单的例子是加法运算，但很明显，电脑不能用心灵来进行加法运算。那么是否有一天它们能拥有我们称之为心灵的事物呢？这些问题一直推动着人工智能（AI）研究领域的持续发展，也推动着对许多哲学前沿问题讨论的不断深化。

---

① 彭孟尧. 人心难测：心与认知的哲学问题. 北京：生活·读书·新知三联书店，2006：92.
② Putnam H. Mind, Language and Reality. Cambridge：Cambridge University Press, 1975a：362.

在计算功能论中,"计算"和"表征"是理解心灵系统的两大基本概念。在本体论的向度上,计算功能论主张人的心灵系统就是一个通用图灵计算机,因此我们也可以说心灵系统是一个计算系统。人的每一种心理状态等同于计算机的计算状态,每个心理状态都涉及输入刺激、输出反应,以及与其他心理状态的关联。此外,认知机制和过程就是计算机的计算过程,以心理表征作为操作的对象。因此,我们也可以说心灵系统是一套表征系统(或者符号系统),只不过其操作的过程是纯粹句法的,毫不涉及表征的语义性质。人的各种认知机制,如记忆、思考、推论、语言理解等都可以类比计算机来理解为一种计算过程。每一个认知机制都有其特定的输入和输出,例如以心理状态或信念作为输入,而整个心灵系统的最后输出是行为反应,包括声音、脸部表情、各种肢体动作等。因此,计算功能论又称为"计算心理学派"。

心灵的计算理论涉及一些关键的概念,这些概念不仅与哲学相关,而且与人们的一般认知相关,如图灵计算机、丘奇兰德论题、多重可实现性及递归分解等,这些概念都与算法有关,在认知哲学和相关学科中非常具有影响力。

(一)算法

算法是通过一系列精确的计算步骤来解决问题的一种方法。算法的步骤在数量上是有限的。如果步骤正确,那么就能保证得出正确的解。因此,算法也被称为"有效的程序"。如果你遵循正确的步骤,那么你肯定会得到正确的解。

20世纪60年代,人们热议有无可能造出一台会思考、具备心灵能力的机器。在1996年和1997年,俄罗斯国际象棋世界冠军加里·卡斯帕罗夫(Garry Kasparov)与IBM公司的计算机"深蓝"进行了著名的国际象棋人机对抗赛。他们先后两次交锋,最后战成1∶1平局。"深蓝"近日再次刷新了计算机计算速度的世界纪录,计算速度达到每秒280.6兆次,而此前"深蓝"创造的最高纪录为每秒136.8兆次,前后约相差一倍。

目前,中国科学家首次实现了量子机器的学习算法,这是量子计算应用于大数据分析和人工智能领域的开创性实验工作。机器学习是人工智能的关键核心,通过使机器模拟人类的"学习"行为,智能化地从其过去的经历中"自觉"获得经验,从而改善其整体性能,重组内在的知识结构,并对未知事件进行更精准的"推断"。这里机器的"学习""自觉"与"推断"的过程就是其"自我思考"的过程,而这种"自我思考"是否可以被认定为是一种意识呢?如果可以被认为是一种意识的过程,那么是否可以进一步认为这种"学习""自觉""推断"的过程就是这台机器的一种心灵反映呢?

因此,人们认为造出那种能思考、有心灵的机器人是可期待的事情,只不过是要等到人类科技的突破而已。所谓人工智能就是这种哲学立场下的产物,尽管近二十多年来哲学与认知科学的发展已经使得这个想法受到相当大的冲击与挑战,但是制造一种具备心灵能力机器人的想法始终盘旋在人们心中。

(二)图灵机

计算机理论源自英国逻辑学家和数学家阿兰·图灵(Alan Turing)[①]。1936年,他在《论可计算数在判定问题中的应用》(*On Computer Numbers with An Application to the Entscheidungs-problem*)一文中,以布尔代数为基础,将逻辑中的任意命题(可用数学符号表示)用一种通用的机器来表示和完成,并能按照一定的规则推导出结论。这篇论文被誉为现代计算机原理的开山之作,它描述了一种假想的可实现通用计算的机器,并用了一套数学模型作为其理论的支撑,后人称之为"图灵机"(Turing Machine)。图灵机并不是我们一般所说的那些有金属或塑料外壳、内部有各种零件的机器,而只是一种抽象的程序。我们平常所使用的电脑,甚至于自动售货机,其实都离不开图灵机的理论框架。

图灵机只使用两种符号进行计算,通常是用"0"和"1",但用其他符号也同样可以。图灵机最显著的特征是其简单性。图灵机有一个无限的磁带,可用于符号的编写,还有一个磁头来读取磁带上的符号。图灵机的磁头可以向左或向右移动,它可以消除0,打印出1,也可以抹去1,打印出0,它依照程序来

[①] 图灵(1912—1954):英国著名的逻辑学家、数学家、密码专家、哲学家、计算机科学家、数学生物学家及马拉松长跑运动员。他最具影响力的贡献在于,他为计算机科学的发展提供了一个形式化的图灵机——"算法"与"计算"概念,这被认为是通用计算机模型。图灵是公认的"理论计算机科学与人工智能之父"。

组成一系列规则。

图灵的基本思想是用机器来模拟人们用纸笔进行数学运算的过程，他把这样的过程简化为下列两种动作：在纸上写上或擦除某个符号、把注意力从纸的一个位置移动到另一个位置。为了模拟人的这种运算过程，图灵构造出了一台假想的机器，该机器由以下几个部分组成：

（1）一条无限长的磁带。磁带被划分为一个接一个的小格子，每个格子上包含一个来自有限字母表的符号，字母表中有一个特殊的符号表示空白。磁带上的格子从左到右依次被编号为 0，1，2，…，磁带的右端可以无限延伸。

（2）一个读写头。该读写头可以在磁带上左右移动，它能读出当前所指的格子上的符号，并能改变当前格子上的符号。

（3）一套控制规则。它根据当前机器所处的状态以及当前读写头所指的格子上的符号，来确定读写头下一步的动作，并改变状态存储器的值，令机器进入一个新的状态。

（4）一个状态寄存器。它用来保存图灵机当前所处的状态。图灵机所有可能的状态数目是有限的，并且有一个特殊的状态，称为停机状态。

（5）这个机器的每一部分都是有限的，但它有一个潜在的无限长的磁带，因此这种机器只是一个理论上的理想设备。

图灵认为这样的一台机器就能模拟人类进行任何计算过程。

图灵机是一种理论计算机。在非专业术语中，可以设想一个图灵机是无限的，它有一个无限长的磁带，磁带被分成矩形（内存）来存储数据；有一个盒子形状的扫描装置，来扫描内存里的每一个组成部分。每个单元是空白（B）或在上面写 1，这是机器的输入。可能的输出是：

停止：什么都不做。

R：向右移动一格。

L：向左移动一格。

B：消去方格中的一切内容。

1：消去方格中的一切内容，并打印 1。

图灵机的一个非常简单的例子是在扫描三个空白的方格后写出"555",然后停止。操作程序如表 6-1:

表 6-1 图灵机运作过程

操作	状态一	状态二	状态三
空白状态 B	打印"5" 然后停留在状态一	打印"5" 然后停留在状态二	打印"5" 然后停留在状态三
读写状态 5	直接往前 到达状态二	直接往前 到达状态三	停机

从上表中可以看出,如果机器在状态一,并扫描一个空格(B),它将打印 5 和保持在状态一;如果是在状态一并且读取了一个 5,那么它还将向右移一格,进入状态二。如果是在状态二并且读取了一个 B,那么它将打印 5 并且保持在状态二;如果是在状态二并且读取了一个 5,那么它还将向右移一格,进入状态三。如果是在状态三并且读取了一个 B,那么它将打印 5 并保持在状态三;最后,如果是在状态三并且读取了一个 5,那么它将保持在状态三。

关键是要考虑图灵机的本质状态。每个状态可以根据与其他状态的关系来专门定义,输入和输出的关系也一样。例如,状态一仅仅是机器的一种状态,如果机器读取一个 B,则写下了 5,然后保持在状态一;如果它读取一个 5,那么向右移动一格,并且进入一个新的不同状态之中。这些状态都是由功能定义的,它们在整个系统中完全是由因果所作用的。根据计算功能论,心理状态本质上就像上面所描述的自动机的状态。正如状态一只是给定一个输入 B……同样,处于痛苦之中的状态就是处理"哭"、大喊"哎哟"、捂脚、皱眉等。因此,实现这种功能的细节与实现的方式无关,也与构成的材料无关。

图灵指出,只要有这样的有限种类行为组合的机器,就能够计算任何可计算的过程,实际上,他证明了存在着一种"通用"计算机,即所谓"通用图灵机"(Universal Turing Machine, UTM),它能够模拟任何一台实际计算机的行为。但是,"通用图灵机对生物系统的描述是高度理想化的。"[①] 布洛克曾经举了一个

[①] 泽农·W·派利夏恩.计算与认知:认知科学的基础.任晓明,王左立,译.北京:中国人民大学出版社.2007:5.

自动售货机的例子来说明计算机。试考虑一台自动售货机,它只接受 1 元硬币和 5 元纸币,且只卖 2 元的饮料,其计算表如表 6-2:

表 6-2　自动售货机运作过程

操作	状态一	状态二	状态三
放入 2 元	读到 2 元 不做动作进入状态二	放出一瓶饮料 并进入状态三	停止
放入 5 元	读到 5 元 进入状态二	找零 3 元 并进入状态三	放出一瓶饮料

这台自动售货机用一些简单的技术和材料就可以做出来。不论机器构造复杂与否,其工作原理是一样的,它只涉及如何完成任务,与构成其功能部件的材料完全不相干。

对于任意一个图灵机,因为它的描述是有限的,因此我们总可以用某种方式将其编码为字符串。我们可以构造出一台特殊的图灵机,它接受任意一个图灵机 M 的编码,然后模拟 M 的运作,这样的图灵机称为通用图灵机。现代电子计算机其实就是这样模拟的一种通用图灵机,它能接受一段描述其他图灵机的程序,并运行程序实现该程序所描述的算法。但要注意,一般而言图灵机不是一台机器,你也不能去商店购买一台图灵机,它只是一个抽象的数学概念。例如,图灵机有无限的磁带,因此有无限的存储容量,但没有任何真正的机器能做到有无限的磁带和容量。真正的机器进水会发生短路等各种缺陷。图灵机完全没有这些缺陷,因为图灵机完全是抽象的数学概念。虽然图灵机概念只是一些形式化和抽象的概念,但它的实际用途与你在电脑商城买的电脑是一样的。现代电子工业已经非常复杂化,现代计算机可以以每秒数百万次的速度运算这些符号。

(三)邱奇 - 图灵论题

该论题最初由阿隆佐·邱奇(Alonzo Church)[①]提出,后由图灵独立完成,

[①] 阿隆佐·邱奇(1903—1995):美国数学家及逻辑学家。他为数理逻辑及理论计算机科学的基础做出了重大贡献。他最著名的成就在微积分、邱奇 - 图灵论题、不可判定性问题等方面。

因此被称为邱奇－图灵论题（the Church-Turing thesis）。邱奇－图灵论题指出，一切合理的计算模型都是图灵机，任何算法问题都可以用图灵机来解决。或者说任何算法相同的事情都可以用图灵机进行计算。机器仅使用二进制符号 0 和 1 就足以运算任何算法。这一论题如此重要是因为在数学术语中，任何可计算的数学问题都可以通过图灵机来运算，任何可计算的函数都是图灵机可计算的。

图灵机可以以不同的种类、类型或状态存在。例如加法计算器、圆周率计算机、PC 中运行的 Java 虚拟机等都是某种类型的图灵机。甚至汽车上用来检测速度、燃料消耗等的仪表盘等都是特殊的计算机。当然，这些程序都具有特殊的功能。而图灵机则是一台通用计算机，它可以计算任何程序。图灵还发现了一个重要的数学定理——图灵定理。图灵定理证明了通用图灵机可以模拟任何其他图灵机的行为，或者说图灵证明了通用图灵机的存在，它可以执行任何特定的程序。

有人据此提出了一个设想：假设人类大脑是一个通用的图灵机。如果这一设想可行，我们似乎就能解决困扰众人已久的身心关系的哲学问题。我们可以通过研究心灵，找出心灵的运作方式，从而断定大脑中的程序是如何实现的。这项研究如此引人关注，是由于我们实际上并不需要知道物理系统中的大脑是如何运作的，大脑与心灵是不相关的，而只要其他物理系统足够稳定、容量大并且都能运行程序。根据这种观点，大脑的神经生物学运作与心灵毫无关系。我们只是进化中偶然出现的，任何足够复杂的硬件系统都可以完成我们在自己头脑中完成的事情。为了取得关于心灵的科学解释，我们只需使用图灵机进行认知活动。

（四）图灵测试

根据上面的分析，似乎我们需要一个测试来验证电脑是否具备与人类相似的思考能力，或者说机器能否产生真正智能的行为。这个测试也是由图灵提出的，被称为"图灵测试"。图灵测试有不同的版本，但基本的想法是：测试人与被测试者（一个人和一台机器）在隔开的情况下，由测试人通过一些装置（如键盘）向被测试者随意提问，问过一些问题后如果被测试者超过 30% 的答复不能使测试人认出哪个是人的回答,哪个是机器的回答,那么这台机器就通过了测试,并被认为具有人类智能。例如这有两间房间,机器人和张三分别在其中的一个房间里进行测试,测试官或专家会随机提一些问题:"你会下国际象棋吗""今天天气如何"等。甚至当测试官递进去"花",回应是"红"……如果输出的答案完全不能区分出哪个是机器的回答,哪个是人的回答,那么测试通过。图灵测试表达的是一类行为主义,通过对行为测试表明了心理状态的存在。

然而,计算机仅是以符号的物理性质来进行的操作,并不涉及符号本身代表的意义。不论符号本身是否有意义,这在计算机进行操做时都不会列入考虑范围。计算机的操作只是依据指令、针对读到的输入来做出反应而已。简单地说,计算机是一种纯粹的句法操作系统,其操作不涉及符号的语义性质。

(五)强人工智能

20世纪,认知哲学有了崭新的发展——计算功能论出现了。计算功能论的出现似乎不仅是一个崭新的发展,而且还似乎解决了一个困扰哲学家2000多年的问题。计算功能论整合了许多学科,如哲学、认知心理学、语言学、计算机科学及人工智能等。目前面临的问题是,大脑是一台数字计算机吗?亦即我们称为"心灵"的事物是计算机的程序,人的大脑就是执行程序的硬件吗?从认知哲学史的发展来看,这种观点取得了巨大的突破。心理状态是大脑的计算状态,心灵之于大脑就如程序之于硬件,因此这一观点被称为"计算功能论"。我们经常把这一观点也称为"强人工智能",以区别于弱人工智能的观点。弱人工智能的主要目的在于通过计算机模拟来研究心灵,而不是去创造一个心灵。从强人工智能的观点来看,程序化的数字计算机不仅可以用于模拟心灵,而且还可以拥有一颗真实的心灵。

"强人工智能"理论认为,人脑整个系统的工作方式就是一个数字化计算机,而被我们称作"心灵"的东西则是一个数字化的计算机程序,心理状态就是脑的计算状态,心灵之于大脑就如软件之于硬件。随着心灵计算机模型的出现,笛卡儿的困惑似乎找到了实验室的解决方案。因为虽然身心关系很神秘,但是计算机软件和硬件之间的关系却并不神秘。

（六）多重可实现性

关于功能论解释的一个重要方面是多重可实现性。根据标准的功能论，心理状态是相应的功能角色，人们不用考虑底层的物理介质（如大脑、神经元等），只需考虑认知系统更高层次的功能，就可以充分解释各种心理状态。因为心理状态并不局限于用一个特定的媒介来实现，从理论上讲，它们可以以多种方式来实现，包括非生物系统中的事物，如通过电脑来实现心理状态。换句话说，一个硅基做的机器人，只要其认知系统能实现适当的功能角色，原则上就可以拥有与人一样的心理活动。因此，个体化的心理状态被想象为一个阀门，阀门可以是塑料、金属或其他什么材料制成的，只要它实现了适当的功能就可以。

不同层次的描述概念已经隐性地包含了对于心灵计算理论来说至关重要的概念，即多重可实现性的概念，关键的功能在于作为命令程序的高层次功能可以在不同的物理系统中来实现。相同的高层次功能可以通过不同的低层次硬件来可实现，多重可实现性似乎是个例同一理论的自然特征。在低层次中，不同类型的不同个例可能由一些常见的不同形式的高层次心理功能来实现，就如同相同的计算机程序可由不同种类的硬件来执行一样，这就是多重可实现性。同样，相同的心理状态也可以在不同的硬件上来实现，因此也是多重可实现的。

计算功能论自然会主张心灵系统具有多重可实现性。普特南曾经甚至指出，计算功能论并没有要求用以执行计算的必须是物理事物，如果存在有非物理的事物，同样也是可以用以执行计算。当代计算功能论者跟刘易斯的因果角色功能论一样，倾向于唯物论立场，主张心灵系统是由物理事物具体实现的，因此心灵系统有时也被称为物理符号系统。

计算机的运作并不要求必须使用我们现在常见的各种金属材料、机械装置等。在原则上，任何外在材质构成相同的物理运作，都可以是相同的图灵机。因此，计算机具有这种"多重可实现性"。基于多重可实现性，除了脑之外的其他物理事物也允许用于实现心灵系统。这一主张为人工智能的建立奠定了理论基础。假设未来人工智能的研究有了具体成果之后，如果要制造一台会思考的机器人，我们不一定要给它一个跟人脑相同材质的大脑，我们可以用一堆硅芯片、金属、橡胶等，或者量子元件、生物元件等，或使用未来世界的其他材料来设法建造出能执行心灵程序的硬件。如果是这样，对人脑进行研究就更看不出对理解心灵的运作能有什么帮助了。

借用计算机术语，计算机就是所谓的软件，使用某些材质打造出来的实际事物就是硬件。这种"软件－硬件"两个层次的区分是大家非常熟悉的。不过严格地来说，计算机的理论分析有三个层次：最底一层是用以执行计算的事物，称为具体实现层次；中间一层是计算机本身符号操作的句法系统，称为计算层次；最上一层称为理论层，是具体说明计算机在做什么事。下图显示了计算机不同的层次，以及在低层次与高层次中的多重可实现性之间的区别。AB 所代表的系统可以由不同的低层次系统来实现，比如可以由低层次的 BC、BD、BE、BF、BG 来实现（图 6-2）。①

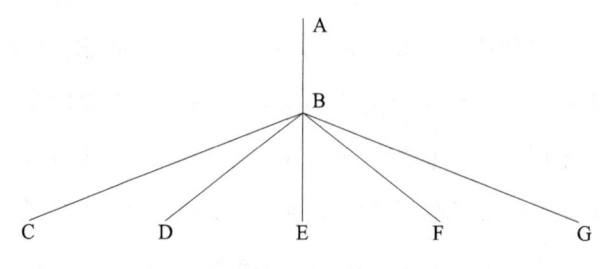

图 6-2　计算机的多重可实现性

然而，也有一些派别的功能论结合了心脑同一论，他们否认存在多重可实现性，统称为"功能规范理论"②（functional specification theories）。这一观点得到了刘易斯和阿姆斯特朗的支持。根据功能规范理论，心理状态是特定功能角色的实现者，其本身不是功能角色。如信念的心理状态，仅仅是实现了适当功

---

① 约翰·塞尔. 心灵导论. 徐英瑾，译. 上海：上海人民出版社. 2008：62.
② Lewis D. Mad pain and martian pain // Readings in Philosophy of Psychology. Cambridge：The MIT Press，1980：216-222.

能的大脑或神经过程。因此，与标准功能论（通常称为功能状态同一论）不同，功能规范理论不允许心理状态有多重可实现性，因为心理状态是由大脑状态来实现的，而且这一观点也是非常重要的。功能规范理论通常来源于这一观点，如果我们遇到一个外星人，他的认知系统明显不同于人类的认知系统，但他会产生与人类心理状态相同的功能（正如张三被人踩了一脚会喊"痛"一样，外星人被踩了一脚时，也会喊"痛"），那么我们会说他们的心理状态可能类似于我们的心理状态。但是二者之间的差异太大，很难说它们是相同的。对一些人来说，这可能被当作功能规范理论的不足之处。事实上，普特南认为功能论的论证依赖于直觉，这种外星生物会拥有与人相同的心理状态，并且"标准功能论的多重可实现性使它成为一种更好的心理理论"[1]。

（七）递归分解

另一个观点是递归分解（recursive decomposition），即可以把一个复杂的问题分解成若干简单的小问题。也就是说我们可以把一个复杂的问题一直分解，直至达到最简单的层次。根据图灵机的观点，任何复杂问题都可以分解成简单的 0 和 1。例如用图灵机做乘法运算 58×67，这似乎是一个相对复杂的乘法运算，我们输入 1，抹去 0，然后向左或向右移动一格。因此，复杂的任务可以分解成许多简单的子任务，通过重复递归相同的程序，直到剩下的只是简单的二进制操作。事实上，有人根据神经元的发射与否，认为大脑就像数字计算机一样，是一个二进制系统。因此，对于理解人类智慧，递归分解的想法似乎给了我们一个重要的线索。复杂的人工智能可以递归分解为简单的任务，这就是人类的聪明之处。

目前，已经介绍了一些 20 世纪最后几十年在认知哲学中最具影响力的理论。在所有的通用图灵机中，大脑是一台数字计算机，它通过执行程序来完成算法，因此我们称心灵为一个程序或一组程序。要理解人类的认知能力实际上只需要

---

[1] Putnam H. Psychological predicates// Capitan W H, Merrill D D (eds). Art, Mind, and Religion. Cambridge: Cambridge University Press, 1967: 37-48.

发现这些程序即当人们激活感知、记忆等认知能力时正是大脑中运行的某种程序。为了理解人类的认知情况，我们并不需要了解大脑内部是如何运作的，因为心理的描述层次只是一个程序。实际上，比起神经元结构，描述层次是一个更高的层次，我们并不是被迫地面对类型同一理论。相反，心理状态处于不同类型的物理结构中，它只是"恰巧"在大脑发生的，但它同样可以被无限容量的计算机硬件来实现。任何类似于人类心灵运行的过程，只需要足够稳定的硬件和足够大的容量来运行程序就能实现。因为我们是图灵机，我们能够通过把复杂的操作还原为最简单的操作来理解认知现象，如同把复杂的操作还原为0和1。此外，图灵测试还告诉我们，我们实际上有被复制的人类认知行为。图灵测试给了我们一个结论性的证据，即机器存在着认知能力。为了确认我们是否已经发明了一种智能机器，我们只需要应用图灵测试就行。

通过设计的通用机器，我们试图找到能在大脑中执行的程序来完成图灵测试。我们在电脑中运行测试程序的同时，心理学家在人类身上也进行相同的实验，来观察人类是否遵循相同的程序。有许多证据表明，人类使用算法的过程就如计算机执行算法的程序的过程一样。在早期的认知科学中，这正是心灵计算理论的吸引力所在。

五、其他功能论立场

（一）心理分析功能论

心理分析功能论（psychofunctionalism）是派立新（Z. Pylyshyn）所提倡的观点。这一观点反对心理学中的行为理论，而想用实证的认知心灵模型来取代行为主义。心灵分析功能论的基本思想是，心理学不能还原为复杂科学的，在我们最好的心理学理论中用来描述心灵实体和属性的术语，不能简单地根据行为倾向来重新定义。心理分析功能论把心理学看成是一种生物科学，这种科学使用了不可还原目的论来解释或使用了有目的的解释。例如，从功能上来看，心脏的功能或作用是泵血，肾脏的功能是过滤并维护某些化学平衡等，这正是科学解释和分类的目的。所有机制可能都有无限多种物理实现方式，但更重要的是它们在整个生物理论中所起的作用。与此类似，心理状态的作用，如信念和欲望等，是通过科学心理学所分配的功能或因果角色来解释的。一方面，如果在认知心理的解释中民间心理学所假设的一些心理状态（如歇斯底里）根本没有任何作用，那么这种特定心理状态可以认为是不存在的。另一方面，如果事实证明认知心理学中有一些状态对于解释人类行为是必要的，即便不是一般民间心理学语言所涵盖的范围，那这些心理实体或状态也是存在的。

（二）分析功能论

分析功能论（analytic functionalism）又称为概念功能论（conceptual functionalism），关注一般理论术语的意义。这种观点与刘易斯密切相关。分析功能论的基本观点是，理论术语是由理论隐性定义的，它们出现的形式不是由其内在属性组成的。一些普通心理术语如"信仰""欲望"或"饥饿"，这些术语从我们常识性"民间心理学"的理论中获得意义，但这些概念并不足以承受由物质理论的现实性和因果性所强调的精确性。这样的术语属于概念分析，并采取类似于下面的形式：心理状态 M 是由物理状态 P 所因果地引起和设想的状态。

例如，痛苦的状态是由于被人踩了一脚后大喊、皱眉等因果关系引起的，并且不高兴和怨恨的高阶心理状态会指向那个踩人的人。这种根据因果角色所定义的功能论，自称是关于亚心理状态及其描述的命题态度的分析和先验真理。因此，这一观点的支持者被称为分析或概念功能论者。分析功能论和心理分析功能论的本质区别是，在确定心理状态术语和概念为真时，后者会强调实验室观察和实验的重要性，即哪些功能可能被认为是真的或者是偶然地具后验特征的。另一方面，分析功能论主张，这样的特征是必要的并且不接受实证科学的研究。

（三）小矮人功能论

小矮人功能论（homuncular functionalism）是由丹尼特提出，威廉·林肯（William Lincoln）所倡导的观点。这一观点的出现主要是应对布洛克的"中国头"和塞尔的"中文房间思想实验"所提出的挑战（详见第七章）。在试图克服上述理论困难时，丹尼特主张把整个的中国人连接在一起，每个人的工作就如同一个单独的神经元一般，所有人连接起来产生心灵状态的整体功能。许多功能论者认为，这种"中国头"确实能产生所有心灵的感受性和意向属性，即它将成为一种有命题态度和其他心理特征的系统性或集合性的心灵。这一观点蕴含着某种心灵－心灵随附性，即在某种程度上，系统中高层次的心灵，必须会随附于"中国头"中每个个体成员的单个心灵之中。如果我们标记一组发生在更高层次 M_1 的心理事实，和一组发生在更低层次 M_2 的心理事实，鉴于随附性的传递性，如果 M_1 确实随附于 M_2，并且 M_2 随附于 P（物理基底），那么 M_1 和 M_2 确实都随附于 P（物理基底），即使它们是完全不同的心理事实。

在功能论中，似乎心灵－心灵的随附性已经成为可接受的，并且提供了解决一些难题的方法。假设在心灵中存在一个整体的分层系统（类似于有多个小矮人），根据功能组织与物理成分，心灵会变得越来越简单，物理成分向下直分到物理机制的神经元或一组神经元。根据这种观点，在每个层次上都有小矮人，小矮人都有真正的心理属性，但是越往下的层次结构中小矮人变得越简单，并且具有越少的智能。

（四）思维语言假设

福多为计算心理学派补充了一套理论：心灵的表征理论，即将心灵系统视为一套心理表征系统。该学说另外一个同样为学界所熟知的名称是"思维语言假设"（language of thought，LOT）。早在 1975 年福多就写了一本书提倡这套学说，并不断地在后续的多篇论文与专著中为这套学说辩护，其观点对于认知哲学的发展影响巨大。

"思维语言假设"主张：心灵系统是由一套语言式的表征构成的系统，称为思维语言（或者心理语言）。这套语言是先天的，不是后天的，也不是我们日常使用的中文、英文、德文等自然语言。福多的"思维语言假设"是将心灵系统视为一套心理表征系统：心理表征是先天的，亦即不是透过知觉的过程而习得的；心理表征是语言式的，具有生产性、系统性、语义组构性三种语义上的特征；因此，心理表征也有基本的概念式表征（模拟于语言的字词），也有命题式表征（模拟于语言的语句），而且心理表征是心理机制的操作对象，这是福多有名的表征原子论[①]。他的思维语言假设搭配计算心理学派，构成了一套完整的关于心的学说，在文献里也称为古典论。

简言之，"思维语言假设"包含的主要内容有：第一，心理表征是思维语言中的符号，它具有句法结构和意义，其功能是标定某种意向状态。第二，意向状态基于内容而存在，意向状态如果有了内容就可称为"信念"。比方说"将要下雨"即为一个信念，信念对象则为内容，而内容将由思维语言来进行表达。第三，特定的意向状态还取决于心理表征之间的特定计算关系。"比方说，对刚才提到的命题'将要下雨'，我们能够持相异的信念倾向，能接受、质疑、渴望、害怕，等等，这些态度实际上表达了不同的信念在特定计算关系中的输入、输出之间的不同关系。"[②]

依据福多的思维语言假设，有内容的心理状态以命题形式表征为对象，如"张三相信小红在看书"。依据福多的理论，①张三处于相信的这种心理状态，不是处于希望或者怀疑或者担心等其他的心理状态中；②这种心理状态以"小红在看书"这个心理表征作为对象；③这个心理表征的内容，或者说它表达的是"小红在看书"这个命题；④张三这个信念搭配他的其他心理状态会导致他做出某些行为，例如他想找小红借书看，于是他去学校找小红了。简单来说，在福多的思维语言假设里，心理状态或意向状态符合：上述命题①具有功能上的可区分性，上述命题②是以心理表征为对象的，上述命题③可进行语义评估，上述命题④是有因果力的。

福多是如何为思维语言假设辩护的呢？他的论证诉诸语言所具有的一些特征，包括生产性、系统性以及最重要的语义组构性，而这三个特征都跟语言的意义有关。所谓语言具有生产性，是指从已有的词汇或者语句可以创造出全新

[①] Fodor J A. Psychosemantics. Cambridge：The MIT Press，1987：70.
[②] 奚家文.论心理的具身性功能模块观.上海：华东师范大学博士学位论文，2014：16.

的词汇或语句。例如下列语句可能是第一次被写出来的有意义的语句：张三在火星上漫步。所谓语言具有系统性，是指如果"Red"一词是有意义的，那么"Der"也是有意义的。如果"张三是李四的朋友"是有意义的语句，那么"李四是张三的朋友"也是有意义的语句。所谓语义组构性，是指复杂符号的意义是由组成符号的意义及其语法结构共同决定的。例如，"红玫瑰"的意义是由"红"的意义和"玫瑰"的意义共同决定的，也就是以"形容词＋名词"的句法形式共同决定的。①

语言具有这三种特征是由于语言具有结构，它最小的语义单位（字词）就是它的基本组成元素。这些既有的组成元素可以依据语法规则进行适当的组合，因而原则上既可以造出无限多的有意义的新句子（具有生产性），也可以从有意义的"Der"造出有意义的"Edr"（具有系统性）。至于复杂词汇或语句的意义当然更是由其组成元素的意义以及句法结构共同决定的（具有语义组构性）。

我们的语言能力同样具有这三种语义的特征。观察小孩子的语言学习可以发现，有时候小孩子会说出一些他们之前不曾看过也不曾听过的句子，但这些新语句使用到的词汇却是他们先前已经学到的（生产性）；如果我们听得懂有意义的"Der"，则我们同样听得懂有意义的"Edr"（系统性）；我们之所以听得懂"玫瑰花是红色的"这个语句，是由于我们听得懂"红"的意义和"玫瑰"的意义，而且我们也了解这句话的句法结构。

福多观察到语言和语言能力具有这三种语义的特征，并由此来为他的"思维语言假设"进行辩护。以语言为例，他的论证如下：语言具有语义组构性，语言表达思维。如果我们假设思维具有语义组构性，则这个假设是最能解释语言之具有语义组构性的。因此，"思维语言假设"是理解心灵系统的最好假设。

六、功能论的一些困难

尽管功能论已经成为当代心与认知哲学以及认知科学的主流，但它仍然面

---

① Davidson D, Harman G. Semantics for Natural Languages. Synthese, 1970,（22）：1-2.

临许多困难需要克服。例如依据计算功能论，心灵系统是计算机系统。那么反过来是否成立呢？是否任何计算机系统也都是心灵系统呢？我们惯常使用的计算器、自动贩卖机、提款机等都是计算系统，虽然与人类的心灵系统相比，只不过是比较简单并且是人类制造出来的而已，我们是否也要承认这些系统同时也都是具有心灵的系统呢？假设太阳系的运行本身也可以依据计算机理论将它视为一个计算系统，我们是否也要将太阳系视为一个心灵系统？如果是这样，电脑桌也可以视为一个计算机，我们是否也要承认它是一个心灵系统，虽然它只不过是非常简单的心灵系统罢了？当然，计算功能论主张人类的心灵系统是一台通用图灵机，而电脑桌不是通用图灵机，因此不该承认它是一个心灵系统。然而我们似乎愿意承认某些高等动物是具有心灵的。这些高等动物也可以被看作是通用图灵机吗？或者说即使不是通用图灵机，它们仍然都是具有心灵的，而只是程度不同而已？这些都不是容易回答的问题，功能论在文献上还有一些比较知名的难题。

首先，功能论是循环论证的。功能论用信念来解释欲望，又用欲望来解释信念。我们为什么一定要把心理状态归因于人类呢？可能的回答是，由于人类具有这样或那样的信念与欲望，我们想要通过这些信念与欲望来解释人类的各种行为。功能论似乎是抓住了要害，但他们要面对的问题是大脑内部什么样的心理状态才能产生行为，及心理状态是如何不同于其他大脑状态的。要规避这些问题，功能论完全可以说这不是哲学家所要研究的内容，它属于心理学和精神生物学家研究的内容。我们仍然可以把大脑当成是一个"黑箱"，它根据刺激来产生行为，哲学家不需要担心"黑箱"的内部构造，这种观点有时也被称为"黑箱功能论"。"黑箱功能论"并不揭示这个"黑箱"内部是如何运作的。

其次，功能论似乎把心理实在域同化为人类的功能实体域。例如，手机是什么呢？床是什么呢？电脑是什么呢？通常我们是通过手机、床和电脑所具有的因果功能来描述手机、床和电脑。也就是说，手机、床和电脑都不是通过它们的物理结构来定义的。例如床可以是铁制成的、木头制成的、皮革制成的，等等，也就是说，不管床是由什么制成的，只要它实现了睡觉的功能就可以了。

手机和电脑也同样如此。类似的分析对于心理状态也同样适用。心理状态就类似于床、手机、电脑，心理状态不是由它的物理状态实现的，也不是由笛卡儿提出的心理实体来实现的，心理状态是通过它们之间的因果关系来定义的。而信念可能是任一实体导致的某种外部行为，这种实体代表了输入刺激或代表了其他心理状态的某种关系。

虽然很多认知哲学和人工智能的科学家都支持"计算功能论"立场，但是也有一些人反对这种立场。比如休伯特·德雷福斯（Huben Dreyfus）、塞尔和彭罗斯（R. Penrose）等都认为，人类的许多认知行为不能被简单地看作是遵循规则行事的，人类的心灵、大脑和计算机之间存在着本质的差别，大脑的功能也许可以说是一台计算机，但更深层的心灵活动特别是以意向性为核心的心灵活动绝不是计算机的算法可以穷尽的。按照语法规则定义的计算机程序，其本身不足以保证心的意向性和语义呈现出的丰富性，心的本质不是可以计算的。

到目前为止，"计算功能论"在认知哲学、认知科学和人工智能领域仍然是一种颇受争议的立场，有关的争议和讨论又促使认知哲学家和认知科学家继续探寻新的研究进路。

第七章 物理论及功能论的理论困境

陷入哲学困境就是这样一种情况：一个人在房间里想要出去，却又不知道怎么办。想从窗户跳出去，可是窗户太小；试着从烟囱爬出去，可是烟囱太高。然而只要一转过身来，他就会发现，房门一直是开着的！

——维特根斯坦

目前，心灵的计算观成了认知科学的一个基本假定，这个假定认为对心灵最恰当的理解是将其看作心灵的计算-表征结构，以及在这些结构上运行的计算程序，简称为理解心灵的计算-表征假定。基于这个假定，心灵的计算观成为迄今为止在理论上和实践上都最为成功的研究纲领，也是为大多数人工智能学者所拥护的纲领。但它的局限性也是非常明显的，心灵的计算观因此受到了严重的质疑。本章将介绍一些最常见的反物理论者和反功能论观点。这些反对观点一般来说都有着相同的逻辑结构，即认为物理论者和功能论者的解释中都遗漏了心灵的一些本质特征，比如意识或意向性。反对物理论者的论证有很多，如内格尔的"当蝙蝠是什么滋味"，克里普克（S. Kripke）的"严格指示词"，查尔默斯的"怪人论证"，杰克逊的"黑白玛丽"知识论证及塞尔的"中文房间思想实验"等。其中知识论证可以说是物理论和反物理论争论的一个焦点。现象概念策略在本体论上是物理论，它承认世界只有一种事实即物理事实，但是关于这种物理事实的知识却有两种：物理知识和现象知识。"构成物理知识的是物理概念；相应地，构成现象知识的就是现象概念。因此，在认识论上，现象概念策略是一种概念二元论。"①

一、当蝙蝠是什么滋味？

最早也是最著名的反对功能论的事例是哲学家内格尔1974年在《当蝙蝠是什么滋味》(*What is it like to be a bat*)②中提出的。他的"蝙蝠"假设在认知哲学界众所周知，通常被当成支持感受性存在的证据来引用，对科学如何研究人类心灵提出了重大的挑战，唤起了认知哲学家尤其是英美学界对于主观意识经验的重新关注。这篇论文实际上并没有提及"感受性"这个词，内格尔认为，意识在本质上有一种主观的特征，一种像什么样的特征。他指出，"有机体具有意识的心理状态，当且仅当这个事物像是那种有机体，那么这个事物就像那种有机体。"内格尔认为，心灵的主观方面不可能用客观的科学还原的方法来解释。"如果我们承认有一种心灵的物理理论可以解释经验的主观特征，那么我们也必须承认目前没有任何可行的物理理论来提供给我们线索，来说明这种解释如何实现。"②此外，存在有解释心灵的物理理论似乎也是不太可能的，这更多涉及的还是主客观问题。

内格尔以"蝙蝠论证"来说明，关于意识的问题只能通过第一人称的视角来把握，并对物理论能否成功解释主观经验提出了质疑。他认为，即使我们从第三人称的客观视角了解了所有关于蝙蝠的声呐系统等的物理信息，但我们仍然不知道，蝙蝠在探测到对象时的主观感受是什么。

1990年以来，随着脑造影技术的大幅进步，认知神经科学家得以间接观察大脑在不同心灵条件下的状态。结合如今心理学、哲学、生物学、计算科学、语言学等众多领域的研究成果，认知神经科学突飞猛进，科学家开始期望认知

---

① 柳海涛. 新二元论对意识问题的处理. 淮阴师范学院学报（哲学社会科学版），2012，(2)：164-169.
② Nagel T. What is it like to be a bat？Philosophical Review，1974，(4)：435-450.

神经科学能够解释"意识"这个我们既熟悉又难以捉摸的心灵现象。

蝙蝠是唯一一种有飞翔能力的哺乳动物，它几乎没有视觉能力，主要依靠回声来辨别物体。蝙蝠与我们有着不同的生活方式，它们白天倒挂在橡木上睡觉，夜间飞行捕食。蝙蝠对外物的感知是通过身体的声呐系统来进行的，它发出高频声波（高到我们无法听到），然后通过反射的回音来定位或研判物体特性。我们设想蝙蝠是有主观经验的，它们可以通过发出迅速和高频率的叫声，凭借从一定范围内的对象反射的回声去感知外部世界。因为它的大脑可以将向外的冲力与随后的回声联系起来，进而获得信息，以此精确地分辨出对象的距离、大小、形状、运动和构造特征。蝙蝠的这种通过声呐感知外部世界的能力甚至可以与人类的视觉相媲美。

内格尔认为，人们可能拥有一套完整的关于蝙蝠神经生理学的知识，可能知道所有关于蝙蝠生活和导航功能等方面的物理知识。尽管如此，人们还是可能遗漏了某些知识，比如一只蝙蝠它应该是什么样的？它的感觉是什么？这就是意识的本质。现在假设蝙蝠跟人一样是有意识的，那么试问我们能理解它的意识吗？我们能够研究它的意识吗？即使蝙蝠的声呐有知觉的形式，但是它的作用与我们所具有的感觉是完全不同的，没有理由假设它在主观上像我们能够想象到的任何东西。我们可以设想甚至可以完全模拟蝙蝠的生活习性、行为等，但这只是告诉我们，按照蝙蝠的行为方式行动可能是什么样子的，依然无法解决根本性的问题，即蝙蝠之所以成为蝙蝠究竟是什么原因造成的，以及它的感觉是什么样的。内格尔说："如果根据我们自己的情况所做的推论涉及成为一只蝙蝠可能是什么样子的这一观念，那么这个推论就必定是不完善的。"[1]内格尔不是说我们无法了解蝙蝠的声呐系统（物理系统），他强调的是我们永远无法通过对声呐系统的研究来掌握蝙蝠的主观心理内容，也就是说即使我们完全了解了蝙蝠声呐系统运作的每个细节，可还是无法知道蝙蝠的声呐系统在运作的时候，蝙蝠的主观感觉是什么样的，它们从发声、声呐接收、"判断"，再到做出下一步行动"决定"的过程中有没有真的在判断、在决定，或者在"思考"，有没有

---

[1] Nagel T. What is it like to be a bat? Philosophical Review, 1974,（4）: 435-450.

会由于"意识"到什么而突然改变"主意",即在它们大脑的这些活动中是否也涉及"心灵"。

我们每个人的经验都有其自身的感质特征,只能从主观的观点出发理解和把握事物。因此内格尔认为,我们不可能知道蝙蝠的意识经验,因为蝙蝠的意识经验具有它自己的感受性特征,"当一只蝙蝠是什么滋味"这样一个问题是永远没办法来验证的。由于意识经验必然具有这种第一人称的观点,但科学却是一种第三人称视角的研究,所以没有任何科学可以研究出意识经验的本质,没有任何人可以知道蝙蝠的意识经验,甚至蝙蝠自己能否知道都是问题,因为我们不清楚蝙蝠到底有没有意识经验。物理世界不具有主体性,心理世界(意识)才具有主体性。对于任何有意识的生物来说,一定会有一个它像什么的问题。而当前讨论的问题忽略了对意识的客观解释,因为客观的解释永远无法解释意识的主观特征。正是因为意识经验具有的主观性或主体性,并且是第一人称描述的观点,因此无法用第三人称观点来加以验证。也就是说蝙蝠的感受具有蝙蝠的第一人称特性,无法用科学的第三人称方式来加以描述。意识经验与物理世界是非常不一样的,意识经验是一种第一人称的存在。例如我吃草莓所体验到的酸甜感与你吃草莓时的体验是不一样的,因为感受性是一种第一人称的存在。意识经验是以是其所是的样子显现给主体的。同时,内格尔用蝙蝠论证来说明,即使存在一些真理命题我们无法陈述或理解,但我们又必须接受这种命题的存在。我们用有限的语言无法对蝙蝠的主观经验进行描述,但是我们不能否认蝙蝠有主观经验的存在。然而,很多还原论主义者还是否认经验的主观特性的存在。

在客观地说明蝙蝠知觉外物是如何发生的之后,我们仍然无法体验到蝙蝠的知觉到底是怎么样的,也即无法把心理状态还原为物理状态。同样,即使可以客观地说明听觉过程发生的始末,但我们仍然没有关于他人亲身的主观内在知觉经验。那么,蝙蝠在进行外物知觉时的主观意识经验,以及我们在产生听觉时的主观意识经验,有可能被客观地加以说明吗?

内格尔认为,我们现有的概念系统无法解决身心问题,原因在于自然科学中的因果说明有一种因果必然性。例如，我们知道 H_2O 分子的行为如何导致水成为液态，因为我们看到了液态是分子行为的必然结果。分子理论不仅表明 H_2O 分子系统在特定条件下是液态的，而且还表明了它必然是液态形式。由于我们理解了相应的物理学，因此无法想象分子处于这种情形时水却不是液态的。也就是说，科学说明意味着必然性，也意味着不会出现相反的情况。内格尔说，我们不能在物质和意识的相互关系中实现这种必然性。没有神经元理论能够说明为什么给定某种神经元行为后我们必然会感到痛，也没有理论能够说明为什么痛是某种神经元触发的必然结果。"我们总能想象一个事态，神经生理学表现也正如定义的那样，但系统却没有感觉到痛。如果适当的科学说明意味着必然性，必然性意味着无法想象相反的情形，那么根据'换质换位法'，可以想象相反情形即意味着没有必然性，而这又意味着我们没有说明。"①

科林·麦金（Colin McGinn）发展了内格尔的论证，认为在原则上，我们不可能解决身心问题。麦金认为，意识是一种素材（stuff），这种"素材"是通过内省能力来认识的，意识是内省能力的对象，就像物理世界是感知能力的对象一样；最后，为了理解身心关系，我们必须理解意识与大脑之间的"连接"。

依据内格尔的想法，客观概念来自于去除主观内容或主观看法后的观点，去除得越多就越客观。当我们说 A 比 B 更客观时，意思是说 A 比 B 含有更少的主观内容或主观观点。当我们对某一存在物 A 作研究后发展出解释 A 的客观科学时，我们从 A 的原本内容里面逐渐移除了主观观点及其内容。或者说，当我们企图用客观科学重新了解心灵现象时，我们逐渐将其主观成分去除，移除的越多剩下的就越客观。然而，当我们使用这样的方式研究心灵时，这样的去除法将会连带地取消心灵概念，因为主观成分是心灵概念或心灵现象的本质，去除了主观内容的概念将不再是一个心灵概念。由于心灵概念具有这样一种主观的特质，所以这种客观科学的发展方式不适用于心灵概念或心灵现象。因此内格尔说："这种号称可以从现象通往实体的理解事物的方法，在应用于主观经验

---

① 约翰·塞尔. 心灵的再发现. 王巍, 译. 北京：中国人民大学出版社. 2011：82.

上时就没有什么意义了。"①内格尔的这一论证可以总结为：①通过去除主观概念及其内容来获得客观的概念；②主观概念或内容是心灵概念不可或缺的要素；③通过我们发展的客观概念无法了解心灵概念；④所以不存在对主观经验的纯粹客观的了解。

但塞尔认为，内格尔论证只是指出了我们概念能力的局限性，"即使认为他是对的，他的论证也只表明在物质现象与物质现象的关系中，人们能够主观地描绘双方的关系；但在物质现象与心灵现象的关系中，由于一方是主观的，所以我们不能用描绘诸如液态与分子运动的关系那样，来描述心灵现象与物质现象之间的关系。总之，内格尔的论证只是表明，我们不能跳出意识的主观性来看待心灵现象与物质现象之间的必然联系。我们在主观性的基础上形成了必然性图像，但我们不能以这种方式形成主观性与神经生理现象关系的必然性图像，因为我们已经处在主观性之中，对关系的描述要求我们抽身其外。"②

内格尔的蝙蝠论证反对的是心脑同一论的还原物理论立场。内格尔强调，物理论主张心理状态等同身体状态，心理事件等同物理事件。当我们将两个概念用"是"这个字连接起来时，我们需要明确"心理状态""身体的状态""心理事件""物理事件"这四个概念是如何可能统一起来的。内格尔说："关于它怎么可能为真，我们没有形成概念的基础。"①结合蝙蝠的例子，物理学知识可以使你理解蝙蝠的行为，可以使你学会关于蝙蝠声呐系统的一切知识，但是我们却不能有和蝙蝠相同的真的感受经验。就算以科学的方法得知蝙蝠在接收到超声波时，脑中会出现特定的神经脉冲，但是人类不可能知道脑中产生那种神经波动"是什么样的感觉"。只有从蝙蝠自己的主观观点出发，才能够知道当一只蝙蝠是什么样的感觉，它的感觉无法用物理的术语去理解。

内格尔在文中还举了一个例子，借此来形容当前物理论的困境。一只蛹被不懂得昆虫进化知识的张三放进了无菌封闭的瓶子中，几天后这个密闭的瓶子被重新打开，里面出现了一只蝴蝶。如果这个封闭的瓶子从未被人打开过，那

---

① Nagel T. What is it like to be a bat? Philosophical Review, 1974, (4): 435-450.
② 约翰·塞尔. 心灵的再发现. 王巍, 译. 北京: 中国人民大学出版社. 2011: 83.

么张三有理由相信,这只蝴蝶过去就是一只蛹,而对于它如何变成一只蝴蝶,在什么意义上会变成一只蝴蝶,张三没有任何的观念。当前那些坚持物理论的人就如张三一样,只是宣称"心理状态是身体的状态,心理事件是物理事件",但无法说明为什么如此。当然,需要注意的是,内格尔并没有彻底否认物理论,他只是断言物理论肯定错了,物理论是我们无法理解的观点,因为目前我们没有关于它如何可能为真的任何概念。物理论也有可能是对的,但是我们目前无法宣称它的正确性。

二、"感受性缺少"思想实验

布洛克反对功能论的多重可实现性,提出多重可实现性与硬件的执行是无关紧要的,只有功能层次才是最重要的。"感受性缺少"思想实验又称为"中国头"思想实验,该思想假设整个"中国头"的系统操作本身就是一个大脑的运行,其中每个人的行动就如一个神经元一般。[①] 根据功能论的观点,只要人们使适当的输入和输出之间具有因果关系,人们执行适当的功能角色,那么该系统将是一个真正的心灵状态、真实意识的心灵。布洛克认为这显然是荒谬的。因此功能论必然是有某些地方出错了,因为这个思想实验规范且合理地描述了心灵。一些实用主义者相信中国人的感受性,但难以想象这么大规模的中国人口是具有意识的。事实上,我们都受制于心理理论,因而永远无法理解中国头的意识是什么样的。因此,如果功能是真的,那么所有硬件都具有真实的感受性,而感受性不存在,只不过是虚幻而已。

将布洛克"中国头"的实验简化一下。假设张三在学校的电脑机房写了一个计算程序,只要有个物理系统就能够执行这个程序;在程序的某个阶段,这个物理系统会进入某个计算状态 C,这样就用计算状态定义了"痛觉"这个心理状态。现在张三想让机房的 100 多台电脑来执行这个计算机程序,因此每台机器都可以收到指令,并且依据指令来运行。机房的电脑目前处于具体的实现

[①] Block N. Troubles with functionalism // Block N (ed). Readings in Philosophy of Psychology. Cambridge: Harvard University Press, 1980a: 268-305.

层次，所有这些机器构成了一个物理系统。现在这个机房的电脑开始执行那个计算程序，在执行到某阶段时，计算机进入了张三所定义的计算状态。试问，机房中的计算机是否都处于痛觉的状态呢？

布洛克认为，尽管机房的电脑执行了程序并进入了计算状态 C，但电脑并没有处于痛觉的状态，也就是说尽管这个物理系统执行了计算机程序，它仍然缺乏痛觉这个感受性。当然，布洛克设想的是由 14 亿中国人（"中国头"）来执行这个程序，每个"中国头"都可以收到指令，并且依据指令来操作，这样一来，每个中国人都扮演了一个个体神经元的因果角色，通过相互的联系，表现出类似于神经元之间的突触关联。也就是说，所有参与实现的中国人处在某种"具体实现"的操作层次上，所有这些人连同他们的接收器共同构成了一个物理系统，我们将之称为"中国头"。当 14 亿中国人开始执行计算机程序，并且当指令处于计算状态 C 时，那么 14 亿中国头会处于痛觉状态吗？

如果这个信号网络搭建起来的方式是正确的话，那么我们似乎可以推断，由中国人组成的整体信号系统，在原则上能够成为一个与人类大脑功能等同的系统。"中国头"具备所有功能论对心灵的要求，即感觉输入、行为输出、内在心理状态之间的因果联系。"如果以这种方式构建的一个系统是可能的，那么根据功能论的观点，这个系统就具有疼痛的心理状态，然后事实却并非如此，'中国头'在执行了疼痛的程序之后，仍然没有疼痛的感受性。"[1]

布洛克指出，以这种方式组合的系统能够具有思想和感受是有违直觉的。虽然"中国头"内部执行了疼痛的 C 程序，但是从直觉上来说，我们根本无法接受"中国头"就此具有了心理状态和能够感受到疼痛等一系列的现象特征的结论。虽然按照功能论的观点，某种神经网络信号联结会等同于身体某个部位疼痛的状态，但是，假设"中国头"能够具有任何的现象性经验，都不具有合理性。布洛克的"中国头"思想实验的根本目的是要表明，这一实验符合了功能论对心灵的各种要求，但"中国头"却并不具备任何的思想和感受，因此功能论的观点就是错误的。

---

[1] 陈思. 感受质研究. 武汉：华中科技大学博士学位论文，2014：59.

但可能有不少人不同意布洛克的判断，认为之所以没有痛觉，是由于"中国头"数量太大的缘故。从功能论来看，一个物理系统是否具备心灵，要看它是否能执行计算程序，至于物理系统的大小和运作的物理原理等都是属于具体实现层次，不涉及功能论如何看待心灵的本质。而且功能论是允许多重可实现性的。

布洛克当然不是仅仅诉诸直觉来主张在他两个例子中的物理系统是缺乏感质的。为什么这两个物理系统缺乏感质呢？由于计算机是一种符号操作系统，虽然机房的电脑执行程序并进入了计算状态，但它们并没有处于痛觉的状态，也就是说尽管这个物理系统执行了计算程序，但它仍然缺乏"痛觉"这个感质。因为计算机只是一种符号操作系统，虽然操作是句法的，但是被操作的对象是具有语义性质的痛感，其操作的过程同时是一种信息互动过程。然而，虽然计算功能论能够说明具语义性质的心理状态（例如信念、判断），但感受性这类心理状态与语义性质以及信息如何互动似乎没有关系。当张三感觉到痛时是一种"那个样子"的感觉，跟"痒"的感觉是完全不同的。

因此，主体所具有的意识经验具有感受性特征。例如张三喝绿茶时的感受性不同于他听到贝多芬第五交响曲《命运》时的感受性。每个意识状态都拥有一种特定的感受性，因为每个状态都会有特定的感觉。功能论的问题恰恰在于它遗漏了感受性。它遗漏了我们意识经验的感受性方面，因而在功能论的解释中是没有感受性的立足之地的。像塞尔等一些学者认为，感受性是真实存在的，而功能论等否认感受性的存在，因此，这些理论是错误的。

三、色谱对调难题

对功能论的另一个主要批评是布洛克提出的色谱对调（inverted spectrum），又称为感受性对调（inverted qualia），这一思想实验最初是由约翰·洛克发展的。① 试想，某天早晨我们醒来时发现，由于一些未知的原因，世界上所有的颜

---

① Block N, Fodor J. What psychological states are not. Philosophical Review, 1972, (2): 159-181.

色都被颠倒了,但我们自己的大脑和身体没有发生任何变化,我们也不能通过这些物理变化来解释这一现象。感受性的支持者们认为,既然我们可以想象这种事件发生,那么我们也可以想象有一种属性的变化,这种变化决定了事物看起来的样子,但却没有物理基础。

假设有一个叫小红的人,她与生俱来自带的一种情况是她看到的色谱与正常人看到的色谱是相反的。小红与正常人不同的是,她把紫色看成是黄色,把橙色看成是蓝色,把红色看成是绿色,等等。假设张三和小红两人正在观察一颗红色的西红柿,在正常情况下,张三把西红柿看成是红色的,而小红却把西红柿看成是绿色的。如果当被问西红柿是什么颜色时,张三和小红都回答说是"红色的"。张三的所有行为和关于颜色的功能关系与小红表现出来的情况是相同的。也就是说小红也会正确地遵守交通信号灯,看到红色的事物就说是红色的,和任何其他的人一样。

更具体地来说,假设张三和小红他们能清楚地区分不同的颜色。如果要求从红苹果中挑出绿色的苹果,张三和小红都能从红苹果中挑出绿色的苹果。当交通信号灯从红色变为绿色时,他们都会过马路。但事实上,他俩人的内心经验有很大的不同。当看到红色西红柿时张三拥有的是"看到红色"的经验(R_1),而小红拥有的是"看到绿色"的经验(G_1)。同样,当看到绿色的爬山虎时,张三拥有的是"看到绿色"的经验(G_2),而小红拥有的是"看到红色"的经验(R_2)。简而言之,张三和小红相比有一个红、绿色谱的对调,但仅通过行为测试完全察觉不出他(她)们对色彩的认知有任何不同之处(表7-1)。

表 7-1 色谱对调思想实验

正常的颜色	张三	小红
红色(西红柿)	红(R_1)	绿(G_1)
绿色(爬山虎)	绿(G_2)	红(R_2)

"色谱对调"的可能性为什么会构成困境呢?在感质对调的例子里,尽管小红对G_1的经验与我们的色彩视觉经验是对调的,这个G_1经验接受的刺激与其相关的行为反应以及相关的其他心理状态都与我们对G_2经验没有什么不同,亦

即从功能上来看，$G_2=G_1$，因此 $R_1 \neq G_1$。同样地，$R_1=R_2$，因此 $G_2 \neq R_2$。然而就功能论来说，每个心理状态的定义都涉及刺激、反应以及与其他心理状态的关联。假设功能论关于红色视觉经验的功能角色的定义是 F_R，关于绿色视觉经验的功能角色的定义是 F_G，从功能论的角度来看，小红的 G_1 经验和我们的 R_1 经验应该是相同的，亦即 $R_1=G_2$，这是由于 $R_1=F_R$，且 $G_2=F_G$ 的缘故。同样地，由于 $G_1=F_G$，且 $R_2=F_R$，所以 $G_1=R_2$。这一结论与感质对调的例子是矛盾的。"这一论证表明，可以有两个人在功能上是完全相同的，但却拥有不同的心理状态和不同的感受性。因此，如果感质对调的例子是可以接受的，那么功能论就没有真正掌握到感质这类心理状态。"①

那么考虑色谱对调只是一种可能性，怎么能否认物理理论呢？这是由"等同"这一词的内涵所决定的，"等同"具有必然性。根据功能论的基本观点，$R_1=G_2$，因此 $R_1=G_2$ 是必然真的。色谱对调的例子却表明：有可能 $R_1 \neq G_2$，亦即 $R_1=G_2$ 可能为假。

上述思想实验检测的只是分辨世界上物理对象的能力，而不是分辨内在经验的能力。在上述思想实验中，即使外部行为完全一样，内在经验也有可能是不同的。如果这种情况是可能的话，那么功能论就不能给出关于内在经验的解释，因为这种内在的经验正是功能论所遗漏的。即使张三和小红彼此的内在经验是不同的，但功能论者却会给出完全相同的解释，因此，功能论不足以解释个体的感受性差异。②

对于色谱对调的一种批评是查尔默斯提出的，他为功能论进行辩护，试图表明即使心理内容不能完全解释功能术语，但在心理状态和功能状态之间仍然存在着一种法理学的相关性（nomological correlation）。他以硅基机器人为例，只要机器人的功能属性与我们人类的功能属性相匹配，那么机器人就有充分的意识。他采用了归谬法来论证这一观点。机器人不可能像有意识的人类一样可以体验一种感受性的变化，它完全没有注意到心理内容与功能属性似乎是紧密

---

① 彭孟尧. 心与认知哲学. 台北：三民书局，2011：143.
② Block N. Qualia // Guttenplan S (ed). A Companion to Philosophy of Mind. Oxford：Blackwell，1994：119-162.

联系在一起的。如果主体的感受性发生变化，那么他的功能属性也要发生变化。类似的观点也适用于感受性缺少（absent qualia）的情况。在这种情况下，查尔默斯认为，主体体验了感受性的衰退，但他却没有发现这一情况，这似乎是不太可能的。然而，布莱恩·克雷布（Brian G. Crabb）认为，这一论证的问题在于它回避了核心问题。例如当有意识的主体大脑正在被硅基替代品所取代时，查尔默斯怎么知道这种功能属性是可以维持的呢？虽然主体的感受性会发生变化或缺少感受性，有意识的主体也可以改变自己的功能属性，但这没有告诉我们机器人也适用于人类的情况。因此，克雷布认为，查尔默斯的论证未能证明色谱对调或感受性缺少在法理学上是不可能的。

对色谱对调的另一个相关批评是说它假设了心理状态（在感受性或现象学方面有不同）可以独立于大脑中的功能关系。因此，它回避了一个实质性的问题：色谱对调假设否认了功能论本身的可能性，并且没有提供这样做的独立的理由。

此外，关于色谱对调主张的另一种公开批评认为色谱对调的观点在实践中也无法察觉。如果我们承认色谱对调有理，那么我们就必须承认感受性的存在（即感受性是非物质的）。一些哲学家觉得这个结论很荒谬，有一把扶手椅就可以证明有物存在吗？一项由普里布拉姆（K. H. Pribram）教授领导的真实实验与色谱对调论证非常类似。这项实验是普里布拉姆教授的一些学生戴上一些特殊的棱镜眼镜，导致他们看到的外部世界是颠倒的。受试者一直戴着眼镜，几天之后他们适应了颠倒的外部世界。摘掉眼镜后，外部世界再次出现了反转。在经过类似的适应期之后，对外部世界的感知再次回到"正常"的知觉状态。如果说这个实验提供了感受性存在证据的话，那么这并不意味着感受性必须是非物质的。

四、黑白玛丽思想实验

澳大利亚哲学家弗兰克·杰克逊（Frank Jackson）认为物理论是错误的。在《副现象感质》（*Epiphenomenal Qualia*）一文中杰克逊提供了他所谓的对感受性的"知识论证"。他指出：物理论不可能穷尽这个世界存在的一切知识，感受性并不在物理论涵盖的理解范围之内。他借用一个思想实验即"黑白玛丽"思想实验来说明他的主张。①

设想玛丽是一位颜色科学家和神经生物学家,她知道所有关于颜色的物理知识,知道颜色感知器官的神经生理学知识,也拥有完整的关于光和颜色色谱的物理知识。当观察到某种颜色时,她知道该颜色会引起某种特定序列的神经系统发射,并且她会记录下所看到的颜色。然而不幸的是,玛丽从出生到现在一直生活在只有白色和黑色的房间里,并且只允许她通过黑白监视器来观察外部世界。也就是说玛丽从出生就完全在黑色和白色的环境中长大,除了黑色、白色以外她从未见过任何其他颜色。当她被允许离开房间后,她第一次看到红色的西红柿时,她说:原来红色是这样子的。

在此,作为科学家的玛丽,在她的知识中似乎还是遗漏了一些什么。那么是什么被遗漏了呢?杰克逊认为,玛丽在看到红色的西红市时产生的知识是全新的,有别于她所知道的关于红色的物理知识。具体地说,她学习了红色看起来像是什么样的经验,或者说她学习了一些关于红色的新事物。例如真正的红色是像什么样子的,功能论或物理论对于心灵的解释会遗漏某些东西。从功能论者或物理论者的解释来看,一个人完全可以了解所有与颜色相关的物理知识,但却不知道颜色是什么样的,正如一个人可以了解所有关于游泳的知识,但他却不会游泳。

如果物理论是正确的,那么作为科学家的玛丽已经穷尽了一切与颜色有关的物理知识,但我们仍然可以认为,玛丽在第一次看到红色西红柿之后产生的是全新的知识。如果是这样,那么,玛丽看到西红柿后所拥有的知识就不是物理知识,而是非物理世界的知识,因为之前她已经穷尽了所有关于颜色的物理知识。因此,她看到红色的视觉经验是感受性的,而感受是非物理的。据此,物理论不可能穷尽这个世界的一切知识,因为物理论无法涵盖感受性。

杰克逊的这个思想实验有两个目的。首先,它表明了有感受性的存在。如果我们同意这个思想实验的话,那么我们相信玛丽在离开房间后,她获得了某

---

① Jackson F. Epiphenomenal qualia. Philosophical Quarterly, 1982, (32): 127-136.

种新知识，她获得的特定知识是在她离开房间之前所不具备的。杰克逊认为，这些知识就是感受性的，且对应于看到红色的体验。因此必须承认感受性是真实的属性，因为在能够获得特定感质的人和不能获得特定感质的人之间是有区别的。杰克逊思想实验论证的第二个目的是反驳了心灵的物理论解释。具体来说，知识论证攻击的是物理论关于物理真理完整性的主张。知识论对物理论提出了如下挑战：

（1）玛丽在离开房间之前，她拥有一切其他人所拥有的关于颜色的物理信息，包括红色的一切物理知识。

（2）玛丽在离开房间之后，她学习了一些其他人关于颜色（红色）的经验事物。

（3）因此，在离开房间之前，玛丽并没有拥有其他人关于颜色经验的所有信息，尽管她拥有关于颜色的所有物理知识，但有一些与红色视觉相关的事物是物理论没有涵盖的。

（4）因此，玛丽关于颜色经验的真理不是物理的。

（5）因此，物理论是错误的。

杰克逊认为感受性是副现象的，与物理世界不存在因果作用。杰克逊并没有为这种主张提出一种积极的辩护，他只是用这个论证来为感受性辩护，从而反对经典二元论主张。一般的假设是感受性与物理世界之间必须具有因果作用。但是有人会问，如果感质并不影响我们大脑，我们又如何来论证感质的存在呢？如果感受性是非物质属性，它们必须通过一种论证来反驳物理论。因此，这似乎是不可想象的，感受性如何能对物质世界有因果作用呢？通过重新把感受性定义为一种副现象，杰克逊试图保护感受性免于因果作用的要求。但之后，由于后述事实，他拒绝了副现象论。当玛丽第一次看到红色时她说道"哇，原来红色是这样子的"，所以必然是玛丽的感受性导致了她说"哇……"。但这又与副现象论的主张矛盾，副现象认为心理状态附属于物理状态，物理状态可以导致心理状态，反之则不然。知识论证预设了物理论有两个含义：第一，在本体论上，世界上的一切事实都是物理的；第二，在知识论上，只要掌握了全部物理知识，就拥有了关于世界上全部事实的知识。

许多物理论哲学家很快注意到杰克逊的论证，并纷纷试图回应他的挑战。物理论哲学家们分别以"能力假设"和"表征假设"来进行回应。主张"能力假设"的哲学家主要是刘易斯。①刘易斯的"能力假设"认为，玛丽看到西红柿之后所拥有的是新的能力知识，而不是关于事实或者命题的知识。"知道像什么"（know that）指的是命题知识，"知道怎样"（know how）指的是能力知识。因此，黑白玛丽论证可以得出，玛丽在黑白房间里掌握的是完备的"命题知识"，而当她走出房间之后获得了一种"能力知识"。什么是能力知识呢？能力知识是指玛丽能分辨红色的能力以及分辨其他颜色的能力。因此杰克逊的观点不足以否定物理论。物理论主张世界的一切都是物理事物，而现在玛丽获得的只是一种新的分辨能力，而不是非物理事实的感受性。玛丽获得了新的分辨能力是不可否认的，但这并不说明她没有获得新的知识，所以刘易斯认为，杰克逊的这种回应是不充分的。

丘奇兰德的"表征假设"认为，即使玛丽在看到西红柿之后获得了新的知识，但这也不足以驳倒物理论，因为事物有不同的表征方式。从认知主体来说，对于同一件事物可以用不同的表征方式来显现。例如晨星和暮星都是对同一个金星的表征，但表征的方式是不一样的。同样，对于红色，玛丽可以通过物理学、脑神经科学等的方式来表征，也可以通过视觉感知的方式来表征。因此，玛丽看到西红柿之后，只不过是对红色的不同表征而已。

根据内格尔和杰克逊的论证，这两个论证都取决于张三已经了解所有关于蝙蝠的生理学知识，或者玛丽已经知道了关于颜色感知的物理学知识。因此，两种观点都主张，一个完美的第三人称功能或生理现象将会遗漏一些知识，它将忽略主观的、感受性的、第一人称的经验现象。物理论者反驳道：上述论证都是基于一种已知的描述，这里提及的所谓另一种未知的描述不足以证明所描述的两个事物之间没有等同性。例如，假设李四知道毛泽东是新中国第一任国家主席，同时却不知道毛润之是新中国第一任国家主席。因此李四认为毛泽东

---

① Lewis D. What experience teaches// Lycan（ed）.Mind and Cognition. Oxford：Basil Blackwell, 1990：499-519.

不等同于毛润之。事实上这并不是一个好的回驳论证。因为每个人都可以从一种描述中知道一些事实的实质，例如关于水的另一个描述，即使不知道水是H_2O，但也并不意味着水就不是H_2O。

然而，这一解释不足以反驳内格尔和杰克逊的观点，其谬误性在于，假设知道一个实体在一种描述下的情况，但不知道这个实体在另一种描述中的情况，因此第一个实体不等同于第二个实体。这一论证不是诉求于蝙蝠专家的无知或李四的无知，而是说这存在有真正的现象，但被排除在他们的知识范围之外，只要他们的知识是客观的、第三人称的物理事实。真正的现象是颜色体验和蝙蝠的感觉，它们是主观的、第一人称的意识现象。玛丽案例的问题不在于她缺乏关于其他现象的信息，而是说她没有某类特定的经验。这类经验是第一人称主观现象，并不等同于第三人称、客观的神经元及相关功能的状态。从认识论的观点来看，这涉及的只是获取信息的不同方式，从根本上不同于本体论。这也适用于内格尔的蝙蝠例子。问题不是研究蝙蝠的人缺乏信息，他可能确实拥有完整的第三人称信息，他所缺乏的是蝙蝠拥有的经验，这种经验现象发生在蝙蝠的意识之中。两种论证似乎都是认识论的，但事实上他们是在本体上进行阐释，因而他们的反驳是背道而驰的。

该论证的逻辑形式是：我停留（stand in）在对颜色体验的实体关系前，蝙蝠停留在蝙蝠的感觉是什么样的经验实体关系前。一个完整的对世界的第三人称描述忽略了这些实体关系，因而描述是不完整的。玛丽和蝙蝠专家的例子说明了这种不完整的描述方式。

如果物理论是真的，并且心理事实必然由物理事实来确定的话，那么我们就可以期待拥有完整的关于其他人心理事实的物理事实知识。如果我们真的知道所有的事情，如张三的大脑结构（身体和环境），那么我们应该能够找出心灵的事实是什么。然而，似乎情况并非如所料想的那样，我们可以设想知道所有关于张三的物理知识，但仍然无法知道关于他的心理状态。因此，在身体和心理之间存在有一个"解释性鸿沟"（具体内容见第八章）。

解释性鸿沟表明，我们的思想和感觉是被扩张、被加强和被阐明的，从而使我们能够看到和感觉到大脑的分子运动。我们都能够遵循分子的运作,比如它们的组合及放电。如果是这样,我们应该熟悉思维和感觉所对应的状态,我们应该尽可能地解决这一问题,"这些物理进程与意识事实之间是如何联结的"。两类现象之间的鸿沟将保持智力上的不可逾越性。即使被告知我们的大脑正处于物理状态 P,我们的心灵必然是处于心理状态 M,我们也还是不明白为什么如此。

所有形式的还原论所共同面临的真正问题是:他们所面对的是两种现象还是一种现象呢?水完全是由 H_2O 分子组成的,毛泽东就是毛润之。但当谈及心灵的特征时,如意识和意向性与大脑的功能、计算状态或神经生物学状态。这里似乎存在有两种特性,因为心理现象拥有第一人称本体,在某种意义上它们只能被人类或动物本体所体验,是一些只有"我"才有的体验,它们不可能被还原为任何的第三人称本体论,而第三人称本体论的任何存在模式都独立于体验的行动者。关注第一人称本体论与第三人称本体论之间的区别,是反对这种还原论论证的关键所在。

设想我们要把主观的、意识的、第一人称的痛的感觉还原为客观的、第三人称的神经元触发模式。因此我们要说痛实际上"只不过是"一种神经元触发模式。如果我们接受这种本体论还原,那么痛的本质特征就会被遗漏。第三人称的、客观的、神经生理学的事实描述不会包括痛的主观的、第一人称的特点,因为第一人称特征和第三人称特征完全不同。第一人称特征是感受性的,感受性特征是无法被完整而准确描述的。内格尔通过第三人称特征的客观性与意识主观状态的"它像什么"特征的对比表达了这一观点。而杰克逊是通过提醒注意这样的事实来表明这一观点。即某人拥有心灵现象(如痛)的神经生理学的完备知识,但如果他或她不知道具体感觉,那么就仍然不知道痛是什么。"克里普克也支持这一观点,他说痛不等同于神经生理状态,如丘脑或其他地方中的神经元触发,因为任何这样的同一性都必须是必然的,因为在同一性陈述的两边都是严格的指示词,但我们知道这个同一性不是必然的。"[①]事实上,神经生理

[①] 约翰·塞尔. 心灵的再发现. 王巍, 译. 北京:中国人民大学出版社, 2011: 95.

状态与心灵是完全不同的。

五、严格指称者

从逻辑上来反对功能论的论证是由克里普克在1972年撰写的《命名与必然性》(Naming and Necessity) 中提出的，同时也被用来反对心脑同一论。克里普克的观点诉求于"严格指称者"(rigid designators)。严格指称者通常被定义为：在任何可能的情况下一个表达式总是用来指称同一对象。克里普克通过严格指称者来说明意识的现象不能够等同于物理现象。也就是说，在所有可能世界中，严格指称者都是指称的同一个对象。如"曹雪芹"是一个严格指称者，是因为我在使用时总是指称同一个人。当然，这并不是说另外一个人就不能叫"曹雪芹"，但这是一个不同的用法，表达不同的意涵。在标准的含义上，"曹雪芹"是一个严格指称者。

如果A和B是两个等同的严格指称者的话，那么它们二者为必然等同（necessary identity）。因为它们的等同在所有可能世界中都成立。"《红楼梦》前八十回的作者"，尽管指的也是曹雪芹，但不是一个严格指称者。因为很容易想象在另一个世界里《红楼梦》前八十回的作者不是曹雪芹，因而说其他人是《红楼梦》前八十回的作者也是有意义的。但是说其他人是曹雪芹，而不是曹雪芹本人才是曹雪芹，这是没有任何意义的。因此，"曹雪芹"是一个严格指称者，而"《红楼梦》前八十回的作者"则是非严格的指称者。

再设想张三在他家后院挖到一件文物，张三就成了那件文物的实际拥有者。鉴于该文物具有重要的考古价值，因此不久之后，博物馆决定回收那件文物，这时博物馆就成了那件文件的实际拥有者。在这个过程中，尽管文物从没有拥有者到有拥有者，进而更换新的拥有者，但那件文物并不会因为拥有者的改变而改变其内容，更不会因为拥有者变了就不存在了。不论张三还是博物馆或者是其他任何人或部门，都不会是那件文物严格意义上的或者完全的拥有者。

有了严格指称概念，克里普克继续阐述同一陈述。他主张同一陈述是严格的，而其他陈述则不是严格的，并且也不必然为真，而有可能是假的。例如

"曹雪芹与《红楼梦》前八十回的作者是等同的"这句话是真的,但它只是偶然为真。我们可以想象在另一个世界里它是假的。但是克里普克认为,同一陈述必须是严格的,如果两者之间等同是真的,那一定是必然的。如"诸葛亮等同于孔明"的陈述必然为真,因为不能在同一个世界中既有诸葛亮存在又有孔明存在并且他们是两个不同的人。水等同于 H_2O,两者的表达都是严格的,同一是必然的。

克里普克用严格指称讨论身心问题来反对心脑同一论的主张。心脑同一论认为,疼痛感等同于 C-fiber 释放,如果这种等同关系成立,那么它们必须在所有可能世界中都为真。因此,假设左边的陈述是指称严格的心理状态,右边的表达式是指称严格的大脑状态,如果这个陈述为真,那二者之间必然为真。如果疼痛真的等同于 C-fiber 释放,那么"痛 = C-fiber 释放"就必然为真。但这显然不一定是正确的,因为即使在疼痛和 C-fiber 释放之间有严格的相关性,但同样很容易想象疼痛可能存在,但 C-fiber 却没有释放,而且也有可能存在 C-fiber 的释放却没有相应的疼痛。如果这样,那么同一陈述就不是必然为真的,它不可能在所有情况中都为真,因此它是假的。疼痛被认为等同于神经生物学事件,任何有意识的状态也都被认为等同于物理事件。

对克里普克的一种常见的反对意见是,他的严格指称者论题并没有驳倒个例同一论的观点。严格指称者也许能有效反驳类型同一论,但不能反驳个例同一论。即使我们想象有 C-fiber 释放而没有疼痛感觉,或者有疼痛感觉却没有 C-fiber 释放,这也是一类特殊的 C-fiber 释放个例。如果小红没有 C-fiber 释放,那么她也就没有疼痛感;如果她没有疼痛感也就没有 C-fiber 释放。这有效地反驳了克里普克的论点了吗?答案也是否定的。如果你承认个体经验具有两种功能:一种是疼痛的感觉,一种是 C-fiber 的释放。那么似乎克里普克的论点是没有问题的。小红可以有这个感觉而不需要关联任何 C-fiber 释放,或者小红可能有 C-fiber 释放而没有任何相关的痛感。当然,我们可以引用一个标准来使得疼痛感等同于 C-fiber 释放,或使它们同时出现。例如当非常痛时伴随着 C-fiber 释放,或者 C-fiber 释放与疼痛同时出现。然后我们在疼痛和 C-fiber 释放之间得到了一种同一性。然而，我们仍然没有取得个例同一论的目的，因为我们只有一种形式的属性二元论。我们说同一实体既有客观的 C-fiber 释放属性，又有主观疼痛属性。

实际上，我们尚不清楚这种相关性达到什么程度，如感觉的同一条件的因果相关性也一样。假设我感到疼痛，并假设造成疼痛有特定的原因。当我觉得很疼时，体验持续但初始原因可能已停止，接着出现另一原因。我们说这有两种不同的疼痛，尽管有一种持续的感觉，但它具有两个不同的原因。或者说，我有一个连续单一的疼痛，但第一部分有一个原因，而第二部分有另一个原因。在疼痛的情况中，最重要的是我们需要区分实际经验与神经生物学的基底。

六、中文房间论证

人工智能通常划分为"强人工智能"和"弱人工智能"，这种划分是由塞尔提出的。根据塞尔的观点，"弱人工智能"的主要目标是成功模拟心理状态，而没有试图让电脑拥有意识或知觉。而"强人工智能"的主要目标是使计算机拥有与人类相似的意识。"强人工智能"的观点可以追溯到计算的先驱人物阿兰·图灵。在回答"计算机能否思考"这一问题的过程中，图灵提出了著名的图灵测试。即有一个评判员在两个房间外面，一间房子里面是人，另一间房子里面是计算机，然后对计算机与人提出同样的问题，要求计算机和人来回答。当评判员无法区别回答的谁是计算机谁是人时，可以认为计算机是可以"思考"的。从本质上讲，图灵对机器智能的观点遵循了关于心灵的行为主义者模型。当然，图灵测试后来受到了许多人的批评，其中最著名的反驳可能是塞尔提出的中文房间思想实验。[①] 塞尔的中文房间思想实验的观点是：思想可以被表征为一组功能，即计算机模拟智能行动是可能的，但通过纯粹功能系统产生不了任何解释或理解现象。

笛卡儿在《方法论》（*A Discourse on the Method*）里曾经指出，一个身体跟

[①] Searle J R. Minds, brains and programs. Behavioral and Brain Sciences, 1980, (3): 417-424.

我们人类一样，行为也跟我们一样的机器是不可能有心的。他的理由有两点[1]：

（1）这种机器人没有语言能力。尽管这种机器人表面上能说出人类的语言，但这也只不过是它能发出声音或者写出文字而已，并不是它真的具有语言能力。即使这种机器人的数据库里储存了大量的文字，它也没有能力将这些文字进行重组，从而产生全新的语句（即它之前没有说过、没有听过也没有储存在它数据库里的语句）。笛卡儿的这个想法是诉诸人类语言具有的生产性。因此，当这种机器人面临一个全新的问句而需要全新的答案时，它没有能力回答。但是人类的语言与思维能力显然是具有生产性的。

（2）人类有理性思维的能力，但机器人没有。理性思维的一项重要特征是跨论域的，简单地说，理性思维这种认知机制的运作并没有限定思维内容的类别。笛卡儿认为机器人不具备理性思维，机器人的所有行为都是提前设定好的，根据程序而运行。因此，当机器人处于某些陌生的情境，也就是说当超出机器预设程序的情境时，机器人便无法产生行为。

笛卡儿的第一点理由涉及心灵的语义性质及其特征。1980年，塞尔针对功能论提出了相当有名的批评，文献上称之为"中文房间论证"（Chinese room argument）。这个论证不是诉诸语言的生产性，但与笛卡儿相近的地方，在于都诉诸心灵的语意性质。

塞尔的中文房间论证大意是说[2]：设想有一天某人宣称写出了能够理解中文的计算机程序，因此执行这个程序的系统将会是一个懂中文的系统。塞尔要我们根据计算功能论来设想一个能够执行这个"懂中文"程序的物理系统。该论证的策略是在测试心灵理论时诉求于第一人称经验。如果强人工智能是真的，那么任何人都能够获得任意的认知能力，因为只要通过执行计算机程序来模拟该认知能力就可以实现。简而言之，只会说英语的张三被锁在一个房间里，房间里有一个装满中文符号的盒子，房间里还有一本用英语写成的规则书，并且张三可以随意移动这些符号和规则书。游戏开始后，房间外面的人通过窗户给

---

[1] Descartes R. Discourses on method // Cottingham J, Stoothoff R, Murdock D(eds). The Philosophical Writings of Descartes. Vol.I. Cambridge: Cambridge University Press, 1985: V.

[2] Searle J R. Minds, brains and programs. Behavioral and Brain Sciences, 1980, (3): 417-424.

房间里的张三递进去某种中文字符,张三接收到这些不认识的中文字符之后,他对应规则书进行查找,然后从盒子找出相应的字符,并根据规则来排列它们,最后传递需输出的中文字符答案。可以进一步设想,房间外面的人是会说中文的,通过这些递入与递出的中文字符,甚至可以与房间里面的张三进行交流。那么,似乎房间里的张三是懂中文的,他通过了图灵测试。但实际上张三不认识任何汉字。据此,塞尔认为,"张三懂中文"这样的主张是荒谬的,因为在房间里面的张三只是基于这些句法过程(中文符号和规则书)才"理解"中文的。这里与其说是理解中文,毋宁说是理解规则。这个思想实验试图表明,系统操作仅仅是基于句法过程(输入、输出和算法)的,是不能实现任何语义性或意向性。因而塞尔反驳的是思想可以等同于一套句法规则。因此,功能论是一种不充分的心灵理论。

机器处于计算状态和处于真正理解状态之间的差别是什么呢?可以试想房间的张三用英文来回答问题时,会是什么样的情况呢?再假设在同一个房间里,呈现给张三的是一些英语问题,然后由他来回答。表面上看来,张三对于英文问题与中文问题的答案都是正确的,张三都通过了图灵测试,但是其内部状态却存在着巨大的差异,两者本质上是完全不同的。在用英文回答的情境中,张三理解了字词意指什么,而在中文情境中,他能懂的只是英文版的规则书,对语义内容却一无所知,比如让张三用英文去解释递入的中文字符内容,这是不可能的。因此,所谓理解中文的张三,就如同一台执行程序的电脑一般。

中文房间论证主要反驳了"强人工智能"的核心部分。中文房间论证假设人工智能的研究人员可以设计一个程序来通过图灵测试,如理解中文或其他事物等。作为人类认知而言,这样的成就是无关紧要的。其原因在于:"计算机只是通过符号控制来运行的,其过程是纯粹句法定义的,而人类心灵不仅仅是符号理解,他(她)还赋予符号以意义。"[①] 中文房间论证进一步的观点是,句法和计算对系统的归因是没有问题的,但如果仔细想想就会发现计算和句法与观察者相关。除非张三本质上心灵就是一种计算过程,否则就没有任何内在或原

---

① Searle J R. Mind: A Brief of Introduction. Oxford: Oxford University Press, 2004: 91.

始的计算。当张三做 2 + 2 = 4 的加法时，计算并不与观察者相关。当张三做计算时不用关注其他人是怎么想的，例如当张三用计算器计算"2 + 2 = ？"时，计算机显示为"4"，但计算机自身对运算、计算或计算符号是一无所知的。实质上，它只是一个用于计算的复杂电子仪器。在这种意义上，计算之于机器就如同信息之如书一样。基于此，我们不能认为大脑就是数字计算机，因为计算不是在自然界中被发现的，它只是被人类所赋值的。那大脑是一台数字计算机吗？答案是肯定的。除了有意识的行动者通过计算来思维，没有什么本质上是一个数字计算机。如果问我们可不可以把计算解释赋值给大脑呢？答案也是肯定的，我们可以把计算解释赋值给任何事物。

塞尔想表明的是"懂中文"这种认知机制必定涉及中文的语义性质，然而计算机的操作不涉及语义性质，因此计算机不可能说明或者"理解"这种涉及语义性质的认知机制。

塞尔将中文房间论证建构如下[①]：

（1）心具有语意的性质。

（2）计算机仅仅是句法操作的系统。

（3）所以，计算机不可能用来说明心。

塞尔认为，①计算机只是阐释了图灵所定义的本质特征，写下来的程序完全是由涉及句法实体的规则，也就是那些操控符号的规则组成的。被执行的程序，也就是实际运行的程序则完全是由那些具有句法性的操作法则组成的。物理上的唯一要求是这台机器必须是足够适合和稳定的，以便能够执行程序中的步骤。或者说我面前这台计算机的物理、电子、化学性质是与计算无关的。目前我们碰巧使用了硅基来达成此目的，但是在硅基的物理学和化学与计算机程序的抽象形式特征之间没有任何实质性关联。②心的语义性质说出了我们所有人都知道的有关人的思维的东西：当我们用语词或其他符号进行思考时，我们必须知道这些语词和符号是什么意思。这就是为什么有人能用英语，而不能用中文进行思考的原因。一个人的心灵所具有的不只是那些未经解释的形式符号，

[①] 约翰·塞尔.意识的奥秘.刘叶涛，译.南京：南京大学出版社，2009：7.

还具有心灵内容或语义内容。③中文房间所陈述的是一般原理，即这个思想实验论证的是仅仅通过操控形式符号本质不能上导致具有语义内容，其本身也不足以保证语义内容的存在。这个系统能把某个人的行为模仿得多好这并不重要，对符号的操控有多么复杂也不重要，重要的是你不可能从句法过程中抽取出语义来。①

塞尔在提出中文房间论证时对人工智能的观点进行了区分，他把人工智能区分为"强人工智能"和"弱人工智能"。当然，塞尔本人支持的是"弱人工智能"，而反对"强人工智能"。最强版本的观点认为，心灵只是一种计算机程序，除此之外什么也不是了。而弱版本的观点认为，计算机在模拟人类的心灵方面是一种有用的工具。当然，塞尔并不反对"机器人会思考"这种可能性，他反对的仅仅是"强人工智能"意义下的机器人，即纯粹依靠句法运行的机器人是不会有心灵的。

有人反驳中文房间论证，认为如果意识能够作为人脑的一种突现性质，那么为什么其他类型的机器就不可以呢？塞尔认为，"强人工智能"所涉及的并不是计算机硬件具有突现某种性质的能力，而是只要正确地执行硬件中的适当程序，那么就会产生心灵状态或者突现心灵状态。但程序是以纯粹句法方式来定义的，句法是不足以保证心灵的语义内容的。

许多功能论者对塞尔的思想实验进行了回应，认为比起在中文房间的张三来说，在一个更高层次上的中文房间论证是一个整体的系统，在这个系统中人们有某种心理活动可以产生理解，即所谓"回复系统"（systems reply）；也就是说，虽然房间里的张三不懂中文，但这个人只是更大系统的一部分，整个系统包括房间、规则书、窗户、盒子、程序等，不只是张三这个人，整个系统是知道中文的，即整个房间整合之后还是可以理解中文的。当然，塞尔认为这种反驳是不充分的。为什么房间中的人不理解中文呢？因为房间中的人根本不知道任何中文的意思，他可能懂句法但不懂语义。如果房间中的人没有办法从句法中明白语义，那整个房间（系统）也就没有办法理解语义了。整个房间并没

---

① 约翰·塞尔.意识的奥秘.刘叶涛，译.南京：南京大学出版社，2009：7-8.

有任何资源能够把意义赋予符号。塞尔对这一思想试验进行了扩展说明：试想一下，如果去掉房间和门外的工作，张三只是在脑海中进行所有的计算，并记住数据库。尽管如此，仍然不能表明张三理解了中文，也没有任何子系统能理解中文。符号的控制是一方面，即使在更高层次上这也只不过是句法形式而已，而知道符号的含义是另一方面。此外，塞尔还提出，房间里的张三只需记住规则和符号的关系就可以了。尽管张三会令人信服地模仿沟通，但他能够意识到的只有符号和规则，而不是符号和规则背后的意义。计算机是根据符号输入来定义的，符号的控制本身既不是本构的，也不足以产生意义。

塞尔认为，句法与语义之间的区分对于整个论证是非常重要的。为了便于人类进行沟通，那就必须有一种语言。语言由符号组成，通常由字词组合成句子。这些单词、字词、句子都是句法的，只有当这些要素有意义时语言才能够起作用。但意义是什么呢？哲学、语言学、文学和心理学等都对意义做出了许多不同的解释，任何对意义的解释必须区分不同的符号，符号被视为纯粹抽象的句法实体，意义被赋予这些符号，但也必须区分这些符号及其含义。因此，中文房间中的人只知道用规则构成的计算系统，但却不知道它的任何意义。

"人类和计算机在处理信息时都共同遵循着某种规则。就人类而言，当我们遵守规则时我们实际上也接受了内容和意义的指导，也就是说意义导致了行为。当然，导致行为的方式是多样的，不仅仅是意义，但意义无疑对行为产生了因果作用。"[①] 例如，考虑某种交通规则，如果张三来到一个陌生的国度，这个国家中的所有汽车都是靠左行驶的，那么张三也必须如此遵从。也就是这条交通规则的意义，即它的语义内容对张三的实际行为起着某种规范性的作用。

从人类遵守规则的意义上来说，计算机根本不会遵守规则，也不会违背规则，因为它只按规则机械地运行，并不能"理解"规则的意义，它只不过是按照一定形式程序去行动。如同钟表永远按一个方向旋转，钟表不会违背这种规则，当然也不存在遵守某种规则。计算机的程序决定着机器所要采取的各种步

---

① 樊岳红，魏屹东.鲁滨逊能遵守规则吗？——遵守规则的个体论与集体论之争.自然辩证法通讯，2011,(2):66-70.

骤，决定着机器怎样从一种状态变成另一种状态。仿佛机器在遵守规则一样。但从人类遵守规则的意义上来说，计算机不是在遵守规则，因为它们只是表现得好像在遵守规则一样。计算机根本就不会遵守规则，它只能执行形式化的程序。因此，我们有了两种意义的遵守规则，一种是在人类遵守规则的原本意义上，一种是机器遵守规则的比喻意义上。但这两种情况是极易混淆的，因为人类在思考时处理的是语义信息，而计算器在输入、输出时也是传递某种信息。因此，在人与机器处理信息的类型方面是存在着某种类似性。

但塞尔认为这种观点是极其错误的。人类的思考意指人类有意识或无意识地在参与着某些心理过程。而计算机处理信息的过程是根本不具有任何心理过程的。"计算机只是在程序引导下模仿或模拟人心的操作过程。"① 人们对于符号的操作是具有意向性或语义性的，但机器的表征却是句法式的，所以心灵的计算理论在根本上是有缺陷的。

七、怪人假设

（一）何为怪人假设

设想存在这样一种物理复制人，也被称为"哲学僵尸"（philosophical zombie）或"哲学怪人"。这些哲学怪人没有任何感受性，但其外显行为却与正常人的行为完全一样，唯独没有主观的现象学特征。也就是说，可以设想有一个张三和一个怪人张三，张三和怪人张三长得一模一样，却没有相同的内在心理现象。查尔默斯认为："几乎世界上的所有事物都可以用物理术语进行解释；很自然地，意识或许也可以以此种方式解释。然而……我将证明意识超出了还原解释之网。"② 他提出"哲学怪人论证"以说明现象意识是非物理的属性，物理论是错误的。

在认知哲学中，哲学怪人是一种假设的存在物，是一个只缺乏意识经验、

---

① 约翰·塞尔.心、脑与科学.杨音莱译.上海：上海译文出版社，2016：39.
② Chalmers D.The Conscious Mind：In Search of a Theory of Conscious Experience. Oxford：Oxford University Press, 1996：93.

缺乏感受性或感觉，但外表和行为上与正常人一样的存在物。这个论证在逻辑上是可能的。设想有一个怪人（zombie），外表和行为跟张三一模一样，甚至在物理分子层次上也没有差别，唯一的差别是怪人张三完全没有心理状态或心理活动，姑且称其为怪人张三。人类张三和怪人张三具有相同的外显行为，但怪人张三却完全没有任何心理状态。当我们用锋利的小刀去扎他，他感觉不到任何的疼痛，但是他的行为却表现得好像感到很疼痛的样子，他可能也会说"哎哟"、出现皱眉等行为。值得注意的是，哲学怪人可能存在的必要条件是没有用大脑的特定部分来直接产生感受性的过程，即只有主观意识可以独立于物理大脑，哲学怪人才有可能存在。

也就是说，怪人张三与人类张三具有完全相同的生理结构，不论受到什么刺激，做出的反应和行为模式也是相同的，但怪人张三唯独没有人类张三所拥有的感受性。当我们从第三人称的客观视角来观察怪人张三和人类张三时，我们看不出二者之间有任何的差别。因此，在哲学上，怪人假设是指拥有人类的行为系统却没有人类的心理生活、没有人类意识或没有真正的意向性。这种论证主张怪人假设在逻辑上是可能的。如果怪人假设在逻辑上是可能的，那么一个系统可能有正确的行为、有正确的功能机制、甚至有正确的物理结构，但没有任何心理状态及心理生活。怪人假设主要用于反对特定类型的物理论如行为主义和功能论等。物理论的主要观点是，可以用物理方法来解释人类的一切。具体来说，人类的各个方面包括感知都可以从神经生物学的角度来解释。怪人张三在行为上与正常的张三无法区分，但其缺乏有意识的经验，这在逻辑上是有可能的。因此，哲学怪人在逻辑上的可能性证明了行为主义是错误的。行为主义及功能论的分析都是错误的，他们没有为上述论证提供一个充分反驳的条件。

查尔默斯认为，既然怪人假设在生理学上无法与人类区分，那么最好从逻辑的可能性上来对物理论进行驳斥。然而像丹尼特等物理论者认为，"查尔默斯的生理怪人在逻辑上是不连贯的，因此是不可能。"① 怪人假设一般分为三种不同的类型：①行为怪人，在行为上与人类无法区分；②神经学怪人，拥有与人类

---

① Dennett D C. Darwin's Dangerous Idea. New York：Simon & Schuster，1995：322.

一样的大脑，并且在生理结构上与人类无法区分；③缺乏心灵的怪人。①

这种论证出现在各种形式中，最早是由内格尔提出的。内格尔认为，我可以想象我的身体正在做什么。从内到外的行为，包括典型的自我意识行为，完全是由物理因果关系产生的，但是却没有任何我现在正体验的心理状态。如果这是可能的，那么心理状态明显地不同于身体的物理状态。这是一种镜像的笛卡儿论证。笛卡儿认为，我心灵的存在不需要我身体的存在，因此，我的心灵不等同于我的身体。这个论点是说我身体的存在不需要同时有思想的存在，因此，我的心灵不同于我身体的任何部分，也不同于我身体的任何功能。

查尔默斯主张，由于这样一个世界是可以设想的，因此在形而上学上也是可能的。查尔默斯认为："怪人在物理上自然是不可能的，它们不可能存在于我们自然法则的世界中。"② 查尔默斯的怪人论证如下：

（1）根据物理论，在我们世界的所有存在物（包括意识）都是物理的。

（2）因此，如果物理论是正确的话，那么在一个形而上可能的世界里，所有物理事实都必须与我们现实世界是一样的，形而上可能的世界也必须包含现实世界里所有实际的存在物。特别地，在这样一个可能的世界里也必须有意识经验。

（3）事实上，我们可以设想这样一个物理上与我们现实世界无法区分的可能世界，但这个物理可能世界是没有意识的（即一个怪人世界），这样一个世界在形而上学上是有可能的。

（4）因此，通过（2）和（3）的否定后件式，物理论是错误的。

怪人论证的一般形式是把句子 P 当成是正确的，那么，P 是一个真理合取集。如果一些现象学真理是在实际世界中获得的，那么句子 Q 当成是真的。一般的观点论证如下②：①可以设想，P 是真的而 Q 是假的。②如果 P 是真的而 Q 是假的，那么 P 是真的而 Q 是假的在形而上学上是有可能的。③如果在形而上学上 P 是真的而 Q 是假的是有可能的话，那么物理论是错误的。④因此，物

---

① Harnad S. Minds, machines, and turing: The indistinguishability of indistinguishables. Journal of Logic, Language, and Information, 2000, (4): 425-445.

② Chalmers D. Consciousness and its place in nature // Chalmers D (ed). Philosophy of Mind: Classical and Contemporary Readings. Oxford: Oxford University Press, 2002: 106-109.

理论是错误的。

在可能世界中，如果获得下列例题，Q 可以是假的：①至少存在一个与现实世界相反的世界；②相对于现实世界，至少存在一个没有感受性的世界；③所有的人类都是哲学怪人，因为这个反世界上的人类都没有感受性。如果怪人在生理结构上与人类一样，但唯独缺少现象性经验，那么我们可以得出，感受性不是由客观物理事实决定的。物理论者在面对这种观点时，当然持否认态度。物理论者认为，如果怪人张三与人类张三在物理或生理结构上相同的话，那么它们必然在所有的方面都是相同的。

（二）对怪人假设的回应

最近有许多文献在讨论怪人假说，下面是几种对怪人假说回应的观点：

（1）否认感受性及心灵的相关现象概念是连贯的概念。丹尼特和其他的一些人认为，尽管在某种意义上存在意识和主观经验，但它们不支持怪人论证的主张。例如，痛苦的经验不是说脱离了一个人的精神生活，没有任何行为或生理的差异。丹尼特认为，"意识是一系列复杂的功能和想法。如果我们都可以拥有这些经历，那哲学怪人的想法是无意义的。"[①] 因为直觉上似乎很容易想象有一个长得像我们的机器，但却没有意识。丹尼特提出下面这一类比：假如有人认为有一根铁条在各方面都像磁铁（magnet），但它却不具磁性，因为它们是"磁渣"（zagnet）。丹尼特认为，如果说铁条不是磁铁是不可思议的，因为 zagnet 就是磁铁。相类似地，如果机器在各方面表现得像一个具有意识的行动者的话，那它就是一个有意识的行动者。zagnets 就是磁铁正如同怪人就是有意识的行动者。

（2）对怪人论证的另一回复认为，如果该论证是正确的，那么意识将成为一种副现象。如果张三有相同的行为却没有意识，那么意识将不会起任何作用。当然，有人认为这个答案依靠一个错误的论证。怪人假设一方面表明有意识；另一方面有行为和因果关系，通过显示不同的现象表明逻辑上只能有其一，不可能二者兼具。也就是说，在逻辑上意识、行为和因果关系二者不可兼得。但

[①] Dennett D C. Darwin's Dangerous Idea. New York: Simon & Schuster, 1995: 322.

逻辑上的可能性并不意味着在现实世界中意识不起任何作用。例如汽油燃烧不等同汽车运动，因为它可以设想有汽油燃烧而没有汽车的运动，或者有运动而没有汽油燃烧。并且有汽车运动而没有汽油燃烧，这在逻辑上是有可能的。但这并没有表明汽油和其他燃料是副现象的。

（3）许多物理论哲学家认为，这种情况下通过对自己的描述来消除了自己。物理论的基础是世界完全由物理层次来定义，因此一个在物理上相同的世界必定会包含意识，正如意识必然会从与我们自己相同的物理环境中产生一般。人们认为，怪人在形而上学是可能的，但不具有物理上的可能性。如果通过相关真理性，逻辑可能性并不蕴含形而上学可能性，那么怪人论证只有逻辑可能性并不足以建立它们形而上学上的可能性。

（4）实证主义者认为，字词是有意义的，字词的用法必须对于公众是可公开验证的。因为我们可以谈论我们的感受性，因此怪人是不可能存在的。一个相关的论证是"怪人-话语"。如果张三说他喜欢榴梿的味道，而一个怪人也会产生相同的反应，这可将怪人视为是拥有复杂思想和想法的人。如果怪人是没有意识的话，那么它们不可能有认知话语。因此，如果一个怪人有说话的能力的话，那么它就不是一个真正的怪人。

（5）人工智能学家马文·明斯基（Marvin Minsky）和理查德·布朗（Richard Brown）认为，怪人论证是一种循环论证。为了表明这一点，布朗提出一个新词"zoombies"，这些"zoombies"在身体行为上与人类不同，并且缺乏意识。如果真有zoombies存在的话，那么他们会反驳二元论（没有意识现象），这将表明，意识是物理的。与查尔默斯的观点相似，可以从逻辑上想象zoombies存在，所以它们在形而上学是很有可能存在的，因此二元论是错误的。"鉴于怪人论证和zoombie论证之间的对称性，我们不能先验地仲裁物理论/二元论的问题。"①

（6）解释怪人假设的另一种方法是来解释认识论上的一个问题，而不是一

---

① Brown R. Deprioritizing the a priori arguments against physicalism. Journal of Consciousness Studies，2010,（3-4）:47-69.

个逻辑问题或形而上学可能性的问题。"解释性鸿沟"表明，到目前为止，关于我们如何具有意识以及为什么我们是有意识的，没有人提供一个令人信服的因果解释。同样，"解释性鸿沟"表明，到目前为止，"我们如何以及为什么不是哲学怪人，也没有人提供一个令人信服的因果解释。"①

八、孪生地球思想实验

孪生地球思想实验（twin earth thought experiment）是由普特南提出的②，他提出这一思想实验的目的主要是反对功能论，尽管他原本的目的是用来反对语义内在论的。这一思想实验非常简单，设想如下：想象一个孪生地球与我们生活的地球在各个方面都是一样的，但只有一样事物除外，即孪生地球上水的化学分子结构不是 H_2O，而是其他一些结构，我们姑且称之为 XYZ。需要注意的是在孪生地球上 XYZ 仍被称为"水"，其表现出的宏观属性与地球上水的宏观属性也是完全一样的，例如地球上的水是在常温常压下无色无味的透明液体，是可以泡茶喝的水、浇花的水、洗脸冲澡的水、河水、雨水及海水等等。而孪生地球上的 XYZ 也是在常温常压下无色无味的透明液体，是可以泡茶喝的水、浇花的水、洗脸冲澡的水、河水、雨水及海水，等等。这两个世界除了在水的化学分子结构不同之外，其他每一方面都是相同的。

再设想生活在地球上的小红和生活在孪生地球上的孪生小红是一模一样的，她们会看到相同的东西、遇到相同的人、拥有相同的工作、表现出完全相同的行为方式，等等。换句话说，她们共享了相同的输入、输出和其他心理状态（除了关于"水"的心理状态不同），孪生小红就是地球上小红的一种功能上的复制品。例如小红和孪生小红都具有"水是可以喝的"这一信念，但是地球上的小红所相信"水是可以喝的"的心理状态内容不同于孪生小红相信"水是可以喝的"的信念，因为小红的信念中的水是 H_2O，而孪生小红的信念中的水是 XYZ。两个人在功能上可以是相同的，她们都相信水是可以喝的液体、浇花的

---

① Harnad S. Why and how we are not zombies. Journal of Consciousness Studies, 1995, (1): 164-167.
② Putnam H. Minds and machines // Putnam H (ed). Mind, Language and Reality. Cambridge: CUP, 1975a: 223-225.

液体、河水、海水等，但是她们却拥有不同的心理状态。因此，按照这种说法，功能论不能充分地解释所有的心理状态。

孪生地球思想实验的主旨有两个方面：第一，意义不在头脑之中，也就是说对意义的关注由感觉、理念和精神状态转换到了外部实在；第二，由意义的个人决定层面转换到了意义的社会决定层面。也就是说，我们各人所具有的意义、信念、概念与一系列文化和环境因素相联系，如谈话者断定的目的和背景，他与对象的因果联系，共同体所处的位置以及由此产生出来的语义责任、语言的社会分工甚至还在社会实践中作为参与者的谈话者自身的理性判断等。普特南的孪生地球论证说明了，如果在地球和孪生地球上面的居民关于水的印象相同，也不能说地球和孪生地球上面存在着相同的水。孪生地球上面的水的意义不与地球上面水的意义等同（化学结构的成分不同）。普特南的"孪生地球"所设想的背景是说，虽然地球和孪生地球上面的人们在使用"水"这一个语词时所表述的内涵相同，但是"这一语词由于共同体环境的不同而不同，因而其内涵也发生了变化"[①]。

这个思想实验所得出的结论是语言表达式的意义不在心灵之中而在语言使用者与他所处的外在世界的因果关系中，也就是说，心灵的意向性状态之所以具有内容，根源不在于心灵能把握那些隐存的"内在对象"，而在于主体与世界的因果互动。大多数功能论的支持者对孪生地球论证的最初回应是，这个论证试图在内部内容和外部内容之间保持一种鲜明的区分。例如，命题态度的内部内容将专门由这些方面所构成，即它们与外部世界没有任何关系、将会承担必要的功能／因果属性，这种功能属性允许与其他内部心理状态之间有关系。

孪生地球论证取决于这一假设，即与对自然水的体验相比，对一种模仿水的体验会导致不同的心理状态。然而，由于没有人会注意到两种水的区别，那么孪生地球这种假设可能是错误的。因此，孪生地球论证不构成一种真正的论证：正如这一假设蕴含了对功能论本身的直接否定，但两种不同的水并不会产

[①] 任晓明.普特南意义理论的意义——从分析哲学的视域看.南开大学学报（哲学社会科学版），2009,(5)：81-85.

生不同的心理状态，因为功能关系仍保持不变。

塞尔认为，像信念和欲望这样的意识状态只是表征了世界的某些方面。例如，对水的渴望不同于对 H_2O 的渴望，因为张三可能会渴望水而不知道它是 H_2O，甚至不相信它是 H_2O。所有的意向性表征了不同的方面。无论水产生了什么、H_2O 产生了什么，又是什么产生水、什么产生了 H_2O，功能论的分析认为，"材料是水"的信念和我渴望水的信念在因果条件不能区分我的信念和来自信念的渴望，即不能区分"该材料是水"和"我渴望 H_2O"。但二者有着明显的不同，因此功能论是错误的。

我们可能会问：你相信这材料是水吗？或你相信这个材料是 H_2O 吗？信念和欲望的问题来源于意义。我们怎么知道张三意指的是 H_2O 呢？或者张三用 H_2O 意指什么呢？那我们所说的"水"意指什么呢？如果我们继续追溯行为和因果关系问题，那么行为和因果关系并没有在人们头脑中有不同意义。总之，替代性的及不一致的转化将符合所有的因果和行为事实。

九、对物理论的其他反对意见

（一）多重可实现性

对类型同一论影响最大和最常见的一种反对意见来自多重可实现性论证。多重可实现性论证主张，心理状态可以由多种系统类型来实现，即不仅可由大脑来实现心理状态。而同一论把心理事件等同于某种大脑状态，不允许心理状态在生物体或计算系统来实现，认为这些事物没有大脑。实际上，同一论的这种论调太狭隘了，它不允许没有大脑的生物拥有心理状态。然而，个例同一论（即只有特定个例的心理状态与特定类型的物理事件是同一的）与功能论都可以解释多重可实现性。类型同一论者如斯马特对这一反驳意见进行了回应，认为虽然心理事件是多重可实现的，但这并不能因此证明类型同一论是假的。因为功能论的二阶（因果）状态中，有一些一阶状态是由行为产生的。普特南对斯马特的反驳进行了回应，他认为的确有二阶类型同一论。普特南使用多重可实现性来反对功能论本身，表明心理事件（在普特南术语意义上）可以由不同的功能/计算类型来多重实现，在特定心理状态和特定的功能之间可能只存在个例同一。普特南等倾向于认为他们自己是非还原的物理论者。

（二）感受性

另一种反对意见是类型同一论没有解释现象的心理状态或感受性，如疼痛感、悲伤感、恶心感等。在哲学中，感受性是指主观、有意识的个人实例经验。一些哲学家一般用感受性来反对物理论观点。如果要识别感受性的特征，那么感受性必须能在不同的经验中重复出现。因此，这些经验中具有的一种共相，称为"感受性"。虽然这样的感受性具有共相性，但在公认的意义上，它又必须区别于对象属性（看到花的红感受性，与红色的花本身的颜色属性是有区别的）。许多概念混淆了对象的属性和感受性本身，包括当前的本质论解释。感受性是直接被感知到的，不受任何可能错误的控制，因为感受性纯粹是主观的、直观的。杰克逊之后把感受性定义为："……身体感觉某些特别的特性，而且是感性经验的某些特性，这种特征不包括纯粹的物理信息。"①

克里普克和查尔默斯同样主张，同一论者无法区分现象的心理状态与脑状态（或任何其他物理状态），因为关于这种质性的心理状态有一种直觉，它们本质上是感受性的，而大脑状态不是。类型同一论者如斯马特，试图通过坚持心理事件的经验属性是中立话题（topic-neutral）来解释这种现象。中立话题的概念术语和表达可以溯源到赖尔，赖尔把这些中立话题术语等同为"如果""或者""不是""因为""和"。在谈话的过程中，如果有人单独听到这些术语，那将不可能告诉我们所听到的内容，不论谈论的主题是关于天文、地质、物理、历史或哲学等。对于同一论者来说，感觉数据和感受性不是大脑中真实的事物。根据克里普克在他的论文《同一性与必然性》（*Identity and Necessity*）中提出的一个论证，诸如原始感觉的事物是可以讨论感受性的存在，这种讨论会导致这

---

① Jackson F. Epiphenomenal qualia. Philosophical Quarterly，1982，(32)：127-136.

一逻辑可能性，即有两个实体在所有方面表现出相同的行为，但其中一个实体却完全缺乏感受性。这个缺乏感受性的实体可以被称为"哲学僵尸"[1]，虽然很少有人主张"哲学僵尸"实际上的存在，而仅仅是主张它满足了反驳物理论的条件。

（三）意义整体论

对功能论的另一种常见批评是，功能隐含着一种激进的语义整体论（semantic holism）。布洛克和福多认为这是一个damn/darn的问题[2]。根据功能论，由于这些输出与许多内部心理状态是相关的，例如张三和李四经历了同样的痛苦，但做出了不同的反应，那么他们并没有共同的心理状态。但这是反直觉的，显然，当他们处于痛苦之中的时候，例如他们都用锤子砸到了自己的手指，不论他们是否用完全相同的言语来表达疼痛，他们都共享了一些有意义的心理状态。对这个问题的另一种可能解决方案是采用一种温和的整体论形式。即使在痛苦的情况中、在信念和意义的情况中也可以进行成功的解释，但这将面临明确区分相关和无关内容的区别。

功能论者和物理论者最主要的兴趣点是对二元论根本上的反驳。他们试图分析心理现象并且试图避免提及任何内在的主体性和非物质性。二元论认为世界上有不可还原和不可取消的心理特性，特别是意识和意向性，物理论认为世界完全由物理粒子组成。但如果这两种观点都是正确的话，那么就必须有一种陈述来提出它们之间的一致性。考虑传统的分类，很难看出它们之间所具有的一致性，因为物理论似乎蕴含着不可能有不可还原的非物质现象；而二元论却似乎蕴含着除了物质现象之外，还有不可还原的非物质的心理现象存在。用哲学术语来分析，则物理论的分析不能赋予心理现象以足够的条件，因为在缺乏适当心理现象的情况下它也能满足物理论的分析。塞尔把意识看作物质世界中不可还原的生物学现象，是生物体在进化过程中出现的"突现特征"；丹尼特从

---

[1] 要注意"哲学僵尸"与"僵尸体"的差别，"僵尸体"涉及人类的大多数无意识活动。而"哲学僵尸"由于缺少意识，从而无法形成感受性。

[2] Block N, Fodor J. What psychological states are not. Philosophical Review, 1972, (2): 159-181.

本体上否认了心灵实体的存在，认为心灵和意识只是人们为了解释和预测的方便而创造的工具而已；戴维森把意识看作一种属性，从而把物理事件和心理事件的对立归结为语言描述的不同；查尔默斯既注重对意识的科学研究，同时也看到了意识现象的主观感受性无法进行客观的科学还原，而试图在两者之间保持一种必要的整合。

第八章

意识与意向性：心物难题的意向性方案

> 意向性是为许多心理状态和事件所具有的这样一种性质：这些心理状态或事件通过它而指向或关于或设计世界上的对象和事态。
>
> ——约翰·塞尔

意识的解释是认知哲学中最为困难的问题之一，正如丹尼特所认为的，人类的意识大致是最后的求解之谜了。这个谜比其他的谜更难破解，因为尽管宇宙的起源、生命和繁殖、自然界的设计等人类之谜还没有最终的答案，但它们已经被驯服，人们至少知道如何思考它们、知道怎样去寻找更好的解答。但对于意识，我们至今仍如坠五里云雾中，它"迄今仍然常常令最睿智的思想家张口结舌、不知所措。与过去遇到过的所有奥秘一样许多人坚持认为——并且希望——不会出现对意识的祛魅"[①]。到目前为止，认知哲学仍然没有弄清楚意识问题究竟是怎么一回事。意识是一个迷人而又难以捉摸的现象，因为人们无法说清楚意识到底是什么，意识可以做什么，或者为什么会进化出意识。或许意识

---

① Dennett D. The Intentional Stance. Cambridge: The MIT Press, 1987: 21-22.

问题将成为 21 世纪研究的热点问题。①

一、意识的解释

当你在听音乐、看电影或看书时，你意识到了什么呢？或者到了中午吃饭的时间时你感到肚子很饿了，这是一种什么感觉呢？春末夏初，外面柳絮飞扬让人感到很厌烦，抑或当你听了张三讲一个很好笑的笑话时，你笑得很开怀，等等，意识状态包括这些感官经验和情感体验。意识问题对于解决身心关系而言是至关重要的。"内格尔就曾感叹道：如果没有意识，心身问题将会是索然无味的；但如果有意识，心身问题又好像无望解决。布莱克摩尔（S. Blackmore）也说：对哲学家和科学家来说，意识都是一块硬骨头，意识的主观性使意识成为一个令人烦恼、纠缠不清的问题。也许，正是这个事实决定了下述情况，即在 20 世纪，几乎整个意识问题都被排斥到了科学讨论的范围之外。"② 不过，近几十年来，意识问题逐渐成为科学界研究的新热。

二元论者认为，意识只是精神实体的一种属性，并且我们也没有办法对意识进行科学性的解释。唯心论者认为万物都是有灵的，故能将意识视为宇宙万物都具有的一种属性（泛心论）。唯物论者认为意识是一种物理过程，但具体是哪一种过程则有不同的看法。功能论者认为，意识是足够复杂的计算系统的一种功能属性，如同意识是人类心灵的属性一样，因此意识终归可以成为高级机器人的一种属性。突现论认为，意识最终是从人脑的生物复杂性中突现出来的，并不仅仅是源于其计算功能。一种"神秘主义"的唯物论则认为，意识是太过复杂的一种物理过程，而人类心灵是有限的，因此人类有限的心灵将永远无法了解意识。

那意识真的存在吗？丹尼特等认为，意识难题主要源自于关于心灵的一种过时的二元论观点。大多数二元论者相信人死之后灵魂依旧存在，这也跟其宗教情怀相关。这种想法是非常具有吸引力的，但是并没有可靠的证据表明有脱

---

① Sutherland S. The International Dictionary of Psychology. New York：Continuum，1989：56.
② 刘占峰. 解释与心灵的本质——丹尼特心灵哲学研究. 北京：中国社会科学出版社. 2011：158.

离身体而存在的灵魂。内格尔和查尔默斯想用思想实验表明,通过科学来解释意识现象这一条道路是行不通的。例如在《当蝙蝠是什么滋味?》(见第七章)一文中,内格尔提出,想象一下当我们成为一只蝙蝠时,那种感受会是什么样子的。蝙蝠的感知完全不同于人类,通过计算科学或神经科学的解释,如何能够说明蝙蝠的主观经验?再设想一个外表同张三一样,但却没有任何意识经验的哲学怪人。[①] 德鲁·麦克德谟特(Drew Mcdermott)认为,机器人最终会拥有与人类相同的意识是一种幻象。但是对人类而言,如果说颜色、声音、滋味、感受、情绪都是幻觉的话,那似乎也是很奇怪的。但究竟什么是意识呢?

(一)意识是什么?

意识经验是我们在这个世界中最熟悉同时也是最神秘的事情,比起其他事物来说,我们都会更加直接地知道意识,但我们其实不清楚意识是如何协调其他事物的。意识到底存在吗?用它能做什么呢?

"意识"这个词本身是模糊的,它指称的是主观现象。有时它指的是认知能力,如反省或报告自己的心理状态,有时它被当成"觉知"(awakeness)来用,有时又与我们自己的注意力密切相关,或与自觉控制自己行为的意志相关,而有时"意识到一些事物"与"了解到一些东西"是一回事。结合具体的使用情境,人们接受所有这些用法。在核心意义上,意识包括"体验""感受性""现象学""现象的""主观经验"和"像是什么样子的"等,这些术语或短语都是近似于"意识"的现象,除了语法差异之外,这些术语之间的内涵差异是微小的。在这个意义上,"有意识"大致相当于"有感受性""拥有主观的经验",等等。[②]

《国际心理学词典》(*The International Dictionary of Psychology*)甚至没有办法给出关于意识的简单描述。除了这个词本身难以理解之外,也没有办法把握意识意指什么。许多人容易混淆意识与自我意识,而以为一个有意识的人只需要感知外部世界。

[①] 保罗·萨伽德. 心智: 认知科学导论. 朱菁, 陈梦雅, 译. 上海: 上海辞书出版社. 2012: 191-192.
[②] Chalmers D J. The Conscious Mind: In Search of A Theory of Conscious Experience. Oxford: Oxford University Press, 1996: 6.

一般把主观事物描述为"主观的感受经验"。当我们在感知、思考和行动时，会有因果关系和信息的处理过程，这一过程通常不是秘密进行的，而有一种内部机制；还有一些认知行动者的感觉，这种行动者的内在方面就是意识经验。从看到鲜艳的颜色到闻到某种香味、从痛感到话到嘴边却表达不出来的感觉、从让人不得安宁的瘙痒到深层的焦虑感、从特别的薄荷味道到普遍的自我经验，等等，所有这些都有一些独特的感质经验，所有这些感质经验都是心灵突出的内在体验。

如果有一些事物也处于上述心理状态，那么具有这种心理状态的事物是有意识的。同样，我们可以说，如果心理状态有一种质性感觉（qualitative feel），那么心理状态是有意识的。这些质性感觉也被称为现象感受，或简称为感受性。解释这些感受性现象就是在解释意识。当然，这也是身心关系问题中最困难的部分。

塞尔认为，"意识是一种自然的生物现象，它和消化、生长或光合作用一样，也是我们有机生命的组成部分之一。"他把这种观点称为"生物自然主义"（biological naturalism）。[1] 我们之所以会对意识以及其他心灵现象的自然生物性特征视而不见，是因为我们的哲学传统将"心灵的"和"物理的"分成了两个相互排斥的范畴。解决这个问题的根本出路，在于抛弃二元论和唯物论，并接受以下观点，即意识既是一种定性的、主观的"心灵"现象，同时又是这个"物理"世界的一个自然组成部分。之所以说意识状态是定性的，是因为对于任何意识状态而言，例如对于感觉到疼而言，都存在着某种从性质上来说更像是处于这种状态当中的东西；说它们是主观的，是指只有当它们被某个人或者另外某种"主体"经验到时它们才是存在的。"意识是一种自然的生物现象，它不能被恰当地归入心灵系统与物理范畴的任一个之中。它由大脑中低层次的微观过程引起，是大脑在更高宏观层次上的一种特征。"[2] 塞尔认为，如果我们要接受这种观点，那么首先就必须放弃传统上的心物二分法。

---

[1] Searle J R. Intentionality. Cambridge：Cambridge University Press，1983：264.
[2] 约翰·塞尔. 意识的奥秘. 刘叶涛，译. 南京：南京大学出版社，2009：3.

杰拉尔德.埃德尔曼（Gerald Edelman）在《记忆的显现》（The Remembered Present）中区分了初级意识（primary consciousness）和高级意识（higher-order consciousness）。初级意识与意象（imagery）有关，他用意象一词意指简单的感觉和感知经验；高级意识则包括了自我意识和语言。埃德尔曼认为，"初级意识来源于与过去的评价范畴相关联的记忆，也来自于当下世界的、由全局绘图分类的、输入到现实时间中的交互作用"①。高级意识只能从初级意识发展而来。换句话说，为了发展出像语言和符号这样的高阶能力，我们首先得拥有如感觉和感知经验这样的意识现象，才能形成所谓的自我概念，并且区分自我和他物，这些发展也将导致语法与语义的进一步发展。但我们对意识的解释往往诉求于主观经验，需要阐明所谓"感受性"的问题，亦即需要解释红色的红性、棉花糖的柔软性（softness）是什么样的。埃德尔曼认为我们不可能解决感受性问题，因为每个人的感受性都是不一样的。

关于意识，达马西奥（A. R. Damasio）还提出了两种精细的神经学说明，"即核心意识与延展意识，两者都拥有表征成分。核心意识较为简单，涉及基本的觉醒状态和注意，它依赖于生物进化上较为古老的、能够调节身体状态并定位身体信号的大脑部分，例如脑干，而非较晚才出现的部分，例如前额叶皮层等"②。根据达马西奥的观点："生物体自身状态如何被生物体对物体的加工所影响，当大脑的表征设备对此产生了表象式的而非语言式的说明时，核心意识便产生了。"③因此，即便核心意识也是一种表征式过程。

延展意识则具有更为明显的表征性质，因为它涉及基于自传体记忆的自我感。尽管核心意识仅仅要求对当前躯体信号的体现，延展意识则需要关于早前经验的、已储存的表征，同时还需要能够进一步表征这些表征的高层次结构。达马西奥认为，只有在扣带皮层及其他那些在进化史上出现较晚的动物大脑中，例如人类和其他哺乳动物，其神经活动才能产生这些二阶结构。

---

① Edelman G. The Remembered Present: A Biological Theory of Consciousness. New York: Basic Books, 1990: 155.
② 保罗·萨伽德. 心智：认知科学导论. 朱菁, 陈梦雅, 译. 上海：上海辞书出版社. 2012: 202.
③ Damasio A R. The Feeling of What Happens: Body and Emotion in the Making of Consciousness. New York: Harcourt Brace Jovanovich, 2000: 169.

莱肯（W. Lycan）和卡拉瑟斯（P. Carruthers）认为，表征同样重要。根据这些理论，心理状态或意识比如感觉到疼痛是由对这些状态的表征构成的。而卡拉瑟斯认为，这种表征仅仅要求具有关于该心理状态的思想。如果这些说法是正确的，那么意识显然是心灵表征式理解的一部分。意识有没有可能就是一种仅仅依赖于物理过程的表征过程呢？如果是，则意识可以被理解为一种计算-表征式过程。

那么这是否意味着足够复杂的机器也将会具有意识呢？保罗·萨伽德（Paul Thagard）认为，对于大脑的互动式过程如何产生意识，我们的理解还不充分，无法断定对因果性的相应过程能否被植入电脑中。最起码意识需要机器人能够捕获来自外部世界及其自身物理状态的感知信息。无人驾驶汽车看似能够"识别"或"判断"交通信号灯颜色，但实质上它是接受 GPS 传来的指令，从而它也能据此"预知"前面哪一段路会不会拥堵等。由于机器人不可能复制人类完整的生物复杂性，所以意识或许永远不会从它们的感觉和表征活动中涌现。即使机器人的确能够获取意识，我们也没有理由期望它们的质感经验会与我们的类似，因为它们的躯体和感官迥异于人类。"即便我们能够利用一个机器人在极为充沛的细节真实性上模拟人类来加工信息，仍然有大量对于人类意识来说至关重要的生物学方面为机器人所欠缺，例如激素和诸如脑岛这样的特定脑区。受限于当前的知识，我们就是没法知道成为一个机器人可能会是什么样子。"①

虽然意识只能被人类或动物主体所体验到，但这并不意味着不能对意识进行科学客观的研究。因为"客观"和"主观"在本体论意义与认识论意义之间界限是模糊的。在认识论意义上，命题的真或假取决于说者或听者的感觉与态度。例如"张三体重65公斤"，在认识论意义上是客观的，也就是说该命题的真与假独立于听者或说者的感觉与态度。但"张三比李四更友善"，在认识论意义上是主观的，因为它的真或假取决于参与者的情绪和态度。除本体论和认识论意义上的区分外，二者在存在模式上也有区分。意识状态有一种主体方式，

---

① 保罗·萨伽德.心智：认知科学导论.朱菁，陈梦雅，译.上海：上海辞书出版社，2012：203.

也就是说只有当意识状态被人类或动物主体体验到时它们才存在。在这方面，意识状态不同于宇宙的其余部分，如珠穆朗玛峰、水分子和地壳的板块构造等，后者都是一些客观的存在方式，而意识状态的存在方式具有本体上的主观性，但本体论意义上的主体性并不排除认识论意义上的客观科学性。

从第三人称的角度来看，似乎没有令人信服的理由来假设存在意识经验这一现象。如果在第一人称的情况中，如果我们没有直接证据来证明意识经验存在的话，那么这种意识经验存在的假设似乎是毫无根据的，甚至可能是很神秘的，然而这就是意识经验。"比起其他事物来说，我们更直接知道的是意识。但问题在于我们如何协调意识经验和我们所知道的其他事物之间的关系。"[①]

有意识的体验是一种自然现象，因为意识是自然界的一部分，就像其他自然现象一样，但这一观点并非无可置辩。这里至少有两个主要问题亟待解释。第一个也是最主要的问题是，为什么总是存在意识的问题，即为什么总是存在意识经验呢？如果意识来自物理系统，那么它是如何从物理系统中产生的呢？进一步追问，意识本身是物理的吗？还是说意识只是物理系统的一种随附现象呢？

第二个亟待解释的问题是意识经验的质性特征。如果有意识经验，那么为什么不同个体会体验到不同的意识本质呢？例如当我睁开眼睛看了看我的周围，为什么我看到的红色玫瑰花是这样的而不是那样的呢？为什么看起来周围的事物都是相互关联的呢？当人们看到蓝色事物时，又会有别于红色事物的颜色体验。如当有人弹奏《命运交响曲》的时候，存在着一条复杂的事件关系链：空气中的声波传播到我的耳朵中，耳鼓通过频率来分析和处理进入到我耳朵中的声波，之后信号被传送到听觉皮层，听觉皮层分类和隔离了某些信号，再由大脑做出最终回应。这在原则上并不难理解。"但为什么这些物理事物总是伴随着一种丰富的音调和音色的主观体验呢？"[①]之前的一系列物理过程最终产生了意识现象，对于那些产生意识的物理过程，应该说明它与什么样的意识体验是相

[①] Chalmers D J. The Conscious Mind: In Search of A Theory of Conscious Experience. Oxford: Oxford University Press, 1996: 4-5.

关的。因为我们希望有理论来解释意识是如何产生的,但目前很难看到这样的一种解释理论。但是如果没有这样的一种解释理论,那么我们就不能说能够充分理解意识现象。

一般来说,我们通过两种方式来认识意识现象。一种是通过感知,即意识以感觉和知觉的主观状态形式存在,它对于实在的物理世界来说也没有什么意义,意识只是副现象。塞尔指出,把高层次的描述看作副现象的或在因果关系上不真实的东西是没有道理的。同样,他指出意向性可以通过神经元、突触以及神经传导纤维来解释,也不能证明意向性是副现象的。另一种是通过内省,我们是通过一种特殊官能,一种被称为"内省"的内在知觉而得以知道我们的意识状态的。

事实上,神经科学要求我们能够发现认识论意义上对痛苦、焦虑和开心等心理状态的客观科学解释,这样就能找到治疗这些情绪的医学手段。哲学家和神经生物学家认为,科学无法处理主观经验,但我们可以尝试给出人们主体感觉的科学解释。

(二) 感受性

哲学家们通常将各种心理状态分为两类:意向状态与感受性。例如各种知觉经验及各种喜怒哀乐的情绪、身体的各种感受,通常称为"感受性"。"感受性"一词目前还没有形成统一的定义,需要通过举例和使用同义词来丰富"感受性"的内涵,并获得对它的全面理解。哲学中"感受性"是指主观的、有意识的个人实例经验。"感受性"这一术语来源于拉丁词形容词 quālis 的中性复数形式 qualia,意指"什么样"或"什么类"(what sort or what kind)。

感受性又可以被称为"原始感觉""主观属性"(subjective property)、"成为什么样子"(what is like to be)、"现象意识"(phenomenal consciousness)等。金在权对此总结说:"每一种感觉都有其独特的感受,并被一种感官性质所标识。对这种感官性质,至少像它归属的一般类型(例如痛、痒或看起来是绿色的),我们似乎能够直接识别。这些术语被称为'现象的'或'质性状态',有时也叫

'原始感觉'。然而，'感受性'已经成为标识这些感觉、质性状态或感官性质的标准术语。总之，这些精神状态被称为构造的'现象意识'。"①布洛克对现象意识的阐述是："意识在讨论的意义上就是现象意识。你问它是什么？现在并没有一个完备的定义。最好的方法就是运用同义词、例子或者这样那样与现象有关的说明……例如，我用'主观经验'以及'成为什么样子'这类同义词。在说明现象意识的过程中，也可以诉诸有意识的性质或者特性，例如，事物看起来或者听起来的方式，疼痛感受的方式，以及更一般的感觉、感受以及知觉经验的性质。"②"虽然这些表达式各不相同，但是它们都指称相同的对象——人类意识的现象性方面。"③

"感受性"最初由刘易斯在《思想和世界秩序》(Mind and the World Order)一文中提出。丹尼特认为，用我们每个人都再熟悉不过的语汇来讲，感受性是我们看待事物的方式。杰克逊之后把感受性定义为："……身体感觉到的某些特别的性质，而且是感性经验的某些特性，不包括纯粹的物理信息。"④丹尼特将感受性总结了四种属性，分别是：⑤

（1）不可言喻性（ineffable）。它们不能用于交流，除非被直接经验到，否则不能通过其他方式理解。

（2）内在性（intrinsic）。它们不具有属性关系，不会因经验与其他事物的关系而发生变化。

（3）私人性（private）。人们不可能互相比较各自的感受性。

（4）在意识中的立即或直接可理解性（directly or immediately apprehensible in consciousness）。体验一种感受性是直接知道或体验到的。

如果这类感受性存在，那么，人们通常看到了红色却无法准确地描述这种感觉经验。例如一个从未体验过红色的人，听到对红色的描述也能够知道一切

---

① Kim J. Philosophy of Mind（3rd ed）. Boulder：Westview Press，2011：15.
② Block N. Consciousness // Guttenplan S（ed）. A Companion to the Philosophy of Mind. Oxford：Blackwell，1994：210-211.
③ 陈思. 感受质研究. 武汉：华中科技大学博士学位论文，2014：5-6.
④ Jackson F. Epiphenomenal qualia. Philosophical Quarterly，1982，(32)：127-136.
⑤ Dennett D. Quining qualia // Lycan W（ed）. Mind and Cognition. Oxford：Blackwell，1990：45.

关于颜色的经验。试想"红色看起来很热情",或当700纳米的光波射向你时这就是你看到的颜色,这样的描述对听者的感受性来说是毫无意义的。因此感受性的支持者认为,不可能提供对感受性体验的完整描述。

感受性的另一种定义是"原始感觉"。原始感觉是一种完全独立于任何行为和行为倾向的知觉。相比之下,根据现有的效果,一种熟感(cooked)被视为一种已经存在的知觉,不属于原始感觉。例如,酒的味道是一个不可言喻的、原始的感觉,而体验温暖或品尝葡萄酒引起的愉快就被视为是熟感,但熟感不属于感受性。

对感受性的定义有很多,而且这些定义也会随着时间的推移发生改变。有一种比较简单且广为流行的定义是:像是什么样的心理状态。其心理状态的方式包括疼痛、看到红色、闻到花香,等等。目前,对于感受性的重要性的大部分争论都着眼于对这个词的定义,哲学家强调或拒绝感受性存在某些特性。因此感受性存在与否是倍受争议的一个议题。

感受性的重要特征是必须能在不同的经验中重复出现,这些经验中具有一种共相,称之为"感受性"。虽然这样的感受性具有共相性,但在公认的意义上,它又必须区别于对象的属性(看到红花的感受性与红花本身的颜色属性是有区别的)。许多概念混淆了对象的属性和感受性本身,包括当前的本质论解释。感受性作为感觉状态的现象属性,具有主观的本质特征,并受到第一人称视角的先天约束。当功能论试图用第三人称视角下的因果描述来讨论感受性问题时,它的说明范围只能涵盖引起感受性的相关感觉输入和输出。感受性是直接被感知到的,不受任何可能错误的控制,因为感受性纯粹是主观的、直观的和第一人称的。

(三)意识难问题和解释鸿沟

认知哲学中的意识问题主要是研究知觉意识,即与感知、认识、信念、想象、记忆和体验等相伴的有意识的活动及其表征。当今认知哲学中之所以出现"意识难问题"和"解释鸿沟",是因为无法说明意识与物质之间的关系。具有精神属性的意识现象能否用处理物理现象的科学方法来解释呢？对意识现象的解释与对物理现象的解释之间是否存在着某种难以逾越的鸿沟呢？

意识难问题是对意识主观性与物理说明之间关系的讨论。比如为什么在一个有意识的经验当中，主体具有主观的感受？为什么有意识的心理状态，能够使主体对自我意识状态有自明性的把握？基础的物理活动是怎样以及为什么能够引起主体具有主观感受的？科学研究通常会从事物的功能、动态结构及其属性来说明事物是什么，并考察事物随时间变化而产生的各种状态，以实现对事物的全面说明。"但是唯独在意识的主观问题上，当我们对意识的功能、动态结构及其属性进行说明之后，我们仍然能够有意义的追问：为什么所有这些过程都伴随着内在经验呢？科学说明似乎并没有考虑怎样来解释意识的主观性及其与大脑神经活动之间的关系。"[1]

"意识难问题"和"解释鸿沟"可以看作是哲学对认知科学提出的最具挑战性的问题。这一问题的产生是因为人类不仅有信念、欲望，会思考，推理，而且还有喜怒哀乐爱恨情仇等，我们称之为意识和意识经验（consciousness and conscious experience）。"通过物理世界或者身体结构是如何产生或涌现出人的各种心理现象的呢？通过自然科学的方法能从根本上解决'意识难问题'或跨越'解释鸿沟'吗？"[2]

"意识难问题"与"解释鸿沟"说到底是为了说明心灵本质困难之所在，即意识现象或心理状态能否用处理物理现象的科学手段去解决。查尔默斯曾将意识问题分为"容易问题"和"难问题"（the hard problem of consciousness）。"容易问题"是指可以用计算和神经科学方法来解释意识现象，而"难问题"则是指难以用科学方法来解释我们为什么会有感受性、自我觉知（self-awareness）、所获得的感觉特征如颜色和味道等现象意识（phenomenal consciousness）[3]。意识问题中最困难的问题是如何科学地说明意识经验的主观性。

---

[1] 陈思. 感受质研究. 武汉：华中科技大学博士学位论文，2014：114.
[2] 刘晓力. 当代哲学如何面对认知科学的意识难题. 中国社会科学，2014，(6)：48-70.
[3] Chalmers D J. Facing up to the problem of consciousness. Journal of Consciousness Studies, 1995,(3): 200-219.

1. 意识的难问题

查尔默斯引入意识的难问题来解释和整合意识现象。或许，正是"意识难问题"使研究者认识到科学所能说明的范围。意识的"难问题"与所谓的"容易问题"相对立。查尔默斯把大脑如何处理环境的刺激、如何整合信息、认知先后顺序等归结为意识容易问题。"这些问题是重要的，但是，对这些问题的解答不等于就解决了难问题。"[①]对于意识的容易问题来说，我们只需要从功能、动力学以及意识的结构上运用神经科学的理论就能够进行说明，因为它们是科学的常规方法所能说明的对象。"从困难程序上来说，如何说明意识的主观性的问题则显得困难得多。"[②]

"难问题"有许多不同的形式。比如有机体如何拥有主观经验？如何知道感官信息？为什么存在感受性呢？我们是不是哲学怪人？[③]哲学家对意识的"难问题"一直存有争议。不可否认的是，一些有机体是有主观经验的，但这些主观经验是令人困惑的。为什么我们的认知系统在处理视觉和听觉信息时，我们会有视觉和听觉的主观体验，如对于红色的感受性、听到《命运》交响曲后的感觉。人们普遍认为，经验现象来自于物理基础，但我们缺乏很好的理由来解释为什么会产生这种主观经验，为什么物理过程会产生一个丰富的内心世界？马吉德（R. Majeed）指出："事实上，难问题与两种解释相关：①物理过程产生了主观现象经验；②我们的感受性是如此这般（thus-and-so）的。"[④]这里，①关注了物理和主观现象之间的关系，而②则进一步关注主观现象本身。通过对①和②的回应可以解释意识难问题。意识难问题所要说明的是，神经元活动为什么及如何产生了主观感受。查尔默斯的"意识难问题"与"解释性鸿沟"具有密切的关系。解释性鸿沟讨论的是神经活动与主观感受之间的关系。

[①] Chalmers D J. The Conscious Mind: In Search of A Theory of Conscious Experience. Oxford: Oxford University Press, 1996: XII.
[②] 陈思. 感受质研究. 武汉: 华中科技大学博士学位论文, 2014: 114.
[③] 要注意"哲学僵尸"与"僵尸体"的差别，"僵尸体"涉及人类的大多数无意识活动，而"哲学僵尸"由于缺少意识，从而无法形成感质性.
[④] Raamy M. The hard problem & its explanatory targets. Ratio, 2015, (3): 298-311.

2. 解释性鸿沟

解释性鸿沟（explanatory gap）是"经验性鸿沟论证"（the experience gap argument）的进阶版。经验性鸿沟论证是由英国哲学家伊温（A.C.Ewing）设想的一个思想实验。大意是说，假设把烧红的烙铁放到张三的手上，让张三自己来体验这种感受。张三所感受到的感觉完全不同于生理学家对张三身体所观察到的结果，因为生理学家所观察到的只是张三的内部神经元过程，而张三的主观感受却是一种难以忍受的疼痛。因此，关键的问题在于，张三的主观感受与生理学家所观察到的神经元活动之间的差异从何而来？我们该如何解释在发生大脑中的两件事件之间的关系？经验性鸿沟论证表明，在主观的感受性与大脑神经元活动之间有着无法逾越的解释鸿沟。

约瑟夫·列文（Joseph Levine）在1983年的《唯物论与感受性：解释性鸿沟》(*Materialism and Qualia: The Explanatory Gap*) 一文中把这种"解释性鸿沟"引入到哲学讨论当中，目的是为了阐明物理论者在解释物理性质如何引起主观感觉时的困境，即"我们对大脑的物理或功能方面的解释，与我们对意识经验的解释之间存在着一条难以填平的鸿沟，意识经验不能通过我们对大脑的物理解释而得以阐明"[1]。因此，根据第三人称的量化神经科学无法解释意识和心理状态的第一人称内省。"'痛是C-fiber刺激'，虽然这一句子在生理学意义上可能是有效的，但它无助于我们来理解疼痛的那种感觉。对于哲学家和人工智能学者来说，解释性鸿沟是困扰了几十年的一大难题，而且引起了学界的广泛争论。"[2]

因为通过内省来了解我们自身内部所经验的现象状态，同时我们从科学的第三人称视角来了解大脑与身体内部的神经活动，这两种方式都是对我们自身状态的解释。但是它们两者之间似乎存在着一条鸿沟，而我们很难通过有效的方式把这两者联系起来，并弥合它们之间的鸿沟。因为，我们无论从内省的维度出发，或是从科学的维度出发，都会面临着一些在同一维度内无法说明的东

---

[1] Levine J. Materialism and qualia: the explanatory gap. Pacific Philosophical Quarterly, 1983, (4): 354-361.
[2] Chalmers D J. Facing up to the problem of consciousness. JCS, 1995, (3): 200-219.

西。"从内省的维度出发,我们会缺乏科学数据的实证性;从科学的维度出发,我们又会面临不知道 C-fiber 的释放意味着什么的问题。"①

有些哲学家认为,之所以存在这一鸿沟,仅仅是由于我们当前解释能力上的一种局限,因为自然科学的发展还没有给我们解释意识现象所需的概念,随着科学的发展,这一鸿沟有望能够填平,他们认为未来神经科学的发展或哲学家未来的研究工作可以填平这一鸿沟。也有哲学家认为这一鸿沟是根本不可能填平的,物理与意识在第三人称与第一人称上的不可通约性决定了解释鸿沟难以跨越,这是人类认知能力的一种局限,即使有进一步的信息也无法填平这种鸿沟。他们进一步对这种观点做出了两种不同的解释。一种解释是以麦金为代表的哲学家,将鸿沟的存在归因于我们心灵自身能力的限度。另一种解释以杰克逊、列文和查尔默斯等人为代表,认为对一个现象的科学解释依赖于对这一现象进行物理的或功能的概念分析,而无论我们对意识做出怎样的物理或功能解释,我们事实上都没有解释意识或感觉本身,因此这些鸿沟不可能被填平。列文主张意识现象与物理现象之间的解释鸿沟是知识论上的,而非形而上学的;而杰克逊和查尔默斯则对意识的性质持二元论观点,"认为意识现象与物理现象之间的解释鸿沟具有形而上学意义,意识现象并非随附于物理现象"②。

列文认为,这样一种认识论或解释表明了一个潜在的形而上学问题,即非物质的感受性不能被证明。根据列文的观点,问题的关键是我们缺乏对感受性经验的充分证明,我们甚至不知道探究这种主观经验的本质是否合适,作为建立形而上学的实在方法,可以设想论证(思想实验)是有瑕疵的。但他同时又指出,即使我们能得到形而上学的结论,即感受性是物理的,但这仍然存在有解释性的问题。退一步说,即使我们最后认为这种唯物论的解释是正确的,但它并不足以解决身心问题。可以设想论证本身也不能成立,因为心灵实际上不同于身体,或者心灵的属性在形而上学上不可还原为物理属性,这仍然需要证明,而我们缺乏用物理来解释心理的依据。

---

① 陈思.感受质研究.武汉:华中科技大学博士学位论文,2014:20.
② 刘晓力,孟伟.认知科学前沿中的哲学问题.北京:金城出版社,2014:23-24.

二、意向性的解释

哲学家们通常将有内容、有指向的心理状态称为意向状态或意向性。意向状态包括信念、喜欢、爱恨、欲望等。由于意向状态具有命题内容,所以罗素将之称为命题态度。意向性问题是仅次于意识难题的一个问题,甚至可能是认知哲学中难以想象的难题。要彻底了解大脑内的物质是如何形成意识的,或者大脑内的物质如何交互来实现意识,这都是困难的。

意向性是心所独有的特征。爱、恨、信念、判断、期待等都是具有意向性的心理状态。所谓心理状态具有意向性,是指心理状态"指向"或者"关涉"一件事物。例如张三相信桌子上有本书,他的信念"指向"桌子上那本书。但是心是如何指向外在事物的?这个有关意向性的问题称为布伦塔诺(F. Brentano)难题。"现代西方哲学对意向性问题研究体系的建构要归功于奥地利哲学家布伦塔诺,正是因为布伦塔诺对心理意识现象的研究,才最早把'意向'一词从中世纪哲学中借用、引入到现代哲学中,并使之获得了它在现代哲学所具有的那种较为准确的含义。"[1]意向性问题包括一系列子问题:"意向是物理属性的吗?如果是物理属性的,它为什么能够指称或关涉非物理属性的东西?意向内容是由人与世界的关系决定的('宽内容'界定),还是由大脑的结构决定的('窄内容'界定)?意向内容包含因果性吗?如果包含,这种因果性是如何实现的?"[2]

按照心灵优先性论题,意向性问题可以改述为心灵表征对象是如何可能的。这里所谓的"表征"指的是对心灵内容的表达。但是起这种表达作用的不是我们所使用的日常语言,也不是日常科学中的专用语言,而是一种类似于计算机编码的生物学层面的固定编码,福多称之为"思维语言"(language of thought)。根据有关思维语言的假设,我们可以像霍格兰德那样,把心灵设想为这样一种独特的语义机(semantic engine):"它只在句法层面处理思维语言的形式关系,而完全不用考虑其意义是什么。但奇特的是这里所处理的句法关系恰恰反映了

---

[1] 王姝彦. 当代心灵哲学视阈中的意向性问题研究. 太原:山西大学博士论文,2005:30.
[2] 奚家文. 论心理的具身性功能模块观. 上海:华东师范大学博士论文,2014:11.

思维语言的语义关系。"①

例如，我现在认为月球离地球的距离是 38 万千米。那么，我的思维直接指称的是月球，既不关涉太阳，也不关涉大学、电脑或书桌等。那么，究竟是什么样的思维才使得我的思维关涉月球呢？难道是因为我发送心理射线到达月球了吗？除非在月球与我之间有着某种联系，否则很难想象我的想法是如何到达月球的。月球究竟是什么呢？为什么我可以在我的信念、欲望和其他意向状态中能表征它们呢？例如，如果我认为诸葛亮写了《后出师表》，那么我的思维是关涉诸葛亮的，也指涉《后出师表》。但是我大脑内物质是如何指称到过去历史上某个特定的人物，或某一特定作品的呢？并且还能把这一特定作品归因为某个人的具体行动。

假设你遇到张三在发呆，当你问他在想什么时，他回答说："没什么，我只是在思考。"你会因此而得出结论，张三不懂"思考"这个词意指什么。当一个人正在思考时总会伴随着一个问题，即"你在思考什么"。"一个正在思考而不思考任何事物的情形是不会存在的。这就是思维的意向性，思维总是指向性的，它具有关涉性。"②

意识状态总是会有相关内容或对象的。如果我意识到张三在用电脑，那么我的意识状态是意向性的，因为它指向了超出我自身的事物。如果我意识到我头痛，痛则不是意向性的，因为痛不指向自身之外任何的其他事物，痛是直接感受到的，具有感受性。

除了这一事情如何可能之外，还有一个相关的问题是我们如何能够相信所发生的事情是正确的。例如我们如何相信是诸葛亮，而不是周瑜写了《后出师表》呢？如果在漆黑的晚上，我往远处扔了一块石头，我完全不知道打到了什么东西，所以意向似乎完全没有所指对象，甚至有时似乎我考虑的对象都不存在。例如，小朋友相信在圣诞节前夜，圣诞老人会送礼物给他。又如在过年的时候家里会贴门神。那么，圣诞老人存在吗？或者说我们相信门神存在吗？似

---

① 张志林. 分析哲学中的意向性问题. 学术月刊, 2006, (6): 50-53.
② Uriah K (ed). Current Controversies in Philosophy of Mind. New York: Routledge, 2013: 11.

乎是肯定的，但这怎么可能呢？因为圣诞老人或门神并不存在。那么，究竟什么是意向性？或者说意向性是如何可能的？塞尔认为，正像对待生命与意识之"谜"一样，解开意向性之谜的方法就是要尽可能详细地去描述那些怎样由生物过程引起，同时又体现在生物系统中的现象。视觉、听觉、饥饿感、困觉以及性欲都是由脑过程引起的，并体现在脑结构之中，"它们都是具有意向的现象"①。关于意向性，我们需要了解的问题是意向性如何可能。

（一）原始意向性与派生意向性

虽然心具有意向性，语言和照片等人为的事物似乎也具有意向性，但这两种意向性是有差别的。首先来看一下塞尔和德雷斯克（F. Dretske）所论述的原始意向性与派生意向性的区别。②我们所说出的句子或者写在纸上的句子如何能够合理地指称、关涉并且描述对象，而且这些指涉的对象还是几千年之前，或者是距离几十万千米之遥的人或物？语言的意向性必须根据心灵的意向性来解释，而不是心灵的意向性根据语言的意向性来解释。因为正是心灵把意向性强加给我们所说的对象，或强加给纸上所写的对象。如果语言的意义具有意向性，那么它必须来自心灵的原始意向性。

在提出意向性是心的标记时，布伦塔诺似乎认为所有的心理状态都具有意向性，而且只有心理状态具有意向性，所有纯粹的物理事物都没有意向性，从而心理事件与物理事件被区分开来。他主张，感受性是没有意向性的，此外，一定程度上承认某些与"心"有关的物理事物具有意向性。我们的语言，不论是书写的还是口语的都具有意向性的特征。"习近平"这串符号指向习近平这个人；"目前，习近平是中华人民共和国的主席"这串符号指向习近平是中华人民共和国的主席这件事实。不论是书写的形式还是口头表达的形式，语言也表现出了意向性，都指向某些事物。并且不论是书写的还是口头表达的，这些都是物理的事物，而不是心理的事件。除了语言有意向之外，还有地图、照片、图

---

① 约翰·塞尔.心、脑与科学.杨音莱，译.上海：上海译文出版社，2016：16.
② Searle J R. Response to comments on "minds, brains, and programs". The Behavioral and Brain Sciences, 1980b, (3): 450-456.

像，等等。很多物理的事物都具有这种指向性质，都有意向性，但这些物理事物所具有的意向性也只能是心的意向性的延伸。那么，是否在心以外还有别的事物具有意向性呢？

塞尔将语言（乃至于地图、照片等）的意向性称为"派生意向性"（derived intentionality），将人心具有的意向性称为"原始意向性"（original intentionality）（德雷斯克称之为内在意向性）。如果这些物理事物都有意向性，那么似乎与心独有意向性特征是相违背的。那这又如何来理解呢？对于布伦塔诺的观点我们可以作比较宽泛的理解：只要有意向性的地方就是有心的地方。语言的意向性来自于语言的使用者。我们借由书写的符号或者一串特定的声波来代表一些事物；我们用"诸葛亮"这个字符来代表诸葛亮这个人，我们用"诸葛亮写了《出师表》"这句话来代表"诸葛亮写了《出师表》"这件事情。

一般来说，语言的意向性来自于语言使用者的意向性，因为我们这些具有意向性的主体需要借由墨渍或声波等来交流信息，墨渍或声波都带有心灵的信息，是心灵指向的一种反应。如果将我们所使用的这些墨渍或者声波去除，语言本身是没有意向性的。比如听一门根本不懂的外语时，你不可能知道这些语言的意向性是什么，因为除了说话者的心迹外，语言（声音）本身没有意向性。因此，塞尔认为，意向性主要有两种："一种原始意向性或称内在意向性，另一种是派生意向性。"① 例如我头脑中有一些关于如何去北京的信息（坐动车、高铁、飞机等），我有一系列的信念：坐飞机是不是更节约时间，坐高铁是不是更准时，等等。塞尔将人类心灵所具有的意向性称为"原始意向性"或内在意向，而火车时刻表或航班表就包含了某种原始意向性中所派生的信息、指称、关涉或表征对象。从本质上来说，时刻表或航班表只是一张上面有着喷墨的纸。任何意向性都是由人类的原始意向性衍生的，塞尔将语言、地图、图像的意向性称为"派生意向性"。原始意向性是人类和某种动物作为生物本性所具有的现象，与如何使用、如何考虑、如何描述等无关。它只是纯粹事实，例如他们有时感到饥饿和口渴、喜欢某个东西、害怕某个东西等。

---

① Searle J R. Mind：A Brief of Introduction. Oxford：Oxford University Press，2004：29.

因此，对于意向性一般有两种方法来区分，一种是根据是否与观察者或主体相关来作区分，分为独立于观察者的意向性与取决于观察者的意向性现象；另一种是区分为上述所提到的原始意向性与派生意向性。两种区分之间并不是毫无关系的，因为派生意向性就要依赖于观察者或主体。除了原始意向性以及派生意向性之外，塞尔还提到所谓的"仿似意向性"（as-if intentionality）。例如，当我们看到玩具娃娃的时候，我们看到那些玩具娃娃好像是在思考、在沟通，似乎有喜怒哀乐。"在文学作品里，常常将一些事物拟人化，例如石头、树、花草、太阳等，模拟这些事物在进行各种心灵活动，能够呈现意向性。玩具当然没有生命，布偶、石头、太阳、花草更不是具有心灵的事物。"①

那么，似乎我们会对"仿似意向性"与"派生意向性"之间的差别感到困惑。当哲学家主张语言或照片具有派生意向性时，并没有否认那些事物具有意向性，只是主张其意向性来自于人类；但是当哲学家说玩具具有拟似意向性时，确实在否认玩具具有意向性。如何区别真正有意向性的（真正有心的）事物与没有意向性的事物？为什么玩具、石头没有意向性？完全的物理复制人以及依据计算功能论制造出来的机器人具有哪种意向性？有没有可能他们也具有原始意向性？如果语言和照片等的意向性来自于人类，如何解释人类意向性的来源呢？

塞尔提出了所谓的"生物自然论"来回答最后这两个问题。塞尔的生物自然论依据的是现代物理学和生物进化论。其基本观点是，世界在根本层次上是由粒子构成的，粒子又组成不同层次的系统。有些系统是碳基有机系统，其中一些有机系统进化为神经系统，这些神经系统又进化为我们称之为"心灵"的东西。物理对象是客观的、公共的，它具有"第三人称"的性质；心灵的特征是内在的、感受性的，它具有"第一人称"的性质。意识是大脑神经元低层次活动所引起的不可还原的系统性高层次特征。神经元和意识的关系就好比是水分子和液体性的关系，单个水分子不具备液体性，它是多个水分子所引起的系统性特征。意识和消化、光合作用等一样是一种生物学现象，是大脑系统的

---

① 彭孟尧.心与认知哲学.台北：三民书局，2011：161.

"突现性质"。① 依据塞尔的观点，人类是具有某种生物结构的有机物，这种生物结构只要在某些条件下就会具有内在因果力，以产生知觉、行为、理解、学习等意向现象。而且塞尔主张只有具备这种内在因果力的生物才能产生认知现象，才是具有原始意向性的。塞尔的生物自然论说明了人类是如何具有原始意向性的。那么如果是一个完全的物理复制人呢？这涉及戴维森的一个思想实验。假设，在一个沼泽旁闪电劈中了一棵枯树，刚巧张三就站在枯树的旁边。然后，张三的身体被还原为物理元素，而完全巧合的是那棵枯树变成了张三的物理复制品（拥有不同的分子结构）。②

在哲学中，这个物理复制人的思想实验通常被用来讨论其是否有心的问题，尤其是是否有意识的问题，也经常被用来讨论意向性的问题。或者，我们试想有个克隆张三，它跟张三在物理结构上是一模一样的。依据塞尔的生物自然论，由于克隆张三的物理结构跟真正的张三完全是一模一样的，那克隆人也具备跟张三大脑一样的结构与因果力。那么，克隆人也应该具备原始意向性。似乎塞尔的生物自然论也蕴涵心物附随原则。

根据塞尔的观点，凡是具备至少与人脑有相同因果力的系统都可以展现原始意向性。对于机器人的"大脑"，如果其内部结构有同样的因果力，那它就可以展现原始意向性。将塞尔在这里的主张与他先前的"中文房间论证"相对比，两种学说之间并没有理论冲突。正如先前提到的，他的"中文房间论证"所反对的只是强人工智能意义下纯粹句法（程序）驱动的系统，这类系统由于不考虑大脑的因果力，它也不会出现原始意向性。

除塞尔外，德雷斯克发展了"自然表征论"来说明意向性的问题。他认为一个具有原始意向性的系统其表征必须具有内在的意义或内容。"内在内容"指的是从内在表征到外在世界之间具有某种关联。自然表征论将原始意向性理解为认知系统的表征能力，也就是说被表征物与心理表征之间有联结，但不依赖于任何外在。依据卓斯基的看法，计算功能论意义下的机器人只具有派生意向

---

① 柳海涛. 新二元论对意识问题的处理. 淮阴师范学院学报（哲学社会科学版），2012，（2）：164-169.
② Davidson D. Subjective, Intersubjective, Objective. New York：Oxford University Press, 2002：19.

性而不具有原始意向性，因为机器人的表征内容依赖于外在解释者的诠释。但人类甚或某些高等动物的心灵具有原始意向性，是由于我们的内在心理表征与外在世界相关联，并由外在刺激而在心灵中产生了内在内容。至于完全的物理复制人，由于他与外在世界并没有任何关联，不是一个表征系统，因此，不会有意向性。

心灵与世界的关系受到诸如约翰·塞尔等哲学家的严峻挑战。心理状态是通过语言来表征这个世界的，它们具有意向性。你认为张三现在在教室，这个信念只不过是你大脑中的一个表征。这个信念表征了张三和教室，但这些却是物理世界的一部分。

"意向性如何可能"是如意识问题一样的难题，因此，解决"意向性如何可能的难题"的各种方法就如同解决意识问题采用的方法一样。二元论的解决办法是说存在有两个不同的领域，即物理领域和心理领域（精神领域）。心理领域有自己的研究范围，是物理领域所不具备的。物理领域不能指涉对象，但本质上，心理领域具有思维能力，思维与指涉相关。那么二元论的解决方案是否真的解决了意向性问题呢？为了解释意向性的神秘性，就必须诉求于心理的神秘性。

如前所述，对于意向性问题最常见的哲学解决方法是通过某些形式的功能论（详见第六章），它们完全是根据因果关系来分析意向性问题的。这些因果关系既普遍存在于环境及行动者之间，也存在于行动者的各种内部事件之间。这种分析没有任何神秘之处，只是一种因果关系的分析。唯一特殊之处在于意向关系存在于行动者的大脑内部和外部世界之间。而取消唯物论观点否认有真正的意向状态。

（二）两种意向决定论：指涉隐蔽与孪生地球假设

我们意向状态的内容是如何被确定的呢？问题不是要解释我们为什么拥有这些意向内容，而是要解释意向是怎样构成的。是什么样的事实让意向拥有想要喝水的状态呢？虽然这是截然不同的问题，但却很容易造成混淆。许多文献都把"我们为什么拥有意向内容"的答案看作是什么构成了意向状态,这种观点被称为"外部论",这一观点认为意向的内容在很大程度上是由外部因果关系所构成的,即行动者要面对的是外部世界,而不是心灵或大脑的内部功能。

还有一种观点是内部论。根据内部论的解释,我们的意向内容完全是我们大脑里的事情,它们当然也指涉对象和事务状态,从而通过表征其功能把我们与世界联系起来。意向内容使得一种意向状态能够指涉某一对象,而不是其他对象,这完全取决于主体之间的理解。近年来内部论的解释一直受到质疑,一些观点认为心理内容本身不在大脑之中,或至少不是全部内容都在大脑之中,而且在很大程度上,心理内容存在于大脑与其他世界的关系之中。外部论不仅主张我们内心的心理内容通常是由外部事件所导致的,而且还主张心理内容本身并非真正内在的,而是内部状态和外部事情的混合。这种外部论的解释看起来是很含糊的。下面介绍两种著名的外在论,这将有助于我们对外在论的理解。

为了解释这些论证,我们首先要了解指称论的概念。一个指称性的句子或表达是指称一些对象之间的关系,对象是指话语表达本身。如果我说"我渴了",而张三也说"我渴了",我和张三表达了完全相同含义的句子,因为出现指称"我",但话语本身就有着不同的满足条件。我说的"我"所表达的是指我。你所说的"我"是指你。在语言中有许多不同的指称形式:"我""你""在这里""现在""这""那""昨天""明天""在那边"等,与动词时态一样,它们都是指称性的例子。

1. 指涉隐蔽现象

信念会出现指涉隐蔽现象是毋庸置疑的。回想我们读高中时曾经背过的许多人的名、字、谥号等,如孔丘是颜回的老师,孔仲尼是颜渊的老师。两者说得其实是相同的事情,但你可能只知其一不知其二。以莱布尼茨定律为例来说明。

当两个表达式指涉同一事物时,我们可以用其中一个代替另一个,而不会改变语句的真值。其形式如下:

如果 x 等同于 y，并且 x 具有属性 z，那么 y 也拥有 z 属性。①诸葛亮写了《出师表》，并且②诸葛亮等同于赵云最好的朋友。因此我们可以推论出，③赵云最好的朋友写了《出师表》。对于这一推理，在②中出现的"诸葛亮"是可置换的外延。但这些句子是不能做这种替换的。因此，④刘禅相信诸葛亮写了《出师表》。同句③，但我们不能有效地推出⑤，即⑤刘禅相信赵云最好的朋友写了《出师表》。因为刘禅可能不相信赵云是诸葛亮最好的朋友。

在句子中"诸葛亮"的出现是外延的，但不能被替换。外延推理原则认为，当 x 有 z 属性时，我们可以有效地推断出这里有一个对象，它具有属性 z。

因此，当我说诸葛亮写了《出师表》时，我所直接谈论的是诸葛亮和《出师表》。但当我说刘禅相信诸葛亮写了《出师表》时，所说的则是刘禅及他心中所想。我们所言的真实性并不依赖于真实世界中的诸葛亮与《出师表》的关系，而是在刘禅的心目中所表征的诸葛亮与《出师表》的关系。因此，在这里不能进行替换，除非有另外的前提来说明。类似的方法也适用于外延推理。当谈论张三实际上住在哪里时，所说的是一个实际存在的人和一个真实的地方。但如果讨论的是关于张三在找某一地方时，我们所谈论是一种意向状态，即试图找到某些地方，而满足这些意向状态的方法就是来实现其满足条件。换句话说，即使张三所寻找的地方不存在，他也可以拥有这种意向状态。只有当诸葛亮和《出师表》都存在时，该信念为真。此外，例如《纯粹理性批判》的作者跟以"位我上者，灿烂星空；道德律令，在我心中"作为墓志铭的哲学家，二个事物具有不同的意义，但指称的都是康德，不能进行外延替换。

2. 孪生地球假设一

孪生地球假设是普特南在1975年提出来的①，他的初始用意是关于语言哲学的，用于反对传统语言哲学。但他的这个思想实验对于认知哲学同样影响很大。该假设的基本观点是，我们可以把"水"定义为一种清晰的、无色无味的液体，

---

① Putnam H. Meaning of "meaning" // Gunderson K (ed). Language, Mind, and Knowledge. Minneapolis: University of Minnesota Press, 1975: 131-193.

这种液体存在于湖泊、河流和天空的雨滴中。但普特南认为，这些对于水的描述并没有给出"水"的意义。我们现在试想有一个星系跟我们所处的星系一样，其中有一颗行星和我们的地球也一样，我们姑且将它称之为孪生地球。在孪生地球上一切的事物都与地球上是完全一样的，但只有一样东西除外。在地球上，我们称之为"水"的物质是由 H_2O 构成的；但在孪生地球上，人们称之为"水"的物质其化学分子式并不是 H_2O，而是有一个很长的化学式，我们可以将之缩写为"XYZ"。在 1750 年之前人们还不知道关于水的化学成分，那么孪生地球上人们的大脑中所使用的"水"就与地球上人类所使用的"水"是一模一样的。虽然用法一样，但意义却不同。意义不在大脑内部区分，因为人们大脑中关于水的物质是相同的，可实际意义是迥异的，地球上的"水"指的是一种东西，而孪生地球上的"水"指的是另一种东西。普特南认为，在地球和孪生地球中"水"的意义是由因果关系确定的，言说者指称式地表现了材料。地球上的"H_2O"是一种材料，而孪生地球上的"XYZ"则是另一种材料，二者意义是不同的。因此，普特南认为，"意义并不在大脑内"[①]。

如果依据两个星球上人们关于水这种液体的各种想法、"水"这个字的使用以及相关的外显行为等作为信念的等同条件，则地球上人们的信念与孪生地球上人们的信念是相同的。然而，如果依据信念所涉及的外在事物作为信念的等同条件，则他们的信念是不同的。因为一个涉及具备 H_2O 这种化学结构的液体，另一个则涉及具备 XYZ 这种化学结构的液体。究竟这里是两个不同的信念，还是一个信念？这两个信念的指向对象究竟是两个还是一个？对于心理内容来说，意义究竟是什么呢？对于孪生地球上的人和地球上的人来说，使用"水"表达的信念是不同的。如果是这样，那么信念就完全没有在大脑内部。因为，如果信念在大脑内部，那么两种情况中信念应该是一样的，但实际上却不一样。

此外，普特南还提出了另外一个版本的"孪生地球假设"。

[①] Chalmers D J. The Conscious Mind: In Search of A Theory of Conscious Experience. Oxford: Oxford University Press, 1996: 587.

3. 孪生地球假设二

现在假想有另外一个宇宙，跟我们实际生活的宇宙几乎是一模一样的，在这个宇宙里既有地球，也有孪生地球。对孪生地球的描述也跟对地球的描述完全一样。

现在假设地球上的张三到了孪生地球上，他在孪生地球上口渴了想喝水，于是就有了一个信念：这里的水是可以喝的。地球人基于这个信念，他做出了喝水的行为。现在孪生地球上的李四口渴时也想喝水，也有水是可以喝的这一相同信念。而且他们两人关于水的各种使用方法以及他们表现出的相关外显行为等也是一样的。也就是说地球上的张三与孪生地球上的李四信念似乎是相同的，而且他们两个人喝的也是相同的液体，亦即具备 XYZ 这种化学结构的液体。

那么，地球人张三相信水是可以喝的这一信念与孪生地球上的李四相信水是可以喝的这一信念是相同的还是不同的？普特南以及之后的许多哲学家都主张，对于信念内容应该采取语意外在论的立场，这样，地球人与孪生地球上的人的信念是不同的，两者的指向对象也不同。

在"孪生地球假设一"的思想实验中，地球上的人使用"水"这个词实际上指涉的是 H_2O，而孪生地球上的人使用"水"这个词指涉的是 XYZ。因此，他们两人关于"水"的信念是不同的。即使地球人乘坐宇宙飞船到了孪生地球上，即使他看到了水的分子结构是 XYZ，他关于"水是可以喝的"这个信念仍然是关于 H_2O 的信念，而不是关于 XYZ 的信念。

将"孪生地球假设一"的思想实验与"孪生地球假设二"的思想实验相比较就可以发现，如果对于意向状态的内容采取外在论的立场，则无法解释指涉隐蔽现象。就意向性理论或者心理内容理论来说，如果只解决"指涉隐蔽"的现象是没问题的，或者只解决"孪生地球假设一"的困惑也是可行的，但是要同时解决上述两个困惑就会出现真正的难题。这是由于"孪生地球假设一"的思想实验想要表达的内容正好与"指涉隐蔽"所要表达的观点相反。"指涉隐蔽"的现象试图表明，尽管外在事物是相同的，依其因果角色的不同，这两个信念是不同的。"孪生地球假设"试图表达的是，即使两个信念的因果角色是相同的，由于外在事物是不同的，两者也是不同的信念。那么这个难题能得到解决吗？

三、心物难题的意向性方案

（一）丹尼特的意向系统论

丹尼特提出所谓的意向系统论是一种工具论的立场，他主张我们日常使用到心理语词的语言（心理语言）只是我们用以解释、预测个体行为的工具，并没有本体论的蕴涵，我们不需要承认心理世界是真实的。意向性即指向他物的属性，使一个事物区别于其他事物。丹尼特认为是否具有意向性是区别意识功能状态与其他功能状态的标志。心理学中如信念愿望等概念并不指称实在，意向状态也不是实在的内部状态，但它们却对我们的行为的解释和预测起到了重要的作用。

所谓的意向立场，丹尼特将之称为能力理论、黑箱理论或整体论的逻辑行为主义。"也就是说他将系统的具体实现看作是黑箱，然后根据信念、愿望来解释和预言整个系统的行为。"[1]在意向系统理论中，"意向归属的主体是整个系统（人、动物，甚至是公司或国家），而不是它的任何一部分。"[2]而且，我们也不能孤立地归属信念和愿望，而要把信念、愿望构成的整个网络作为背景。丹尼特认为，原则上，我们对于个体行为的解释及预测有三种立场可以采用：物理立场、设计立场、意向立场。

（1）物理立场（physical stance）。物理立场是物理科学所采用的标准方法，也是我们日常生活中经常采用的一种方法。我们用这种立场所做的解释和预言，以预言对象的实际物理状态为基础，并运用到我们所拥有的自然规律知识。例如，把苹果往上抛，我们可以预言它在一段时间后会落到地上，这是由于我们运用了万有引力的相关知识。原则上，"物理立场适用于解释世界上的万事万物，

---

[1] 刘占峰. 解释与心灵的本质——丹尼特心灵哲学研究. 北京：中国社会科学出版社，2011：92.
[2] Dennett D. The Intentional Stance. Cambridge：The MIT Press，1987：58.

即使这些事物在结构上千差万别,但都可以从这一立场进行解释。"①

当我们采取物理立场时,我们从个体的物理结构、该物理结构的运作原理、个体当时的物理状态、个体当时所处的物理环境、个体接受的物理刺激等,透过科学定律来解释、预测个体出现的行为。这种做法跟科学家解释、预测外层空间某个星球的各种现象、运行轨迹以及它与其他星球的相互影响等基本上没有什么两样。

(2)设计立场(design stance)。当然,采取物理立场来解释和预测个体的行为大多时候是不切实际的。我们如何从物理立场解释张三在阅读书籍时全神贯注的行为呢？在物理立场下,我们提供的解释至少包括：张三大脑皮层视觉神经系统的运作(他在看书)、张三神经中枢中语言系统的运作(理解文字),以及张三的生理状况等(全神贯注)……采取物理立场以解释预测个体的行为显然是很没有效率的。不过,丹尼特认为,原则上这是唯一能够做得到的事。

比物理立场还有效的方式是采取设计立场。设计立场是根据设计的原理和过程进行解释和预言的策略。在采取设计立场时,我们从个体的设计原理来解释并预测其行为。在使用这种策略时,我们通常不考虑具体的物理规律或解释对象的物理属性,而只看解释对象的设计原理或功能。丹尼特以闹钟的使用为例。很少人能清楚地知道闹钟的物理结构及其运作原理,但是对于设计闹钟的人来说,只要从闹钟现在的物理状态、闹钟的物理构造、闹钟的运作原理等,就可以解释或者预测闹钟在什么时候会发出响声。例如把闹钟定到早上8:00时响,则7点多时,设计者们知道大约一个小时左右闹钟会响。而对大多数人来说,只要看一下闹钟的时间,就知道闹钟还有多久才会发出响声,这是由于对于闹钟采取的是设计立场,从闹钟的设计方式来进行解释、预测闹钟的行为。

设计立场,不仅对人造物有效,对解释和预测个体行为也同样有效。例如,我们可能对动植物生长、繁殖的原理知之甚少,但我们可以依据设计立场知道,种下西红柿种子就会长出西红柿幼苗、种下西瓜种子就会长出西瓜幼苗。但设计的东西往往是会出错的,有些甚至会带来严重后果,但这一立场带来的利是

---

① 刘占峰.解释与心灵的本质——丹尼特心灵哲学研究.北京:中国社会科学出版社,2011:99.

要大于弊的,因此,仍然是一种有效的预言途径。

(3)意向立场(intentional stance)。最后,我们还可以对个体采取意向立场。意向立场是指这样一种解释策略,它把一个实体(这个实体有可能是人、动物、人造物等),当作是有偏好和欲望的行动者。在采取这种立场时,主要涉及以下几个步骤:"首先,要决定把预言其行为的对象看作是一个有理性的自主体;其次,根据它在世界上的位置和目的,推测那个自主体应当有什么信念;再次,基于相同的考虑,推测它应当有什么愿望;最后,做出预言:这个有理性的自主体为了达到目的将根据其信念行动。"[①]

意向立场,通过设定个体具有信念、欲望等意向状态来解释并预测个体的行为,反之,它又通过行为来确定信念和欲望。表面上来看,采取意向立场以解释并预测个体的行为,这似乎与常识心理学没有什么不同。与设计立场相比,意向立场还预设了最优化设计或合理性,在丹尼特的意向系统论里,对于个体采取意向立场以对其行为进行解释、预测时,还必须有所谓的"最佳理性预设"。一般来说,所谓理性涉及推论、思索、分析等复杂的心灵活动。丹尼特所谓的最佳理性是就个体所处的情境以及所接受的环境刺激而言的,并不涉及这些复杂的心灵活动。所谓最佳理性预设,意指考虑所处的情境以及所接受的外在环境刺激下,个体应该会有的目的是什么?基于该目的的个体应该会有哪些信念、欲望等。任何一个个体是否实行意向立场,是由提出解释和预测的人决定的。在采取意向立场时,我们首先做出决定,将被解释和预测的个体当作一个有最佳理性的个体,然后再对他的行为采取意向立场来进行解释和预测。

正如丹尼特所言:"有时,一个纯粹的物理系统可能是非常复杂的,但是看起来这个物理系统又是非常有组织的,使得我们就把这个系统看成好像是拥有信念和欲望、理性的,这样对于预言来说是方便的,在解释上也是有效的。"[①]例如,张三口渴了,他正好看到附近有家饮料店。如果我们将张三看作是有最佳理性的人,在这种情形下,张三应该有去饮料店解渴等意向状态。据此,我们便可以预测张三的行为:去买饮料。丹尼特认为,在当前的语境下,意向立

---

① Dennett D. The Intentional Stance. Cambridge: The MIT Press, 1987: 7-8, 17.

场是最好的解释和预测理论，因为日常的交流和科学研究都离不开这一立场。

前面讲过，丹尼特主张工具论，否认心的实在性。在对张三采取意向立场而设定他的信念和欲望时，并不是张三真的具有那些意向状态，信念、欲望等只是在意向立场下来说明的。对一个个体采取意向立场，是由提出解释的预测者自行决定的，我们当然也可以决定对闹钟采取意向立场，将它当作一个有最佳理性的个体，认为闹钟之所以会在设定的时间发出响声，是它理性运作的结果。因此，在这样的思路下，我们可以说闹钟有一些信念和欲望。这听起来似乎有些荒谬，闹钟怎么会具有理性呢？不过，这只是为了解释预测个体行为而作的临时设定，并不是真的主张闹钟具有理性。但更重要的是在对人类行为进行解释与预测时，同样只是临时设定人类具有理性而已，并不是真的讨论人类具有理性。按照丹尼特的理论，纯粹就行为的解释预测来说，对任何个体都可以实行上述三种立场。我们只是对某些类个体倾向于采取物理立场，对其他类的个体采取设计立场更能有效地进行行为的解释、预测，对我们人类自己则习惯于采取意向立场，并不表示人类真的能呈现具有意向性的心灵活动。

那么，采取意向立场的做法，尤其是针对人类自己为什么会如此成功。西方哲学回答这个问题的传统方式是诉诸神的作用。个体是由神设计成如此这般的，因此预设人具有最佳理性，对他人和自己采取意向立场，在正常情形下都能成功地解释预测人的行为。不过这并不是很好的回答方式，因为这一回答承认了一个具有心灵作用的个体，即神。然而唯物论尤其是取消唯物论和丹尼特的工具论是无法接受拥有非物理的心灵作用的。丹尼特对于这个问题的回答是诉诸演化，人之所以被设计成能够理性地、如此这般地行动，纯粹是演化的结果。

但随之而来的问题是，人是意向系统，计算机也是意向系统，二者的区别是什么？意向理论并未做出回答。丹尼特否认内部心灵状态的存在，并提供了关于意识的另外一种解释。在《意识的解释》(*Consciousness Explained*) 一书中，他提出了意识的"多重草稿"(multiple drafts) 模型，并反对"笛卡儿剧场"(cartesian theater) 模型。丹尼特认为，所谓"笛卡儿剧场"是指我们默认意识一定会出现在我们大脑中的某个地方，而这个地方就是意识进行表演的剧场，是"关于有意识的经验在大脑中如何被固定为隐喻式的图画。"① 根据这幅图画，"大脑就像一个剧场，里面的某个地方有一块屏幕，来自感官的刺激最终都会被投射到这块屏幕上，观众（即自我）通过观看屏幕上的演出就可以了解世界上和内心中发生的一切。"② 丹尼特认为，笛卡儿剧场根本就不存在，因为当感觉信息被传导到大脑中时，这些信息并没有投射到我们大脑内的某个屏幕上。据此，他提出了多重草稿模型，即信息是并联在大脑中发生的，它就像一篇论文的多重草稿一般。

1. 多重草稿模型

意识的多重草稿模型与根深蒂固的笛卡儿剧场的观点是对应的。根据多重草稿模型，各种知觉事实上都是思维或心理活动，是在大脑中进行并行完成的，就如同阐述感官输入的多声道过程，进入神经系统的信息都进行了连续不断的"编辑修改"。在这些过程中，各种各样的事物按顺序发生着，意识对刺激内容进行增加、合并、修改和重写。因此，我们直接经验的不是感官表面（如视网膜、耳朵、皮肤表面等）的刺激，而是这些解释或编辑过程的结果。

例如，因为你头部的轻微转动，你的眼睛便有较大范围的移动，你视网膜上的图像不断地漂浮（swim），就像人们在家里拍摄的电影画面时难以消除相机抖动造成的图像形变，这不是我们眼睛所看到的东西。通过立体的第三视神经节（stereopticon），你会发现两个场景略有不同（有两个小红点在你面前并列且快速移动、在你眼中显现的则是有一前一后两个红点在移动）。"你会看到在三维空间中出现的一个形状，大脑中的编辑过程，会比较和整理两只眼睛中的这些信息。"③

2. 第三人称观点

在丹尼特看来，科学的客观性要求用"第三人称"来解释观点，因为科学

---

① Dennett D. The Intentional Stance. Cambridge：The MIT Press，1987：107.
② 刘占峰. 解释与心灵的本质——丹尼特心灵哲学研究. 北京：中国社会科学出版社，2011：163.
③ Dennett D.Consciousness Explained. New York：Back Bay Books，1991：111.

上的证实或证伪均采用第三人称观点。"即使心灵事件不在科学数学之列，这也不意味着我们不能科学地研究它们……存在的挑战是使用科学方法所允许的数学去建构一种关于心灵事件的理论。这样一种理论将不得不从第三人称观点出发进行建构，因为所有科学都是从这种观点出发进行建构的。"①

现象学家所采用的传统标准方法是笛卡儿的第一人称视角。丹尼特认为，第一人称复数的角度就如同一个错误的孵化器，在心理学上越来越多的人意识到这种方法论导致了内省主义和行为主义的垮台。行为学家都避免去猜测在我们的心灵或他人心灵中发生了什么。他们实际上倡导了第三人称角度，因为只有从外部获得的事实才能算作数据。我们可以对人们的行为进行录像，然后测量按按钮、抬杠杆、脉冲重复频率、脑电波、眼球运动及脸红等涉及身体运动或反应时间的误差概率。我们还可以打开受试者的头骨（通过手术或脑部扫描设备），看看在他们的大脑中发生了什么，通过这种方法来检测受试者心里在想什么。我们不能做出任何假设，除非我们使用可核查的物理科学方法。①

最简单的想法是，既然你不能直接"看"到他人心灵的想法，就必须相信他们的叙述。关于心理事件这样的事实都不是科学的数据，因为它们无法用客观的方法来验证。例如，逻辑行为主义者主张心理活动是不存在的，而副现象论者认为心理事件存在但它们没有因果作用力，所以科学无法研究它们。

"这些观点都跳转到了一个或另一个毫无根据的结论。即使心理事件不是科学的数据，但这并不意味着我们不能对它们进行科学的研究。黑洞和基因不在科学和数学之中，但我们已经提出了关于黑洞和基因的许多科学理论。建构一种心理事件理论的最大挑战是使用科学方法所允许的数据。"①

这样一种理论必须用第三人称角度来建构，因为所有科学都是通过第三人称观点来建立的。当然，有些人会认为这样的一种意识理论建构是不可能实现的。例如哲学家托马斯·内格尔就主张，"关于世界、生活和自己，这些都是不能最大限度地从客观角度来理解的，无论这种观念的角度可以多大程度地扩展

---

① Dennett D.Consciousness Explained. New York: Back Bay Books, 1991: 70-71.

我们的理解，并超越我们之初的出发点。"① 与这一个或一类观点本质上的联结，就是试图用客观的术语给世界一个完整的解释，这些观点不可避免地会导致错误的还原，或完全否认某些明显真实存在的主观现象。

（二）查尔默斯的非还原性功能论

查尔默斯认为，意识之谜是世界最大的谜。在查尔默斯看来，意识的最直接的物理相关物是知觉机制这种功能组织。但这种功能性组织本身还不是意识，意识必须添加给功能性组织，功能性组织提供了非意识形式的心灵状态。例如"疼痛"实际上有两种意义：一种是物理的、功能论的意义，按照这种意义，疼痛根本就不是一种意识状态；另一种是依赖于意识的意义，按照这种意义，疼痛是一种不愉快的感觉。于是，查尔默斯要求解释这两种意义之间的关系。他认为，唯一的希望是使用所谓的"结构一致原则"（principle of structural coherence），这个原则的内容是："意识的结构通过功能性组织的结构反映出来，功能性组织通过意识的结构反映出来，即意识是通过大脑的功能性组织产生的。"②

有人指出，意识的存在可能是一种假象，只是我们误以为它存在而已。但查尔默斯认为，我们对意识经验存在的确信远胜于对别的东西存在的确信。意识确定无疑是存在的，如果非要将意识问题转换为某种认知的或行为的功能，这种做法是不妥的。他认为一方面自然世界的图景使得意识的自然理论成为可能；另一方面，如果物理学家或认知科学家认为意识能够完全根据物理术语来解释，那么这只是一种空中楼阁，毫无希望，因为主观经验的问题仍然悬而未决。物理学无法包罗万象，意识之谜也无法凭借物理学来解决。因此，查尔默斯坚持认为，意识理论与当代科学的发展是相一致的，二者之间的一致性并不是要与当代科学所坚持的对意识的还原立场相一致，而是要寻求一条非还原的解释路径。查尔默斯把意识看作是一种实在的自然现象，他试图把意识纳入到自然主义和经验科学的解释框架之内，从而确保意识的本体论地位。但同时，

---

① Nagel T. The View from Nowhere. Oxford: Oxford University Press, 1986: 7.
② Chalmers D J. The Conscious Mind: In Search of A Theory of Conscious Experience. Oxford: Oxford University Press, 1996: 248.

他也对物理论、认知科学和行为主义等的还原方法表示不满。可能世界上的一切事物都可以还原地解释，但意识不行，意识问题需要的是非还原的研究方法。他明确表示，意识的还原解释是不可能的，意识理论必须是一种新的非还原的理论。[①]

他称自己的观点为"自然主义的二元论"（naturalistic dualism）。之所以将之称为自然主义二元论，是因为查尔默斯认为，仅凭物理理论和物理规律来解释意识现象还远远不够。对于如何解释意识现象，需要有新的规律和特征。这样的观点才完全符合当代科学发展观，也完全是自然主义的。世界仍然是由物理属性之网构成的，一切事物都将根据物理术语来得到最终解释。物理理论是要给出物理过程的理论，而心理学理论告诉我们这些过程是如何产生主观经验的。为了便于理解，查尔默斯将之称为"自然主义二元论"。一方面，理论是自然主义的，是因为它假定一切事物都是自然法则和属性的结果；另一方面，自然主义二元论与当代科学的结果是相容的。正如其他自然科学领域的理论一样，这种自然主义二元论允许我们根据自然规律来解释意识现象。"意识不是一种超验的事物，它只是另一种自然现象。因此我们的自然图景扩大了，因为包容了意识现象。有时'自然主义'也被看成是'唯物主义'的同义词。"[②]

查尔默斯认为，意识是不可还原地加以解释的。由此出发，他提出一个新的理论框架。在这个框架中，意识是与质量、能量比肩的不可还原实体。查尔默斯将信息与经验结合，认为信息有外在方面，但也有内在的方面即经验。信息是宇宙中最基本的事件，具有普遍性。因此，信息以及它所内含的经验，就不一定依赖于某种生物的神经过程，甚至不依赖于人脑。这样的一种标新立异的观点与科学界所普遍认可的原则是背道而驰的。科学界普遍认为，意识要仰仗于生物学的大脑，但查尔默斯通过"功能组织不变"原则反驳了这一观点。根据查尔默斯提出的组织恒定性原则，两种功能组织相同的系统，在性质上也应该相同。他设想了一个思想实验，即设想用硅片逐渐置换人类神经元而使人

---

① 曾向阳.查尔默斯的意识理论评析.自然辩证法通讯，2011，（3）：5-10.
② Chalmers D J. The Conscious Mind: In Search of A Theory of Conscious Experience. Oxford: Oxford University Press，1996：127-128.

脑的功能维持不变的实验。

　　这个思想实验构造了一系列介于"我"和"机器人"之间的中间情况。每一步都有一些微小的变化，但整个功能组织不变。比如，最先只用硅片取代一个神经元。取代它的硅片是严格执行与所取代的神经元完全相同的功能。之后继续以同样的方式进行一点一点地置换，然后，越来越多的神经元被硅基片所取代。最后，每一个神经元都被硅片所取代，神经元之类的生物化学机制不再起任何作用，而新置换出来的机器人与"我"具有相同的经验，会同样处理输入并产生相同的行为。据此，查尔默斯认为，大脑中的神经层次表现出的组织，原则上能够通过硅基系统来实现。他用这个思想实验来支持功能组织不变原则，并通过该实验表明，意识并不必然地依赖于物理基底。查尔默斯主张，在两者的组织完全恒定的情况下，机器人也同样有主观经验。对于"感受性缺失"和"感受性对调"[①]的反驳，查尔默斯在《感受性缺失、消失的感受性、跳舞的感受性》(Absent Qualia, Fading Qualia, Dancing Qualia) 一文中坚持捍卫其功能论立场[②]。他首先设想有两个功能同构而感受性不同的"人"。一个是"我"，一个是硅基机器人"小红"。当"我"有红色的经验时，"小红"则有绿色的经验。两人之所以存在经验的差异，即感受性对调，是由于"我"和"小红"的生化属性或其他非功能属性存在差异。他设想在"我"的大脑中装有一个与"小红"一样的硅基电路，用它来代替"我"大脑中原来的神经电路。这个电路与"我"原来的神经电路在功能上是完全同构的。安装的硅基电路与原来的神经电路之间用一个开关相联系。开关闭合，硅基电路就取代了原来的神经电路，而原来的神经电路在此状态下不再起作用。启用硅基电路后，"我"所经验到的红色不再是红色，而是如同"小红"经验到的一样的绿色。当"我"不停地在硅基电路和神经电路之间切换时，"我"的经验就不停地在红与绿之间切换，即如同

---

　　① 所谓的感受性缺失（absent qualia）是说，一个有意识的系统必定有恰当的生物化学构成，意识经验依赖于特殊的生物学过程。因此，不管其因果组织如何，一个金属机器人或一个硅基计算机永远不可能有经验。感受性差异是指，一个机器人或一台计算机如果被恰当地组织起来的话，它也许是有意识的，但它所拥有的经验，与我们人类所拥有的经验是完全不同的两种经验.

　　② Chalmers D J. Absent qualia, fading qualia, dancing qualia // Metzinger T. Conscious Experience. Exeter: Imprint Academic, 1995: 309-328.

"跳舞"。当"我"的经验在红与绿之间不停切换时,"我"也没有觉察出任何反常。"我"的功能组织仍然完全正常。这种跳舞的感受性仅仅只是一种逻辑上的可能性,而不是经验上的可能性。因此,查尔默斯借此提醒人们,我们的功能机制的生理属性是会经常变化的,而事实上我们的经验并不随着这些变化而变化。如果我们承认感受性不仅依赖于功能组织,而且还依赖于补充细节,那么我们的感受性很可能在我们的脑中不停地跳舞。因此我们更有理由认为,感受性是由功能组织决定的。功能组织对于具有自然必然性的意识经验来说,是足够了。查尔默斯将他的这种功能论称为非还原的功能论。[1]

在《有意识的心灵》(The Conscious Mind: In Search of A Theory of Conscious Experience)中,查尔默斯认为,我们已经形成的共识是,如果感受性缺失是可能的,那么感受性消退(fading qualia)也是可能的;如果感受性对调是可能的,那么跳舞的感受性也是可能的;如果感受性缺失是可能的,那么跳舞的感受性也是可能的。但感受性消退是可能的这一点让人难以置信,而且跳舞的感受性是可能的观点是极其荒谬的。因此,感受性缺失和感受性对调都是可能的观点是让人难以相信的。因此,我们有理由相信组织不变原理是正确的,并且功能性组织完全决定了意识经验。[2]

应该注意的是这些论证并不是在最强的意义上来建构功能论,正如这些论证证实了感受性缺失和感受性对调的体验是不可能的。不可能的原因有两种情况。首先,感受性消失和跳舞的感受性似乎都是不合理的假设。有一些人可能会争辩,这些假设在逻辑上是有可能的,因为感受性消失和跳舞的感受性是感受性的基本属性,并且我们可以看到它们之间的差异性。但这个概念在直觉上是有争议的。

此外还有第二种原因,即为什么这些论证不能从逻辑的确定性中来建构功能组织体验。考虑把某些事实作为经验前提,这些是关于物理系统功能组织分布情况的事实:我有某种意识经验,或者我有一些生物系统功能。如果我们在

---

[1] 曾向阳. 查尔默斯的意识理论评析. 自然辩证法通讯, 2011, (3): 5-10.
[2] Chalmers D J. The Conscious Mind: In Search of A Theory of Conscious Experience. Oxford: Oxford University Press, 1996: 258.

逻辑上不可能建构感受性消失和跳舞的感受性，这可以确立逻辑必然性条件：如果一个系统拥有功能上细腻的 F 组织，而 F 具有某种意识经验，那么任何具有 F 组织的系统都会具有这些意识经验。如果我们不首先确定前提的必然性，那么我们就不能确定结论的必然性，前提本身是意识经验的。为了从逻辑上确定功能组织体验，我们首先必须在物理中确定意识体验的逻辑随附性。但查尔默斯认为这一点是做不到的。即使我们能够建立物理世界中关于意识经验的逻辑随附性，这种逻辑随附性也不可能通过功能来定义，而且在逻辑上定义感受性缺失和感受性对调是不可能的。因此，"用感受性消失和跳舞的感受性来论证感受性缺失和感受性对调的逻辑和形而上学可能性是毫无用处的"①。

上述论证无法建立一种强形式的功能论，因为功能组织是由意识经验构成的。但这些论证成功地建立了弱形式的功能论，在功能组织上足以满足意识经验与自然必然性的需要，查尔默斯称之为非还原的功能论。根据这种观点，意识经验是由功能性组织来确定的，但它不需要还原为功能性组织。

最重要的是，在我们寻找制约意识随附于物理事物的原则时，有一个重要的发展，即基于功能组织的性质已经限制了随附性的相关属性。在某种意义上，我们不仅说意识随附于物理事件，而且说意识随附于组织结构。当然，这还需要仔细阐明，因为每个系统实现功能组织的方法是多样的。但我们可以说，每一个物理系统都会产生意识经验，有一些由系统来实现的功能组织 F，只要任何系统能够实现 F，都将有相同的意识经验，这一点是必要的。为了找出相关的功能组织 F，我们需要去确定如信念等的认知状态。反过来，只要 F 是足够细腻的，那么就可以确定产生行为的机制，并且 F 也能确定行为的倾向。"这是感受性消失所要求的，因此，我们需要的是功能组织的不变性。对于某些功能组织 F 来说，实现功能组织 F 将伴随有一种特定的意识经验。"②

查尔默斯的思想实验虽然别具一格，但仍然缺少现实的依据。事实上，不

---

① Chalmers D J. The Conscious Mind: In Search of A Theory of Conscious Experience. Oxford: Oxford University Press, 1996: 258.
② Chalmers D J. The Conscious Mind: In Search of A Theory of Conscious Experience. Oxford: Oxford University Press, 1996: 258-259.

可能存在这样的神经元-硅基片的置换过程。在身体的纯物理方面进行功能同构的置换是有可能的,但涉及人脑这样高度复杂的非线性能动系统时,这种神经元-硅基片置换所带来的变化往往是令人难以预测的,尤其还是涉及到微妙的主观经验过程。从技术上来说,这种置换也仅仅是一种思想实验。因此,在什么情况下,机器人会突现人类所拥有的主观经验呢?这本身就是一个令人困惑且着迷的问题。

(三) 塞尔的生物自然主义

塞尔认为意识由大脑内的神经生物过程所引起,并在大脑结构之中来实现,是由低层次神经要素组成的高层次特征。他提出了一种"外部实在论"的理论框架,从而找到了一条科学研究意识的可能进路——统一场理论。塞尔认为,他的目的旨在清除科学研究意识中的哲学障碍。他认为意识是客观存在的,不依赖于人们的表象而存在。统一场理论由两个核心命题构成,即物质原子论和生物进化论。物质原子论和生物进化论主张宇宙由力场中的"粒子"组成,由"粒子"组成的系统是长期进化的,心灵是宇宙进化的产物。意识作为宇宙进化的产物,它以许许多多的形式和变种出现。在所有这些形式中,意识的本质特征是排他的、内在的、感质的和主观的。

1. 意向性结构

因为意向状态能够指涉对象和事物,它们必须有某种形式的内容来确定指称物。事实上,我们确实需要区分意向状态的内容与意向状态的类型。因此我相信明天天晴、希望明天天晴、想要明天天晴或者愿意明天天晴,在这每种情况中,意向的内容是相同的,即明天天晴。但是意向内容与世界的关系具有不同的心理模式,如相信、担心、希望、意愿等,这种区分与语言上的区分有相似之处。就如我可以命令张三关上房门,还可以预测张三会关上房门,或者询问张三是否能关上房门。在每种情况下,我们都拥有相同的意向内容即张三关上房门,却是由不同的言语行为提出来的。那么,我们可以把这种意向状态当成某种心理模式，比如有命题内容的信念或欲望、具有明天天晴的内容等。"可以用 S（p）符号来进行表述，S 代表意向状态的模式或类型，p 代表命题内容。这些状态通常被称为'命题态度'"。①

需要注意的是并非所有的意向状态都有完整的命题内容。例如，一个人可能会钦佩张三或者爱慕李四，在这种情况下，意向状态只指涉了一个对象。这种状态可以表示为 S（n），n 命名或指涉了一个对象。意向性总是表征了某些方面，比如我可能有意向地表征暮星，而不是晨星，虽然二者是同一个对象。意向性理论必然解释面向具体化（aspectual shape），而一些唯物论的理论却无法做到这一点。如功能论就无法区分对水的渴望和对 H_2O 的渴望，这是因为功能论的因果关系要取决于对意向性的分析，但这种分析中却不包含意向性具体化的功能。

塞尔认为，像语言行为一样，意向状态是以不同的方式与世界发生联系的。一种信念的目标要想在一定程度上为真，如果这种信念实现了，那么该信念的目标为真；如果在某种程度上该信念没有实现，那么该信念的目标就为假。此外，欲望并不表征世界是什么样的，而只表征我们是如何想的。因此，如果我相信外面现在是晴天，当且仅当现在外面是晴天，我的信念为真。但是如果我希望明天天晴，当且仅当明天天晴，我的信念被满足。虽然这两句话看起来是类似的，但这存在一个关键的区分。在相信的情况中意向状态被认为表征了事情是什么样的。因此相信是符合世界的；但在希望的情况中希望的目的不是表征事物是什么样的，而是表征我们是如何想的。也就是说希望的情况是世界符合了希望的内容。心理状态负责的是符合独立存在的实在，我们可以说心理状态拥有"心灵符合世界的方向"（mind-to-world direction of fit）。心理状态可以符合或不符合真实事物的样子，而信念、确信、假设以及感觉经验等都有心灵符合世界的方向。最常见的用来评价心灵符合世界方向的语词是"真"和"假"。信念和确信可以用真或假来表述，但欲望和意图就不能用真或假的方式来表达了，因为它们的目标不是匹配独立存在的实在，而是让实在来匹配意向状态的内容。基于此，"欲望和意向具有'世界符合心灵的方向'（world-to-mind

---

① Searle J R. Consciousness and Language. Cambridge：Cambridge University Press，2002：7.

direction of fit)"。[1]

有一些意向状态，尽管它们拥有命题内容，但没有符合的方向，因为这些状态的目标不是与现实相匹配的（心灵世界的方向），也不是让现实来匹配它们的状态（世界符合心灵的方向）。相反，它们被认为符合的方向已经存在。例如，塞尔认为，如果我踩了你的脚我会感到很抱歉，如果阳光灿烂我会很高兴，我理所当然地承认我踩了你的脚或外面的阳光灿烂。塞尔认为这种情况下意向性有空的符合方向，它们被假定有一种符合关系，而不是去判断它的符合方向。塞尔用一个向下的箭头"↓"表示心灵符合世界的方向，用一个向上的箭头"↑"表示世界符合心灵的方向，而用"Ø"表示空的符合方向。[1]意向状态的内容是一个整体的命题，它表征世界上的事物。当意向状态表征世界上的事物时它有三种符合的方向：心灵－世界，世界－心灵及空集。意向状态有一个非空的符合方向来表征满足相关条件（表 8-1）。

表 8-1　意向状态中心灵与世界的符合方向

满足条件	认知			意志		
	知觉	记忆	信念	意向行动	先天意向	欲望
因果自我指涉	是	是	否	是	是	否
符合方向	↓	↓	↓	↑	↑	↑
因果方向	↑	↑	Ø	↓	↓	Ø

每当我们有一个非空的符合方向的意向状态时，方向或者是符合的，或者是不符合的。一种信念的为真、欲望的被满足、意图的执行与否都是视具体情况而定的。一种信念为真只是说该信念被满足了，那么该意图就被实现了。因此，可以说每一个非空符合方向的意向状态都有满足条件，而心理状态就表征了其自身的意向状态。可以说，理解意向性的关键就在于满足条件。

2. 生物自然主义的观点

塞尔认为，我们在哲学上面临的最大难题就是我们具有一幅关于人类自身

---

[1] Searle J R. Mind: A Brief of Introduction. Oxford: Oxford University Press, 2004: 167-169.

的常识性画面,这幅画面与我们关于物理世界的整个"科学"概念很难取得一致性,因为科学告诉我们,这个世界上只存在无知觉、无意义的物理粒子。塞尔认为这个带有根本性的问题没有被解决却在当代引起了一系列的新问题,比如计算机能否思维的问题,社会科学的性质问题,以及人类意识的结构能否通过科学来说明的问题等。在所有这些总问题中又包含着一个既老又新的问题,被许多哲学家列为全部难题之首,也就是传统的心物难题。在当代,哲学家和科学家把它归结为心脑关系问题[①]。

塞尔通过图 8-1 来表征这些关系。顶层表明了意向行动可以导致身体的运动,而底层显示了它在神经和生理上是如何运作的,底层的每一步都导致并实现高层现象,而阴影代表由系统神经元传播的意识状态。

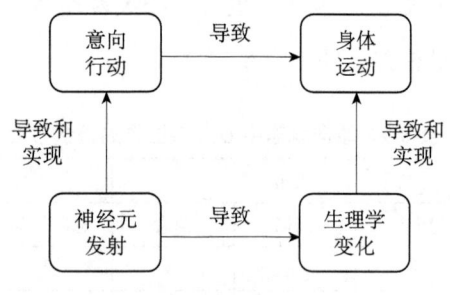

图 8-1　意向行动(1)

而图 8-2 则表明,有意识的意向存在于整个系统中,而不仅仅是在上部存在[②],圆圈代表神经元:

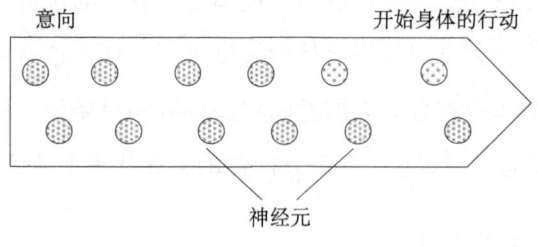

图 8-2　意向行动(2)

---

① 杨音来. 塞尔身心观述评. 自然辩证法通讯, 1988, (6): 20-23.
② Searle J R. Mind: A Brief of Introduction. Oxford: Oxford University Press, 2004: 210-211.

塞尔认为，无论是传统的二元论观点还是目前占主导地位的唯物论观点，它们都是建立在一些错误的假设之上的。其错误在于，如果意识是具有感受性、主体性甚至秘密性的（详见第三章），那么它们就不可以成为物理世界的组成部分，甚至无法被物理世界来认识，因为根据传统的笛卡儿式的定义，"心灵"与"物质"之间是二元对立的。如果某种东西是心灵的，那么它就不是物质的，如果某种东西是物质的，那么它就是非心灵的。

塞尔认为应该抛弃这些传统的定义与分类，因为唯物论忽略了意识的实在，或者说忽略了心灵的属性，而二元论则否认意识是自然界的某种组成部分。塞尔主张，现在只要假定意识及其全部主观性是由大脑中的过程引起的，假定意识状态本身是大脑更高层次的特征，这样就可以解决心物之间的形而上学难题。因为难题的产生就在于我们接受了所谓的心灵与物质、心理与物理是相互对立的范畴。

塞尔试图提出一种简单方法来解决身心问题。假设，张三觉得非常渴，不过这只是一种意识状态，一种想喝水的渴望，这样一种感觉的存在只能被人类或动物主体所体验到。在这个意义上，它就具有一个主观或第一人称本体。为了使像张三口渴这样的感觉存在，它们就必须被主体体验到，是"张三"在口渴。但这些主观的感觉如何融入世界的其他状态之中呢？我们必须坚持张三口渴是一种真实的现象，是现实世界的一部分。意识表现在行为之中，如果张三在喝水，那是因为张三口渴了。其次，塞尔认为张三口渴的感觉完全是由大脑的神经生物学过程引起的。如果张三身体系统中没有足够的水，那么就会引起一系列复杂的神经生物学现象，所有这些现象都是口渴的感觉因致的。塞尔认为："有一个奇怪的我们不愿意承认的现象是，意识状态是由大脑进程引起的。"[1]但这些对口渴感觉的解释准确吗？由于口渴是大脑中的有意识过程，因而它是大脑的一种功能状态。因此，意识是比神经元和突触更高层次上的一种状态。

假设张三现在身体内缺水，身体缺水导致张三身体系统中盐失衡，盐失衡

---

[1] Searle J R. Mind：A Brief of Introduction. Oxford：Oxford University Press, 2004：112.

触发肾脏的某些活动，肾脏分泌凝乳酶，然后凝乳酶合成一种叫作血管紧缩素的物质，这种物质进入下丘脑，从而影响神经元发射速度。据我们所知神经元发射率差的状态会使动物感到口渴。这试图解释感到口渴的意识是如何适应于我们整个世界观，所有的意识形式都是由神经元产生，并在大脑系统中实现的，大脑本身是由神经元构成的。所有的意识状态都是由低层次的大脑神经元引起的，我们拥有有意识的思维和情感，它们都是由大脑中的神经生物学过程产生的，并且它们是作为大脑中的生物功能而存在的。

塞尔认为上述解释解决了"身心问题"，他称之为"生物自然主义"，因为它为传统的身心问题提供了一个自然主义的解决方案。"生物自然主义"强调心理状态的生物学特征，并避免了唯物论和二元论观点。塞尔将意识的生物自然主义陈述为四个命题[①]：

（1）意识状态具有主观的、第一人称的本体，它们是现实世界中的真实现象。我们不能对意识进行取消式的还原，塞尔认为这种还原只不过是一种错觉；我们也不能把意识还原为神经生物学基础，因为这种第三人称还原遗漏了意识的第一人称本体。

（2）意识状态是完全由低层次的大脑神经生物学过程引起的。因此，意识状态可以因果还原为神经生物学过程，它们依赖于神经生物学过程，因为它们不是处于神经生物学过程之外。

（3）意识状态在大脑中是作为一种功能而被认识到的，因而它是一种更高层的存在，高于神经元和突触。单个神经元不是意识，但大脑各部分构成的神经元是有意识的。

（4）因为现实世界的意识状态是真实的特征，其功能具有因果作用。如口渴让我想喝水。

著名的"身心问题"的解决方案真的这么简单吗？事实上，有人反驳说塞尔并没有解决传统的身心问题，认为他的观点只不过是属性二元论的。事实上，塞尔认为我们所有的心理过程都是由神经生物学过程引起的，它们只是潜

---

① Searle J R. Mind: A Brief of Introduction. Oxford: Oxford University Press, 2004: 113.

在的神经生物学过程，而没有因果力量，它们不能在本体上还原为第三人称现象，因为它们有一个第一人称的本体。那么为什么他的这个解决方案会遇到那么多批评意见呢？塞尔认为，许多哲学家不认为心理实体是存在的，因为如果它们确实存在，并由物理过程所产生，那它们是如何在大脑的物理系统中存在的呢？这种质疑带来的后果就是接受心理和物理二元论。因为口渴的感觉确实存在，而且也体现在我们的行为之中。

塞尔对于心物难题的解决偏向于斯宾诺莎的属性二元论，斯宾诺莎倾向于上帝安排，而塞尔则是倾向于生物自然主义解释。他用生物自然主义来消解了身心关系，认为没有一元论或二元论之分，甚至把自由意志难题也消解了，因为他认为自由意志是一种幻觉。[①] 巴里·史密斯（Barry Smith）认为塞尔的生物自然主义也只不过是"属性二元论的"。塞尔说意识是"不可还原的"，属性二元论也认为意识是一种属性，无法还原为物理属性。塞尔的论证似乎可以归结为这一观点：世界上有两种不可还原的属性，意识及其他物理现象。因此，史密斯认为，塞尔的观点是属性二元论的。世界上有很多真正的属性：电磁、经济、美食学、美学、政治、地理、历史、数学等。塞尔认为，如果他的观点是属性二元论，那么它应该被称为属性多元化或者属性 N 元论。塞尔认为真正重要的区分不是精神与物体、心灵和身体，而是那些世界上真正的存在且独立于观察者的事物，如力量、质量和引力等，以及那些依赖于观察者的事物，如金钱、财产、婚姻和政府等。所有与观察者相关的属性依赖于意识，但意识本身不是与观察者相关的。意识是生物系统真实的固有特性。为什么意识是不可还原的，而其他依赖于观察者的属性如流体性和稳定性却是可还原的呢？为什么我们不能把意识还原为神经元行为，就如同我们可以把运动还原为分子行为呢？同样，塞尔认为意识有一个第一人称或主观的本体，所以不能还原为任何第三人称或客观的本体。如果你试图还原或消除意识，那么就忽略了某些东西。也就是说，意识有一个第一人称本体：生物学的大脑有一个显著的生物能力来产生经验，而只有当这些经验被人类或某些动物感知到时，它们才存在。因此，

---

① Barry S. John Searle. Cambridge: Cambridge University Press, 2003: 133.

不能把这些第一人称主体经验还原为第三人称现象，同样，也不能把第三人称现象还原为主观的经验。因此，"我们既不能把神经元发射还原为感觉，也不能把情感还原为主观经验，因为每一次还原都会遗漏客观或主观的问题。"①

塞尔认为，我们一旦揭开意向性问题的神秘面纱，把它从抽象的精神层次降低到具体的动物生物学层次时，就不会还有什么谜团是不能解决的，特别是动物的意向状态是可以解决的。如果从饥饿、口渴这样简单明了的情况开始研究，那么意向性就不难解释。当然，比起感知饥饿和口渴来说，信仰、欲望和思维过程的形式是更加复杂的。通过环境的影响，它们也更容易被大脑的直接刺激所移除。但"即使是信仰、欲望和思维过程，它们也是由大脑的过程产生并在大脑系统内实现的"②。

塞尔认为，意识的本体论不可还原性并不是基于它有一些单独的因果在起作用，相反，它是基于意识有第一人称本体性，因此它无法还原为第三人称本体，即使它对意识没有因果效用，意识也不可能还原为基于因果效用的神经基础。

（四）伯格的意向性外在论

伯格（Tyler Burge）有一个相关论证，表明心灵的内容至少部分是社会的。其论证过程如下③：试想张三由于胳膊痛去北京的医院看医生。他说："医生，我胳膊痛得不行了，大概是关节炎引起的。"而医生检查过后回答说："你不可能是关节炎，因为关节炎是关节部位出现的一种炎症。"张三从北京回到太原后胳膊又痛了，他只好又去看医生，医生说他就是得了"关节炎"。因为在太原"关节炎"一词有不同的用法，"关节炎"既是指肌肉痛，又是指关节部位发炎。在北京与太原，张三的大脑状态是一样的，但他的信念却是不一样的。在北京的情况中他有一个虚假的信念，即他得了关节炎。而在太原的情况中他的信念（他得了关节炎，即肌肉痛）是真的。张三所思考的事情相同，张三却拥有两种

---

① Searle J R. The Mystery of Consciousness. New York: The New York Review of Books, 1997, 214.
② Searle J R. Mind: A Brief of Introduction. Oxford: Oxford University Press, 2004: 164.
③ Burge T. Individualism and the mental. Midwest Studies in Philosophy, 1979, (4): 73-121.

不同的信念，一种为真，一种为假。相同的信念不可能既真又假。

这个结论和普特南的结论一样。正如普特南所表明的，意义在一定程度上是由因果关系所构成的，所以伯格的观点表明，心理内容在一定程度上是由社会与其共同体的关系所共同决定的。这两种情况似乎表明意向内容并不在大脑内部。

但塞尔认为这两种观点都是错误的。内在主义的基本观点是"大脑"在这里意指大脑的内部，大脑设置对象必须满足的条件需要用表达式或其他形式的思想内容来指涉。有一个典型的例子，"晨星"的表达就设置了一个条件。如果某个对象满足该条件，那么可以用这个表达式指涉对象。普特南的解释中并没有挑战这种观念。传统观念认为，功能的列表与每个词相关，例如"水"一词与清澈、无色液体等特点相关。我们对于知觉意向性自我指涉的因果解释，相当于说水在结构上等同于导致我们具有的视觉体验的事物。但这种定义设置一个条件，即完全通过心灵内容来表征。地球上的人们看到了一种物质，把它叫作"水"，他们设置一个条件，其他事物如果满足了这一条件，并且与这些材料相似，就被命名为"水"。孪生地球上的人告诉我们完全相同的故事，他们看到一种物质，称之为"水"，他们设置了一个条件，这一条件将由其他事物来满足，并与之相似。该条件完全是内部的心灵内容，物质是否满足了该条件取决于世界而不是取决于心灵。对其他任何事物设置内部条件，也是以完全相同的方式。如"晨星"，一个对象是否满足该条件取决于世界，而不是心灵。内在论是一种关于心灵如何设置条件的理论，如果条件满足，那么它们被用来指称对象。设置什么样的满足条件是由大脑所决定的，而一个对象是否满足了条件是由世界决定的。①

在上述事例中，两种情况下心理状态的唯一区别是索引的不同，它涉及任意公共语言的使用。张三在北京与在太原之间的区别是所属的共同体是不同的。语言用法共性的前提是有一个共同的背景假设，有些事情明显先于信念和思维。我们使用的语言被默认为符合共同体其他成员的标准，否则我们不打算通过共

---

① 约翰·塞尔.意向性：论心灵哲学.刘叶涛，译.上海：上海人民出版社，2005：204-205.

同的语言与他们交流。

内在主义者与外在主义者都同意字词可以作为用于整个句子的真值条件，他们也都一致认为，言说者自己必须满足一些条件，以便于他们可以用这些字词来设置真值条件。但是，内在主义者与外在主义者之间的争端在于言说者所满足的本质条件。与字词相关的条件是通过言说者的心灵/大脑中来表征吗？还是这部分内容是独立于言说者的心灵/大脑的呢？根据内在论，条件通过言说者的大脑来表征；而根据外在论者，大脑的内容还不足以作为成功的参照。普特南认为，意义并不在大脑之中。外在论者在每一个情况下给出的这种论证都是相同的，两个说话者在大脑之中可以有类型同一的内容，但却可能意味着不同的事物；而内在论给出的答案是，在所有的情况中都是一样的，这是因为头脑中有一些的索引组件，它们在这两种情况中设置了不同的满足条件，而设置的条件与言说者的大脑相关。

第九章 自由意志：我们有多自由

> 真正的自由不是你想做什么就做什么，而是你不想做什么就不做什么。
>
> ——康德

人是否有自由意志，是一个古老而重要的哲学命题，而决定论与自由意志之间的关系问题是哲学中重要又充满争议的传统难题，这一存在了两千多年的哲学问题不断被人争论。"自由意志"是一种心理能力，它以自我意识为基础，是一种根据自我意识进行自由地地选择的能力。"自由意志"问题之所以被持久关注，是因为自由意志与人的自我本性、人在宇宙中的地位以及道德责任的判据都密切相关。当今关于自由意志的讨论渗透于人类生活的方方面面，人们在对其提出精致的哲学论证的同时，对自由意志的怀疑也从未停息过。

一、自由意志的哲学基础

之所以自由意志成为一个哲学问题，是因为自由意志与决定论之间的冲突由来已久，几乎贯穿了整个西方哲学。而在当代，两者之间的争论愈加趋于精致化和细微化。这种冲突之所以一直没有得到一劳永逸的解决而成为一个千古难题就在于双方似乎都有足够的理由证明自己的正确性和合法性。① 为了解决自由意志的问题，我们必须解决意识的本质、因果关系、科学解释和理性等一系列现象。但是，在我们考察了所有其他问题之后，关于这些问题如何与自由意志相关我们还是一筹莫展。主要是因为自由意志问题归根结底关系到人的自我理解，关系到对人在宇宙中地位的理解。

我们可否真的进行自由选择，或者说我们可否真的为自己的行为负责？比如过去发生的事件、宇宙的性质、甚至我们自己的信念和感觉，它们都是完全由我们自由决定的吗？我们自己的行为是否受到控制，这就是哲学史上所谓的自由意志问题。简而言之，"自由意志问题就是理性的行动者是否控制了其行为和决定，但它难以解决的原因之一就在于它并非一个单一问题，而涉及许多尚未得到解决或取得一致看法的相关哲学问题"②。

人们的日常观念接受了万事万物间存在先后承继、彼此支配的关系，并且假设自然界的一切事件的发生都是一定原因的结果。因此，寻求某个事件的因果解释时，人们预设了以此找到的存在于事件背景中足以导致正在发生的事件的原因。① 因为从物理因果封闭原则出发，所有事件似乎都是因果决定的，比如我们出生时头发的颜色、人的生老病死等。但如果说我们的行为不是自由决定的而是因果决定的，那么我们还需要为自己行为的结果负责任吗？

人被看作是具有自由意志的存在物似乎是无可怀疑的。但是，另一方面，人只是广袤宇宙的一个组成部分，而我们注意到宇宙或者大自然是有规律的。任何事情的发生都不是无缘无故的，都有其原因，而这个原因本身又有它的原因，自然界发生的一切构成了一个复杂的因果链条，没有什么事情处于这个因果链条之外，一切都受到因果作用的支配。因此只要我们认识了这些规律，所发生的一切都是可以准确预测的。这种观点认为，人的某些行为看似是自由的和自主的，但实际上受制于某些物理机制和先前事件的作用和影响，是这些机制和事件的必然后果，因此根本没有什么自由意志可言，自由意志只不过是个幻象。决定论主

---

① 费多益. 意志自由的心灵根基. 中国社会科学，2015，(12)：51-70.
② 刘毅，张掌然. 自由意志概念的演变及其含义辨析. 山东理工大学学报，2012，(1)：40-43.

张，必然发生的行为都是不自由的，也就是说如果一个行为当事人必须实施它或者必须不实施它，那么这个行为就不是自由的；反之，如果这个行为既在当事人实施它的能力范围内也在当事人不实施它的能力范围内，那么，这就是个自由行为。但是决定论同时认为，每件发生的事情都是有原因的，都有已知的或未知的前提条件确保该事件发生。在这种观点看来，如果有一种存在物在任何时候都能知道宇宙中每一颗微粒的位置以及作用于每一微粒的力量，那么它就能绝对肯定地预测每一个未来事件。因此，根本不存在什么自由意志。[①]

在认知哲学语境下，自由意志问题又重新得到人们的关注。根据决定论立场，自然法则完全决定了物质世界的进程。因此，心理状态和意志一样都将是物理状态，这意味着人类的行为和决定将完全是由自然法则决定的。进一步扩展这个推论：人本身不能决定自己想要的东西和所能做的事情，因此他们并不是自由的。这里潜在的问题是，我们是否可以控制自己的行为。如果可以，那么什么样的行为才算是受控制的行为，受控制到了什么程度？这些问题早在古希腊时期就开始讨论，但几千年来一直没有明显进展。

自由意志涉及的是在不同的可能行动之间进行选择的能力。在对自由意志难题的探讨中存在着以下三种代表性的观点：一是硬决定论，即从因果性、必然性角度出发去解释宇宙中发生的所有现象；二是非决定论或自由意志论，即从偶然性或自由意志的角度出发去解释宇宙中发生的所有现象；三是相容论，即认为自由不是别的，恰恰是对必然的认识。

要讨论自由意志，首先要讨论我们是否真的有自由意志，我们的行动是否真的取决于我们自己，人类是否能够以及怎样有意识地控制自己的行为，自由意志能否作为一种独立的力量存在。自由意志是西方伦理学思想中最基本的概念之一，它既是一个哲学概念，又是一个心理学概念。

二、何谓自由意志难题？

从词义上来说，究竟什么是意志呢？英文中意志所对应的词是 will。will 这

[①] 马寅卯. 决定论和自由意志的相容性问题. 浙江学刊, 2014, (6): 46-53.

个词的中文解释是决定达到某种目的而产生的心理状态，will 的英文解释是某种意向行为的原因，这是哲学上的定义。自由在英文中是 free。这里的 free 与"随机"不同，只是没有约束的意思。free 和 will 放在一起，构成了自由意志，但不是随机决定的意思。随机其实也是不自由的，例如，在物理学中，典型的随机过程是布朗运动，液体中悬浮的花粉在无数看不见的分子撞击下做无规则运动，这明显不是花粉的自由意志。

在古希腊时期，希腊哲学没有大张旗鼓地讨论自由意志，甚至没有自由意志这个概念，但苏格拉底的道德论已经涉及人类行为的善，以及人类对行善的支配权。到了晚期的希腊哲学，斯多亚派认为人在宇宙面前没有自由，只有服从；伊壁鸠鲁派则持截然相反的看法，认为偶然性导致了人的自由意志，人有选择权。这就是自由意志问题最早涉及的人类如何面对自己的善恶问题。[1]

自由意志是一个特殊的问题。我们的意志是自由的吗？抑或说我们做出行为的决定取决于我们自己，还是事先被设定好了的呢？因此，我们有两种绝对不可调和的信念，每种信念似乎都是正确的。第一种信念是，世界上发生的每一件事都有事先的充足理由。事件发生的充足理由在一个特定语境中，足以确定该事件会发生。当我们说事件发生的原因是充足的时候，我们的意思其实是指，在这个历史语境中，由于这些原因，事件必定会发生。当我们要求解释一个事件时，我们不满足于只是解释事件的状态，我们想知道是什么让事件发生的，我们想知道为什么这些事件会发生而不是其他一些事件会发生。我们所拥有的图像是世界上所有事件都是被决定了的，比如球的下落是被确定的。我们对决定论的信念解释了这一观点，即球往下落是真的。

第二种信念是指，我们的自由意志实际上只是基于人类体验到的某些自由。我们体验了下决心，然后去做某一件事，比如决定看书，然后找书看。这是我们意识经验的一部分，我们体验到决定是行为的原因，但这些决定似乎不足以对实际行动产生影响。简言之，在人们的行动和决定之间存在着一种鸿沟，在实际决策和行为表现之间也存在着鸿沟。自愿的决定使得行动与知觉是相反的，

---

[1] 萨姆·哈里斯.自由意志：用科学为善恶做了断.欧阳明亮，译.杭州：浙江人民出版社，2013：XI-XII.

也就是在现象的原因与行动的原因之间有鸿沟。在自愿行为中至少存在有三种鸿沟：①知道行动的理由与执行行动的决定之间的鸿沟，典型的情况是在选举候选人之间做出选择，没有人会强迫你做选择；②在决定实际行动之间的鸿沟，比如，一旦你做出决定投票给张三，你的决定并不是由行动本身所迫使的；③决定的行动及其持续完成过程之间的鸿沟，如果只说不做，那么也是一事无成的。

有时感官知觉本身也会有鸿沟，例如鸭兔图。但鸭兔图这并未真正反驳了自由意志的观点，因为在这些情况下有一个自愿的感知元素，即我们自愿看到鸭子或看到兔子。当然，并不是所有的人类行为都包含经验鸿沟。因此，一方面是自由自愿的行为，而另一方面是上瘾或强迫性的行为。

我们所体验到的鸿沟基于我们的信念，即我们有自由意志。但为什么我们如此重视感官经验呢？明明我们有很多感官经验是虚假的，如海市蜃楼等。既然如此，为什么我们不认为自由意志是一种幻觉呢？如颜色是一种错觉？我们不把自由意志看成是一种错觉的原因是什么呢？例如，我周末去了电影院，当工作人员问我想看什么电影时，我不能说：因为我相信决定论，所以我只要等等看，一会儿决定论就让我知道我想看什么电影了。这似乎是很荒谬的。当我们决定行动时，我们的决定或行动的前提条件是：我们有自由。否则，我们不能认为自己有自由意志。

所以，一方面，似乎我们深信每一个事件的发生都必须有充分的理由来解释；另一方面，经验带给我们人类有自由的信念。因此，我们在实践中不能放弃这种信念。人类有强烈的自由感，这让我们相信自己有自由意志，但关于自由意志的直观感可能是错误的，因为在直观证据和科学观点之间很难调和。"直观证据表明，有意识的决定在因果上是有效的；而科学观点则认为，物理世界只可以由物理定律来解释"[①]，在自由的直观感觉与因果封闭或物理决定论的自然法则之间存在冲突。从因果封闭原则来看，物理事件没有物理领域之外的原因，并且未来的事件也完全是由之前的事件因果决定的。

---

① Max V. How could conscious experiences affect brains? Journal of Consciousness Studies, 2002, (11): 2-29.

在关于决定论与自由意志的关系问题上，大体上可以分为相容论和不相容论。相容论认为，承认决定论并不妨碍自由意志，承认自由意志也并不妨碍决定论，自由意志与决定论并不相互排斥，它们或者是可以相容的，或者是必须相容的。前者可以称作一种温和的相容性立场，它主张捍卫自由意志不一定以反对决定论为前提。后者可以称作一种激进的相容性立场，它认为正因为存在着决定论，才有自由意志及与其相关的道德责任问题。不相容论认为决定论和自由意志是截然对立的，如果决定论成立，那么就没有自由意志，如果存在自由意志，那么决定论就不成立，因此决定论和自由意志是互斥的，自由意志以否定世界特别是人的行为的被决定性为前提。极端的决定论否认人具有自由意志，在它看来，每一个发生的事件必有其发生的原因，否则它就不会发生。一个人当下的行为是由他的欲望和信念引起的。这些欲望和信念又由其以前的欲望和信念而引起，由此可以一直追溯到遗传和环境因素。当下的行为是因果链条的一部分，这个链条可以延伸至你出生之前，而链条上的每个环节决定了链条上的下一个环节。既然人肯定无法控制链条上其出生前的那些环节，而这些早先的环节又决定后面的环节，因此他对其现在的行为自然无法控制。简而言之，人没有自由意志。[1]

相容论者的主要观点是认为自由意志和决定论之间是相容的。一些相容论者甚至认为决定论对于自由意志是必然的，他们认为，自由意志与硬决定论之间的争论以及自由意志与软决定论之间的争议是同一个难题。关于自由意志是什么，不同的相容论者提供了非常不同的定义。古典相容论者认为，自由意志只是表示行动自由。如果一个人有自由意志，那表示他可以有相反的选择，而没有身体上的约束。而当代相容论者把自由意志等同于心理能力，如指导直接行为，以某种方式来回应理性。"还有进一步的不同的自由意志观念，每个都有自己的问题，它们共享了某种共同特征，却找不到决定论威胁了自由意志的可能性。"[2]

关于相容论和不相容论的哲学立场的简单分类，可见图9-1：

---

[1] 马寅卯. 决定论和自由意志的相容性问题. 浙江学刊, 2014, (6): 46-53.
[2] William J. The Dilemma of Determinism. The Will to Believe, and Other Essays in Popular Philosophy. Longmans: Green, 1896: 145 ff.

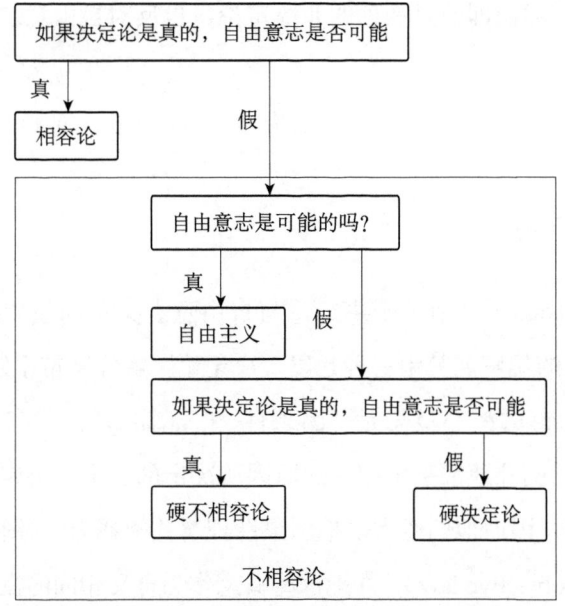

图 9-1 相容论和不相容论的哲学立场

目前,关于相容论和不相容论的哲学立场,主要存在着三种不同的观点。

(1)自由意志论立场(libertarianism),即不相容论立场。认为人类拥有自由意志,决定论是错误的。

(2)硬决定论立场(hard determinism),即不相容论立场。认为人类没有自由意志,决定论才是真的。

(3)软决定论立场(soft determinism),即相容论立场。认为决定论是真的,同时人类也拥有自由意志。

相容论者认为,心理的实在性本身不是因果有效的。古典相容论者解决自由意志的困境是通过论证我们是否受外部约束或强制而做出决定的。现代相容论者则区分了自由意志和自由行动,也就是说把自由的选择从自由中分离了出来。相容论者常常把自由意志与做出理性决定的能力联系起来。

解决决定论困境的另一途径是不相容论,即如果世界是决定论的话,那么我们可以进行自由选择的感觉仅仅是一个错觉。形而上学的自由主义是一种不相容论的形式,它预设决定论是错误的,自由意志是可能的(至少有一些人是有自由意志的）。然而即使是物理的非决定论，也反对自由意志主义，但却很难分析其起源。

下面将分别讨论硬决定论、软决定论和自由意志论三种观点。

三、硬决定论

在康德（I. Kant）之前关于决定论与自由意志关系问题的探讨中主要存在着两种截然相反的见解。其中一种是以"决定论"解释宇宙中发生的所有现象。众所周知，决定论的核心概念是"因果性"（causality），即有因必有果。换言之，"任何结果无例外地都是由相应的原因所决定的。由于决定论者把因果性看作是普遍有效的，因而他们通常也把因果性理解并阐释为'必然性'（necessity）或'客观规律'（objective law），并把这些概念作为含义相同的概念加以使用。"[①] 决定论经常被看作是对自由意志的最大挑战，一般认为，在一个完全被因果关系决定了的世界，或者说在一个预先安排好了的世界里是没有自由意志可言的。决定论在历史上是以命运、神意等各种形式表现出来。

（一）不同形式的决定论

每一事件都有原因，一个事件之所以发生，必有促使其发生的原因。很难想象一个事件没有任何原因，它自己无缘无故地就发生了。例如：一个刚做过全身健康检查的运动员突然暴毙，若医生一口咬定没有任何原因，这绝对很难令人接受；同样，汽车突然发动不了，若汽修人员报告说没有任何原因，这也绝对无法令人信服。

既然每一事件都有其原因，那么促使某一事件发生的原因本身也有其所以发生的原因。例如：高速公路上某一车祸发生的原因是浓雾以及驾驶员酒醉驾车。当时当地之所以有浓雾必有其气象上的原因；而驾驶人之所以酒醉驾车，也是有其原因的。因此，若每一事件都有原因，原因还有原因，环环相扣，可

[①] 俞吾金. 决定论与自由意志关系新探. 复旦大学学报（社会科学版），2013，（2）：2-25.

能会追溯到事件发生之前非常久远的年代。换言之，该车祸至少在多年前已种下了远因：如果每一相关细节都追究其原因，把它们串成互相关联的复杂因果网络，那么，我们可以倒推出该起车祸事件早在几年前甚至在该驾驶员出生之前就是注定要发生的。

决定论是一个有众多含义的术语，每一种不同的含义对应于不同的问题。硬决定论主张，决定论是真的，而且它与自由意志是不相容的，所以自由意志并不存在。虽然硬决定论一般指因果决定论，但它可以包括所有形式的决定论。相关决定论的形式有：

（1）因果决定论。这一观点认为，一切事情都是由之前的条件决定的，之前的条件才使得相应事情得以发生。其最常见的形式是法理学（或科学）决定论，即由过去和现在的事件相结合的自然法则决定了未来事件。这种决定论是由拉普拉斯妖的思想实验来说明的。想象有一种实体（拉普拉斯妖），他能知道所有关于过去和现在的事实，也能知道宇宙中的所有自然法则。"如果自然法则是确定，那么这样的实体能够使用这些知识来预见未来。"[1]

（2）逻辑决定论。无论过去、现在或将来的概念都是被决定的；无论是真或是假的概念都是命题。在这种语境下，自由意志是指如何自由地做出选择的问题，考虑到未来在当下已经被确定为真或者为假。

（3）神学决定论。这一观点认为未来已经确定，要么注定是由神创造的，要么我们提前就知道了它的结果。在这种语境下，如果有人已经提前帮我们决定了一切，那么我们如何能有自由的选择？

其他形式的决定论是与相容论相关的，如生物决定论是说我们所有的行为、信念和欲望都是遗传禀赋固定的以及生化结构构成的，而生化结构明显受基因和环境的影响。此外还有文化决定论、心理决定论和生物-环境决定论（bio-environmental determinism）等。硬决定论不需要坚持严格的决定论，尽管如此，由于科学表明决定论是假的，硬决定论在当前已经变得不再那么流行了，它们的立场仅是由不相容论来维系的。

---

[1] Suppes P. The transcendental character of determinism. Midwest Studies in Philosophy, 1993, (18): 242-257.

不相容论的立场是认为自由意志和决定论在逻辑上是不相容的，其主要问题是人们是否有自由意志，他们的行为是否是被决定了的。传统上关于不相容论的论证都基于"直觉泵"。如果张三就像其他机械事物一样是被决定的，那么他的行为就如同一个上了发条的玩具，或是一个台球或玩偶，甚至是一个机器人一般，那么"人们肯定是没有自由意志的"[1]。这一论点被相容论者丹尼特所拒斥，原因是即使人类与这些事件类似，但它仍然是可能和合理的，我们在许多重要的方面很显然不同于这些机械事物的。[2]

保尔·霍尔巴赫（Baron Holbach）、托马斯·里德、彼得·范·因瓦根（Peter van Inwagen）和罗伯特·凯恩（Robert Kane），他们都是不相容论者，但不同之处在于霍尔巴赫接受决定论但拒绝自由意志观点。而里德、因瓦根和凯恩等接受自由意志观，但否认决定论观。

不相容论的第一个论证是"因果链"。大多数不相容论者都反对这一想法，即自由的行动仅仅在于"自愿"的行为。他们坚持认为，自由意志意味着张三自己必须是自己行动的"终极"或"初始"原因。张三必须是自己的自身因。张三做出选择的原因是这些选择中的第一个原因，即意味着没有更早的原因了。如果人有自由意志，那么张三是自己行为的终极原因。如果决定论是真的，那么所有人的选择都是由外在于自己所控制的事件和事实来产生的。所以，如果每个人所做的一切都是由他控制之外的事件和事实来决定的，那么他就不能成为自己行为的终极原因，因而他不能有自由意志。这一观点受到了各种相容论哲学家的挑战。

不相容论的第二个论证是吉奈特（C. Ginet）在 1960 年提出的结果论证。其表述简化如下：如果决定论是真的，那么我们无法控制过去的事件，而这些过去的事件决定了我们的现状，同样，我们也无法控制自然规律。如果我们无法控制这些事物，那么我们也无法掌握这些事物的后果。因为我们现在的选择和行为都已经被决定了，这些选择和行为是过去事件和自然规律的必然后果，

---

[1] Fischer J M. Incompatibilism. Philosophical Studies, 1983, (43): 121-137.
[2] Dennett D C. Elbow Room: The Varieties of Free Will Worth Wanting. Cambridge: Bradford Books, 1984: 155.

所以我们无法控制它们，我们也没有自由意志。这就是所谓的结果论证。早在1930年，因瓦根及布罗德（C. D. Broad）等也持有某种形式的结果论证。

在自然科学领域，决定论的影响一直根深蒂固。但是20世纪物理学的发展特别是量子力学的出现证明了即使物理世界也并非完全受决定论的主宰。按照量子力学，基本粒子的大多数行为并不是完全可预言的，而只能用统计学的规律加以描述。罗森博格（A. Rosenberg）把物理决定论推断为宏观尺度上大脑神经活动的一组行为。如果大脑只不过是一个复杂的物理对象，并且和其他物理对象一样也受到物理定律支配，那么在我们大脑内的事件是由之前发生的事件所决定的。物理决定论目前的争议是由量子力学的解释所引起的，虽然不一定表征了自然界中的内在非决定论，但在测量中还是有精确度的基本限制，因此在测不准原则中存在着不一致性。"即使引入混沌理论来放大这种微观事件的影响，这种自由意志潜在的不确定性也是存在竞争的，而且造成这种现象的原因并非我们认识上的不足，而是物理世界的本性所致。"①

从表9-1不难看出，自由意志论与硬决定论共享了同一个前提，即"如果决定论是真的，那么就没有自由行动；或者如果有自由行动，那么决定论是假的"。换句话说，硬决定论和自由意志论都是不相容论的。

表9-1　硬决定论、软决定论与自由意志论立场比较

条件	硬决定论者（不相容论者）	自由意志论者（非决定论者）	软决定论者（相容论者）
决定论是真的	是	否	是
如果决定论是真的，那么就没有自由行动	是	是	否
如果没有自由行动，那么就没有人需要为自己的行动负责	是	是	是
没有任何人需要为自己行动负责任	是	否	否

从表9-1中，我们可以看出自由意志论者和硬决定论者都是不相容论者，因为他们都接受"如果决定论是真的，那么就没有自由行动"。这种分析进一步加

---

① 马寅卯. 决定论和自由意志的相容性问题. 浙江学刊, 2014,（6）: 46-53.

深了对自由意志论观点的威胁。例如张三举起了他的左手，但他举起左手只不过是偶然的行为而已，并不是有意而为之。一般来说，一个行为的背后总会伴随着某种意向状态，比如举手也是一种意向状态的结果，因为这样做的背后有着某些原因或目的，比如李四举手可能是向张三打招呼等等。如果要解释他人的某种行为，如举手，是否会认为行为背后总会伴随着一定的理由呢？换个方式来说，行为总是有原因的吗？或者说，行为一定是因果决定的吗？

（二）因果决定论的观点

17世纪中叶，因果决定论成为西方哲学界的普遍信念，新兴科学技术特别是牛顿物理学的发展为决定论提供了"科学"上的依据，用这种法则可以解释宇宙中每一种物理运动。因果决定论基于牛顿定律，认为宇宙由永恒的自然法则所支配，如同手表一样按既定规则运转。这个世界上一切事物的发生都有原因，因果法则主宰着宇宙中的一切事件。欧文·弗拉纳根（Owen Flanagan）明确表示："如果科学图像是真实的，那么在物理上就不能避免因果律支配所有事物。"[1]因果决定论的主要代表人物还有斯宾诺莎、郝斯坡（J. Hospers）、克莱伦斯·丹诺（Clarence Darrow）、华生（J. Wason）、斯金纳等。

因果决定论的主要观点是：

（1）宇宙中任何事件（包括人）都完全受因果法则的支配。在任何时刻发生的任何事件，一定是前一时刻另一事件的结果，例如如果天下雨，那么地就会湿。

（2）任何事件皆有原因。任何事件E的出现，前面一定有另一个事件或状态（或一系列的事件或状态）出现过；当类似的事件或状态再发生时，类似事件E也会接着发生。比如说，太阳的暴晒使石头发热，等等。

因果决定论者认为，一切事件的发生都是已经被因果确定所要发生的。每一件事情的发生从原因到结果都是已经决定好了的，通过因果关系能确保这些

---

[1] Flanagan O. The Problem of the Soul. Two Visions of Mind and How to Reconcile Them. New York：Basic Books，2002：135.

结果必然出现，使事件不可能以其他方式发生。如果这一观点为真，那么在过去、现在或将来会发生什么事情都已经是完全被确定了的，并且是由过去的原因所导致的。如此我们很自然地会认为，因果决定论将会消去我们的自由性。因为，我们的行动不是取决于我们自己的决定，而是取决于外在的、过往的因素，如我们出生时的环境、基因、欲望和感情等，但这些因素都超出了我们自己的掌控范围。我们的行动是由外在于我们的因素所确定的。事实上，如果支持这种不相容论观点，则表明同意自由选择或自由决定是不可能的。但从常识来看，我们都相信自己的行动不是被决定的，我们有自由的选择权。

因果决定论认为，人的自由意志只不过是一种错觉，人只是遗传和环境的产物，就如同机器由程序操控一样，人类的所有行为最终也完全都是由外在因素所决定的。因此，从因果决定论立场出发，似乎每件事物的发生都是因果决定的，比如举手、眨眼、做梦等都是因果决定的。

如果因果决定论者为真，那么就不可避免地产生了一个难题，即人们只能遵循因果封闭原则。如果张三举手是因果决定的，那么张三举手必然有其原因，有可能是被李四拿枪指着逼迫的，原因又有原因，原因的原因还有原因……这样就导致了一个无限论证的问题。最终结果是，举手的终极原因追溯到了遥远的过去，甚至可能在张三出生之前就已经被决定好了，而出生之前的事情张三自己是无法选择和控制的。由此可以推论出，无论我们做什么事都与个人的自由意志是不相关的，因为我们的每一个行动都是之前事件的因果决定的。

因此，人类的行为完全是被决定的，别无选择。因为人们无法以任何方式来阻止自己的行动，也不可能以任何方式来产生其他的行为。那么是否可以说，没有人需要理性地为自己的行为负责任呢？试想李四枪杀了张三，其结果会怎么样呢？根据因果决定论的观点，李四开枪射杀了张三只不过是因果决定的结果，而这个结果在李四出生之前就已经先天地被决定了。因为李四缺乏自由意志，所以他没有真正的选择权，结果是李四不用为自己的杀人行为负任何责任。通过对因果决定论观点的考察，我们可以得到如下的推论[①]：

[①] Jonathan L E. A Survey of Metaphysics. Oxford：Oxford University Press，2002：96.

（1）假设因果决定论是真的。

（2）如果因果决定论是真的，那么就没有自由的行动。

（3）如果没有自由行动，那么就没有人需要为自己的行动负责。

（4）因此，没有任何人需要为自己行动负责任。

如果我们接受因果决定论者的立场[①]，那么得出的便是非常悲惨而荒谬的结论：人类没有自由，因而所有人都不必为自己的任何行为负责任。因此，因果决定论摧毁了人们的自由与道德，使得道德失去了理性的基础，令自由和道德成了一种幻觉。庆幸的是，至今并没有证据能够彻底地宣称，人类所有的行动都是因果决定的。我们发现，人们的行动具有这种因果倾向，但这也只是一种因果倾向而已，并不是既定的事实，个体的实际行为仍然可能会打破这种因果决定的模式。因此，人类的行动被预先决定的观点只不过是一种猜想或假想。

既然因果决定论只是一种猜测，那么我们是否就可以说人类的行为就是自由选择或自由决定的结果呢？根据决定论者，张三选择喝咖啡的决定本身最终也是被决定的，终究是注定会发生的。既然你注定会选择喝咖啡，你就注定在周末那个时刻，在那条街上喝咖啡。你认为决定论对吗？

（三）对自由意志的挑战

我们很自然地会想到自己——"正常"的成年人是自由的。在某种意义上，成年人是有自由的，尽管在特定的行动中我不可能总是有自由选择权。但我们经常认为我们可以有其他选择的可能性，即当我们实际做出选择或采取特定的行动时，我们有能力做出其他选择或采取其他行动。当然，有的时候我们是"被强制"或者"被强迫"做出选择或采取行为的；但还有一些人从来都没法控制他们自己的选择和行为，例如患有重大精神疾病、脑损伤的人等。但我们可以假设至少成年人有时会拥有多个可用的选择。

[①] 需要注意的是，在不相容论立场的基础之上随附了两种观点，即前决定论（predestination）和宿命论（fatalism）。前决定论认为，所有的事件都注定会发生，是前定的，宇宙的一切都由一个神秘力量在背后主宰。而宿命论认为，人类的意志不能改变事情的发生，所有未来发生的事件和行为并不依赖于人们现在的选择或行动，事情注定要发生，人们做不做选择都没有关系。因此人们所有的努力都是毫无意义的。当然，不相容论并不蕴含宿命论，而宿命论也不同于前决定论。

但是很多人对于这一观点持怀疑态度，即对成年人拥有自由意志的直觉概念或在某种意义上人类也有其他选择的可能性持怀疑态度，最重要的挑战来自于因果决定论原则。因果决定论认为，每一个事件都是由过去的某些事件引起的，因此，所有的选择和行为是因果链的环节，每个因果链中的环节都是由之前的一些环节来确定的。具体地说，因果决定论学说是关于自然法则的完整陈述，也是关于事实的完整描述，即世界在 T 时蕴含了 T 之后世界中的每个事实。如果因果决定论是真的，那么过去和现在的自然法则就已经蕴含了世界现在和未来的独特道路。

如果因果决定论确实是真的，那么人类似乎就没有自由意志，也没有其他选择的可能性。那为什么自由意志与因果决定论是不相容的呢？假设张三在时间 T_2 做一些普通选择 C。如果因果决定论是真的，那么宇宙在 T_1 时的总状态与自然法则蕴含了让张三在 T_2 必须做出选择 C。因此，这是张三在 T_2 做出不同选择的一个必要条件，要么宇宙在 T_1 时的状态已不同于它实际上的状态，要么一些表达自然法则的命题无法被表述出来。

但是在直觉上，我们没有能力在任何时候如此行为，因为过去的行为不同于我们实际上的行为方式。同样地，我不能在任何时候都能确定哪些命题表达了自然法则。直观地说，过去和现在的自然法则是固定的，而不是由我决定的。如果因果决定论是真的，那么在 T_2 时刻除了选择 C 张三无法做出其他选择。事实上，这一观点是存有争议的，它可以在许多方面被反驳。

心理决定论是指我们的心理状态足以因果地决定我们所有的自愿行动。正如我们知道自己的义务和承诺一般，某种形式的信念和欲望、希望和恐惧这些心理状态，足以因果地决定我们所有的决定和行动吗？首先需要说明的是，我知道这些概念或理解这些概念不是被胁迫的。如吸毒、酗酒以及其他的强制情况使得他们的心理状态是不自由的。

现在来考虑决定论者的情况。许多实验表明，我们经常处于一种认为自己是自由的心理状态中，但事实上我们的行为是被决定的。以催眠为例，在张三被催眠之后，催眠师请他离开椅子去床上睡觉。对于张三来说，似乎他的行动完全是自由的。但他完全是无意识的，所谓的自由行动只不过是一种幻觉，而他的行为完全是被确定的。如果说我们所有的行动都如张三这样（如"缸中之脑"一般），这样的假设合理吗？假设李四从来没被催眠过，那么张三被催眠后的心理状态与李四没被催眠后的心理状态是很不同的。事实上，药物上瘾与被催眠的情况似乎是极其类似的，但它们之间还是有区别。人在催眠状态下是无意识的，他对自己的行为动机毫无反应。而完全自由行动的潜在基础是知道并且能掌控自己行动的动机，被催眠后显然是缺少动机项的。而在药物上瘾的情况中，他完全知道自己的动机，但是缺乏对行为的控制力。

有许多情况类似于催眠状态，致使我们相信他们的行动不是自由的，许多科学家也认为这些实验验证了所有的行为都是由心理决定的这一假说。但他们似乎更倾向于支持相反的观点，因为在所有如催眠、欺骗、虚构等情况下，通过将这些情况与标准行动相比较，结论似乎更倾向于我们拥有自由和自愿行动。

这样，似乎心理学上的自由是可能的，而纯粹心理学上的原因往往不足以决定行动。那么潜在的神经生物学呢？我们在心理层面可能会有自由意志，但心理学等不足以解决我们行动的因由。而潜在的神经生物学也能决定心理学，其本身可能能够决定我们的行为。塞尔主张在任何给定时刻，一个人的意识状态完全是由她的神经生物学因果所决定的。因此，意识状态通常不足以确定行为。问题的症结在于以下两点。

（1）心理学上的自由论可能是真的。我们的心理状态，如信仰、欲望、希望、恐惧，等等，不是每种情况下这些心理状态都足以确定后续的行动。从心理层面而言，自由的行为确实存在，但并不是所有的行为在心理层面都是自由的。有时在冲动的情况下，如在愤怒、无法抵抗的欲望下人们需要有控制心理情绪的充分条件。

（2）塞尔认为，心理状态无一例外地在任何时刻都完全是由大脑的状态所决定。例如人们所有的心理状态，有意识的和无意识的状态都是由大脑活动所决定的，任何心理状态的变化都需要大脑活动的变化。因此，塞尔认为直接通过自下而上的因果关系，神经生物学能解决所有心理学问题。

四、软决定论立场

根据软决定论者（相容论者）的观点，一个行为是自由的并不是指它不存在充分先件，而只是说它有一定的因果条件。举例来说，如果我现在决定抬起我的右胳膊，并且我也这么做了，那么在这种情况，我抬起右臂体现了自己的自由意志。根据相容论者，他们认为任何事物都是有原因的，事件发生完全是由因果关系所决定的，也就是说完全是由我自己内心的信念、理性的过程和反思所决定的。因此，自由的行为也是被确定的行为，它们宛如世界上的任何其他事件一样也是被确定的。但它们是自由的，因为它们是由某些原因确定的，而非其他原因。例如，如果我想抬起我的手臂，这是一个自由而自愿的行动。但如果有人用枪对着我的脑袋说："举起你的右手！"此时我举起我的右手是不自由的行动，我的行动受到了威胁或强迫。"自由"不是与"原因"相对比的，而是与"强迫""被迫"相对照的。

例如张三之所以去喝咖啡，这当然有其原因——他回想起了电视上有关咖啡的广告，发觉自己已很久未曾悠闲地喝咖啡了，再加上街边咖啡店飘来的阵阵香气。但这就表明张三注定会去喝咖啡吗？似乎不然。原因固然会促使某一事件发生，但不会使某一事件非发生不可。即使上述的原因都到位，仍需张三做出决定。张三选择了喝咖啡，他才会真的去喝咖啡。所以上述事件会促使张三做出喝咖啡的选择，但并没有使张三非去喝咖啡不可。倘若张三没有做出决定，张三也不会有喝咖啡的选择。就此而言，张三并没有注定会选择喝咖啡，也没有注定会喝咖啡。

看起来，相容论者的观点似乎是很吸引人的。我们可以说所有行动都是被确定的，但一些行动是自由的，因为它们是由心理某些内部过程、形式的合理性、熟思所决定的。相容论真的能解决自由意志问题吗？大多数哲学家对此持乐观主义态度。早期的支持者有托马斯·霍布斯、大卫·休谟、约翰·斯图亚特·穆勒等；在20世纪有艾耶尔和查尔斯·史蒂文森等。相容论是否能解释自由意志问题，取决于你认为这问题是什么，如果自由意志只是关于普通使用的单词，比如关于我自己的自由意志的开放问题，很明显，前件是因果充分的。当人们在街上游行"要求有自由"时，他们通常不考虑因果关系的本质，他们只是希望政府不要干涉他们。毫无疑问，这是对自由概念的一种重要的使用方法，但它不是我们所要讨论的自由意志概念。

相容论强调要正确地使用"自由"和"决定"的概念，一个行动是自由的不是指是不是被决定的问题，而是说它是否有先件因果决定条件。到目前为止，是不是过去已经发生、现在正在发生或将要发生的每一个行为都是由之前的充分条件造成的呢？我们所有行动都是由之前的原因决定的吗？如果认可我们行动的原因，我们的一些被迫的行为都是由之前的先件所导致的，然后就必然会发生吗？这个问题仍然悬而未决的。

许多哲学家接受相容论的另一个理由是，他们并不是真正地对自由意志的问题很感兴趣，而是他们对道德责任感兴趣。他们认为，即使我们可以表明希特勒的行为是被决定的，他仍然要对自己的行为负道德责任。从这个意义上讲，道德责任决定论是相容的。因为至少从"自由"来看，在道德责任与自由之间似乎有某种联系，它看起来是自由的，与决定论也是相容的。

综上所述，相容论（软决定论）的主张可以总结如下：

（1）自由选择与因果法则是相容的，如果把自由选择看作是没有任何因果作用的，那么自由意志与不相容论（硬决定论）显然是不相容的；但是如果把自由选择看成是不受任何外力限制或强迫的话，那么自由意志论与不相容论（硬决定论）完全是可以相容的。

（2）某个人做出选择或行为，如果没有受到胁迫或强制，或者他的行为不受其他外在力量影响时，他的行为就是自由的；反之则是不自由的。

（3）人们很容易犯范畴错误，混淆逻辑必然与因果必然。"三角形有三个角"与"敲击某人的脑袋999下，则这个人脑袋会很痛"，这两句话有不同的外延。前者是逻辑必然，从"三角形"这个词的概念就可以得出它必须有三个角；而后者则属于因果必然，要根据因果关系来推断所产生的结果。因果必然需要借助于经验事实，它不是逻辑必然的。

（4）人们也常常混淆自然法则和法律。法律条文是限制或强制人们的行为所必须遵守的规范，而自然法则并没有强制性地规定人们要如何行动，也没有限制人们如何选择，自然法则只不过是陈述宇宙的自然规律。

相容论（软决定论）的困难在于，如果从因果决定论或物理因果封闭原则出发，我们何以可能进行自由地选择呢？具有盗窃癖或强迫症的人，其行为是否需要承担相应的法律后果呢？换言之，我们如何才能准确区分盗窃癖或强迫症患者的哪种行为是自由决定的结果，而哪些又不是自由决定的呢？

根据相容论，自由与道德评价相关，自由只不过是一个行动者有能力做他想要做的事而没有其他妨碍。相容论者对自由意志的解释是令人信服的吗？例如，各种心理疾病会导致张三做他想做的事而没有负担。从直观上说，似乎张三没有根据自由意志而行动。也就是说假设张三患有某种精神疾病，导致他产生某种完全的幻觉，由这种幻觉导致的种种行动并不是他自愿的，因而他缺乏相关的自由意志。因此，相容论对自由意志的解释并不是令人信服的。试考虑下列情况。

我们来看特洛伊小王子帕里斯（Paris）评判的例子。帕里斯的评判是希腊神话中特洛伊战争的主要导火线。神后赫拉（Hera）、智慧女神雅典娜（Athena）与爱神阿佛罗狄忒（Aphrodite）为了得到刻有"献给最美女神"的金苹果而引起纠纷，最后需要由帕里斯来裁决。为了能得到金苹果，三位女神都各自私下贿赂帕里斯，都争着向他许愿：赫拉许愿给他权力和财宝，雅典娜许愿给他胜利和智慧，阿佛罗狄忒承诺他将得到人间最美女子海伦的爱情。结果，帕里斯把金苹果判给了阿佛罗狄忒。"现在假设他的决定不是出于欲望、愤怒，更不是出于某种强迫，他是在深思熟虑之后作出的一个理智选择。那么他的这个选择有所谓的自由意志吗？"①

再者，《圣经》中记载上帝在东方造了一个伊甸园，园中有各种各样的果子，园中央有一颗知识之树。上帝创造了亚当和夏娃，让他们去园中生活，并告诉他们除知识果之外，其他果子都能吃。但是他们受到了蛇的引诱，偷吃了知识

---

① 约翰·塞尔. 自由与神经生物学. 刘敏，译. 北京：中国人民大学出版社，2005：32.

之果。结果，他们被上帝逐出了伊甸园。

现在让我们假设在 t_1 时，亚当和夏娃选择吃还是不吃知识之果，此时他们的大脑状态包括所有的选择及决定时间。在 10 分钟之后，也就是在 t_2 时，亚当和夏娃把知识之果吃了。让我们再假设在 t_1 和 t_2 之间的 10 分钟内，亚当和夏娃的大脑没有任何外部刺激输入（如蛇的引诱），即没有任何外界刺激来促使他们大脑做出相关的决定。现在，如果他们的大脑在 t_1 时因果地决定 t_2 时的所有状态，那么在 t_1 时他们所有的决定都是被决定的。因为在 t_2 时刻他做出决定时，其神经传递质击中了他们的运动神经元轴突端，然后他们摘下了知识之果，所以这是因果必然的。如果大脑在 t_1 时的状态足以决定大脑在 t_2 的状态，那么在所有相似的情况下我们所有人都是没有自由意志的。可是如果考虑人的某些意识作用，那么自由意志似乎又是真实存在的。

现在，假设大脑是一台传统老式汽车发动机，它完全是一个被确定的系统，任何非决定论都是基于我们无知的一种错觉。这个假设非常符合我们所倾向于相信的自然生物学描述。大脑是一个像心脏、肝脏或左拇指一样的器官，并没有自由意志。这也符合当前认知科学的概念，即我们认为大脑就如执行数字计算机程序的硬件一样，心灵体现的自由意志就如同硬件在执行程序时所体现出的自由意志。我们可能会给心灵造成一种错觉：自由意志是由程序所设定的，有一些随机的或不可预测的因素，但整个系统仍然是被决定的。

接着，考虑自由意志论和量子大脑的情况。在上述假设中，把大脑当成了一种发动机，但并不清楚大脑的内部机制，因为大脑系统是非决定的。假设在我们的决定及我们的自由行为中，意识起着因果的作用，但我们也必须明白因果的作用本身是非确定的。也就是说，它不是一个充分条件。在任何给定的实例中，意识本身是一个充分条件，所以我们认为，在运动神经生物学过程中，不是自己有原因就足够了。在每个阶段的神经生物学过程中，其本身不能作为确定下一阶段存在的充分条件。

我们之所以认为某些事件原本是可以避免的，那是因为我们忽略了整个因果网络中层层相因的环节。一旦把所有相关因素都考虑在内，我们就会发现，原本以为可以避免的事件其实是无法避免的，一切已发生的事件都是早就注定而非发生不可的。那么，真的每一事件都有原因吗？若一切事件都是早已注定而不可避免的，那还有所谓的自由意志吗？

五、自由意志论

尽管许多哲学家都认为自由意志和决定论是可以相容的，但是近来也有小部分学者认为自由意志与决定论是不相容的，并竭力为自由意志的存在而辩护。对于他们而言，用当今量子物理学的研究成果来推翻经典物理学决定论，说明物理世界如何是非确定性的并不难，但是他们显然马上就面临着另一个同样棘手的问题，即如何在非决定论的情况下来证明自由意志的存在。如果我们的行为是完全随意的，那么就能够说我们具有自由意志吗？这里自由意志论需要解决的是以下两个问题："①哪种非决定论的自由意志是如何可能的；②哪种自由意志在什么意义上是可理解的。"①

人们通常也把非决定论（indeterminism）称作"自由意志论"（libertarianism），非决定论是从自然界或人的自由意志的偶然性出发来解释宇宙中的所有现象的哲学理论。②休谟认为，"不论我们给'自由'一词下什么定义，我们都必须遵守两个必要的条件。第一，它必须和明白的事实相符合；第二，它必须和自己相符合。"③

一般来说，我们都认为自己可以自由地做出行动的选择。我们每天都在自由地进行选择，某些选择的行为可能是不重要的，但有些行动却可能会改变我们的生活方向。那么我们真的能自由地做出选择吗？例如张三毕业时可以选择就业或是继续学习深造。可能他最终选择了工作，但工作后随即又后悔了当初的选择，觉得应当继续学习而不是早早工作。从常识观念来看，我们确实可以自由地选择做什么、吃什么、看什么等，但这些选择真的是自由的吗？抑或这

---

① 刘毅.自由意志：哲学与心理学研究.武汉：武汉大学博士学位论文，2010：9.
② 俞吾金.决定论与自由意志关系新探.复旦大学学报（社会科学版），2013，(2)：2-25.
③ 休谟.人类理解研究.关文运，译.北京：商务印书馆，1982：86.

种自由只是一种幻觉?

我们大都相信自己生活的周围环境、自己所拥有的欲望和情感都是自由的,我们也相信许多事情都能够由自己掌控,比如自己当下的决定、行动及未来的行为等。不论你想花多少时间来读书,也不论想去哪里读书,周末想去哪儿度假,或是晚上想看什么电视节目等,这些都是你可以自由选择的,你能够掌控这些行动,因为行动的决定权在于你,"我的行为我做主"。尽管其他形式的决定论也与自由意志有关,但自由意志主要针对的是物理决定论,即严格意义上的因果决定论。

我们通常认为很多行为是我们自己决定要做的,没有任何人强制或逼迫我们非做不可。例如:在周末时,你有充分的自由可以任意选择看电影、喝咖啡、逛书店等。结果你选择去喝咖啡。请注意,这里假定没有任何人怂恿或劝阻你做其中的任何一件事,也没有任何外在的力量阻碍或逼迫你做某种选择。在这种情况下,我们说你具有自由意志,你的选择是基于自由意志所做的决定。

如果说因果决定论立场主张人类没有自由行动,那么自由意志论的观点恰好相反。自由意志论者否认人类的行动是因果导致的,认为我们的行动完全是自己自由选择的结果。自由意志论的主要代表人物有彼得·范·因瓦根、沃纳·卡尔·海森堡(Werner Karl Heisenberg)、让-保罗·萨特(Jean-Paul Sartre)等。在《自由意志随笔》(*An Essay on Free Will*)中,因瓦根写道:"不相容论者如何用责任来解释我们行为的优与劣呢?又如何来解释道德呢?如果没有人能为自己的行为做选择,那么责任、遗弃、表扬及羞耻等概念就都是多余的。"[1]

如果因果决定论是真的,无论我们持什么立场,因为在所有情况中我们都是不自由的,所以自由的意志是不可能的。一般而言,自由意志论者也是持一种不相容论立场,即相信我们确实是自由的,我们能为自己的行动承担责任,并且过去的原因并不会强制地对我们现在的行动施加影响。

那么根据自由意志论的观点,在什么情况下人才是自由的呢?具体来看需

---

[1] Inwagen P V. An Essay on Free Will. Oxford: Oxford University Press, 2013: 56.

要满足三个条件：如果我们进行选择，我们可以自由地选择 A 或 B，或者都不选；我们的选择行为是自愿自觉的；没有人能强迫我们做选择。也就是说，当我们行动时我们有权力不去行动；当我们不去行动时，我们也有权力去行动。当思考要不要做某件事时，我们相信自己有权力去做这件事，也有权力不去做这件事。例如吃水果时我们可以自由地选择吃苹果或者吃橘子，不论我们选择吃苹果或是吃橘子，我们首先很自然地会相信我们有自由的能力选择吃苹果，或者选择吃橘子。

因此，自由意志论者主张：

（1）我们有充分的经验证据证明我们可以有其他选择。

（2）我们如果有充分的经验证据证明我们可以有其他选择，那么也有充分的证据证明我们能够产生自由行动。

（3）如果我们有充分的经验证据证明我们可以产生自由行动的话，那么我们也有充分的经验证据来证明因果决定论是假的。

（4）因此，我们有充分的经验证据证明因果决定论是假的。

自由意志论内部也分为两种立场，一种立场认为我们是自由的，因果决定论是假的；另一种立场从怀疑论观点出发，认为自由是不可能的，因为自由与决定论或非决定论都是不相容的。后一立场来自于一种极端的自然主义观点，即无论什么事物都能被自然化或被还原。因此，我们也不需要任何实证研究来得出我们是不自由的结论。

但是，自由意志论的难题在于它必须能够解释非因果决定的事件都是真正自由的行动。也就是说如果自由意志论是真的，那么自由意志论所面临的难题，是我们如何能够说明诸如盲目的动作或反射行为也是自由决定的结果呢？我们怎么能够真正控制这些盲目的动作或反射行为呢？例如我向你打招呼，这本来只是我偶然或随机的行为，而不是有意识的行动结果。因此，自由意志论者必须解释，这些如抽搐或条件反射的行为是自由决定的结果。

自由意志论者需要证明，比如股票的交易价格、市场交易行为等这些偶然或随机的行为既非因果决定的，也不是随意或盲目的，而是自由决定的结果。

因此，许多哲学家对自由意志观点存疑。因为自由要具现在行动之中，但任何偶然的行为都不是一种真正自由的行为。如果一个过程只是随意的，那么它的发生肯定不是我们自由决定的结果。或者从另一方面来说，随机性或随意性对自由意志论的观点构成了挑战。

根据因果决定论，任何人不必为其行为负任何责任，由此得出了如下三项主张：①决定论是正确的。一切事件包括人类的一切行为，都是早就注定会发生而无法避免的。②对于注定会发生而无法避免的行为，行为人没有决定要不要做的自由意志。③行为人对其非自由意志决定的行为，不必负任何责任，自由意志是负责任的必要条件。

第一项主张是否正确？即使每一事件都有原因，是否表示每一事件都早就注定而非发生不可呢？回想一下喝咖啡的例子。本来你犹豫良久，无法在喝咖啡、看电影和逛书店三者之间做出选择。后来你回想起电视上喝咖啡的广告，发觉自己已很久未曾悠闲地喝咖啡了，再加上街边咖啡店飘来的阵阵香气，你终于决定去喝咖啡。在这种情况下，可以说你早就被注定了非喝咖啡不可吗？其实你当天有可能不喝咖啡而去看电影，在你未作决定之前，很难说已注定了你会做什么。

例如，张三选择喝咖啡的决定，只有两种可能性：

（1）该决定本身也是被决定了的，只不过不是被单纯的上述原因所决定，而是被上述原因连同某些未被你明列出来的其他因素共同地决定了。一旦把其他那些因素都列出来，你就会发现你选择喝咖啡的决定其实也早就被决定了。换言之，你喝咖啡的"决定"只是乍看之下不被决定，但其实它早就被决定了。

（2）该决定本身并没有被决定，在这种情形下，你喝咖啡的决定就是随机的。你斟酌了半天，结果却是随机地决定了选择喝咖啡。你的决定既然带有随机性，怎么能说是你在做决定呢？随机决定本身就是个奇怪的说法，它根本就说不通。

例如历史上的文天祥，他可以选择投降而享受荣华富贵，也可以选择保存气节而牺牲生命，而并非毫无选择的空间。然而，根据因果决定论，文天祥的行为早就被决定会那样发生而无法避免,尽管表面上看起来好像是他自己决定要正气长存,其实他只有一条路可走,别无选择的余地。文天祥的天生性格和他所受的教育,以及当时的环境等,这些早就决定了他会把气节看得比生命更重要,把忠义看得比荣华富贵更重要,因而早就注定他不会投降而会慷慨就义。那些主张文天祥并非注定会慷慨就义的人,往往认为文天祥的选择或多或少是随机的,但以随机性来保全自由意志的做法真的比较适当吗?

首先,假定文天祥的行为不是早就注定的,即使天生的性格、后天的修养或其他因素都不足以促使他慷慨就义,他的一切令后世景仰的行为其实是在深思熟虑之后,在做决定前的最后关头随机地、没有原因地、无缘无故地、莫名其妙地发生的。在这种情形下,我们很难认定这样的行为是文天祥自己决定要做的行为,更谈不上是其自由意志所决定的行为。就此而言,没有被原因决定的行为和有原因促使其注定会发生的行为,两相比较前者比后者更难被认定为是自由意志所决定的行为。由此可见,有原因、被决定而发生和自由意志决定等概念之间的关系不是我们原先所想象的那样单纯。

其次,值得注意的是,行为人的决定本身也是促使行为发生的原因之一。没有行为者的决定本身,行为也不会发生。即使该决定本身也受先前的诸多因素影响,但并不表示该决定就不是行为者所做出的决定,也不表示该决定并非促使行为发生的原因。一项行为只要是由行为人的决定所促成的,则该行为就是行为人所决定的行为。

当然,有些行为虽然是出自意志,但却不是由自由意志所做的决定,例如,在枪口的胁迫下签字。很明显,并非所有有意志的行为都是自由决定的行为。总之,注定会发生的行为不见得不是行为者之意志决定的行为,而行为者之意志决定的行为也不见得不是出自行为者之自由意志决定的行为。无论如何,即使是注定会发生的行为,也不见得不是出自行为者之自由意志的行为。

那么究竟该如何来解释人们的各种行为呢?在日常生活中,我们自然需要为自己的行为负责任,更重要的是,在人们的行为中,自由决定的问题会涉及道德责任。

六、行为负载道德责任吗?

人们普遍相信自由意志的存在,并将其看作是道德实践展开的根据,自由意志成为人类思考价值与意义的基础。作为承担责任的载体,人们要为自己的行动负责。"在伦理和法律领域,如果一个人没有感知到他关于行动做出的选择,并且正在无意识地施行这些动作时,社会倾向于认为他的行动具有一个减免的责任。一旦人们放弃相信自由意志,某些道德直觉将开始松动,人们的道德感也将随之削弱。"[①]

相容论(软决定论)主张,自由和责任在某种意义上是相辅相成的,自由既与因果决定论相容,又与自由意志论不矛盾。相容论的主要代表人物有休谟、康德、密尔等。康德区分了现象世界和理智世界,认为现象世界由因果法则支配,而在理智世界中人是自由的,同时,理智世界遵循自律,即自己给自己立法。因此,从康德的观点出发,所谓的"自由"并不是由物理世界的因素决定的。简言之,物理世界有自然律,理智世界有自律,两者遵循着不同的法则。

相容论认为人之不自由主要存在三种情况:

(1) 人被迫做不愿意做的事情,例如被迫周末加班;

(2) 服从权威、听任于人,例如相信某位权威人士的话而不进行任何个体反思;

(3) 被习惯所制约,例如有盗窃癖或患强迫症的人。

通常认为,人的任意一种行为都具有某种特殊的道德蕴意。普通道德行为以个人的道德理性为基础,道德标准具有一定的社会性和强制性,因此我们才可以判断张三的某种行为符合或不符合道德标准。而在情感或欲望中却不总是这样的,情感或欲望具现于我们的内心之中,不会独立地存在于我们的自身之外。例如,张三可能内心中对李四怀有一种非常强烈的敌意,但张三只是内心拥有这种感觉,并没有做什么出格的事情,这种情感一般没有是与非的判断准则,似乎也上升不到道德责任的标准。既然如此,那么在谈论道德或道德责任

[①] 费多益. 意志自由的心灵根基. 中国社会科学, 2015, (12): 51-70.

时，所谓的标准是什么呢？

很多哲学家认为，承担道德责任必须具备一种形而上的自由。也就是说，在道德上自己要为自己的行为负责，而不是为自己的感情或欲望负责。因为"我们的行动通常是由我们自己控制或决定的，我们能够控制自己的行动，但难以完全控制自己内在的感情或欲望"①。

自我控制或自由选择是体现"自由意志"的最直观方式，即行动者完全能够控制自己的行动。在道德评判中，自由与行动是一对重要的范畴概念，我们可以自由选择自己要做的事情，因此我们才能够为自己的行动负责任。但我们又只能通过行为来证明我们真正有"自由"的选择权，因为理性的行为必然是自由决定的结果。最终，"自由意志问题演变为解决道德与行动问题的关键"①，你要不要负道德责任，首先得证明你的行动是不是自由决定的结果，从而道德的核心问题也演变成我们如何来控制自己的行为方式。例如，只有在李四知道自己做了什么，知道自己是如何行动的，并且这种行动是完全在自己控制范围之内时，对李四的道德审查与评判才是公平的。如果李四的行为或言语完全是在他自己的控制范围之外，那么李四如何能够为这些事情负责任呢？

法院要判决李四是否有罪时，首先要求李四能够合理合法地解释自己的行为。因此"自由"也成为法律体系的先决条件。对某人进行处罚是让他为自己所做的事承担责任，但只有当这个人能控制自己的行动时，也就是他是在自由行动时，他才能承担相应的责任。可是，我们所有的行动并非都是在自我控制范围之内的。

例如，对于有盗窃癖或受强迫症控制去偷东西的人，盗窃癖或强迫症剥夺了他们不去偷东西的自由。他们偷东西可能完全不是出于自己的意志，他们也不是刻意而为之而只是缺乏不去偷东西的自由意志，那么他们应该还是不应该为自己的行为负责任呢？如果负责任的关键判据是要有自由，那么只有在有真正自由并且行动完全在自己的控制之下时，人才能为自己的行动负责任。而有

---

① Pink T. Free Will: A Very Short Introduction. Oxford: Oxford University Press, 2004: 8-9.

盗窃癖或受强迫症控制的人是没有真正自由的，因此也不需要为自己的行为负责任，这似乎与我们的常识和法律相悖。在现代哲学的道德评判中，是否有自由和行动是否有自由，两者之间没有绝对的一致性。因此，哲学家们已经越来越倾向于忽略或放弃"自由"这一概念，他们试图解释道德，并且避而不谈自由。①

　　自由意志问题将是一个难解的谜。思维的本质是什呢？我们是否真的有自由？这些问题仍然是悬而未决的。至此，在我们解决决定论与自由意志的信念彼此冲突的努力中，我们似乎变得完全无路可走了。"科学不给自由意志以立足之地，物理学中的非决定论不给它提供依据，同时我们又不能放弃自由意志的信念。"②在我们的经验中，是什么理由让我们不能放弃我们有自由意志的信念呢？如果自由是一种幻觉，那么我们为什么不能放弃这一幻觉呢？如果某一天，张三制造了一台完全没有意识的机器人，那么我们大概不会认为机器是有自由的，因此似乎自由意志的概念是与意识联结在一起考虑的。另外，即使张三制造了一台与我们人类一样有意识的机器人，那么这台机器人是否有自由意志仍然是一个存疑的问题。

　　为什么我们不认为机器人是在自由地行动呢？很重要的原因在于它完全不知道自己在做什么。机器人实际行动的意向完全是无意识的、机械的。除此之外，还有一种被迫的情况。如果张三被李四拿枪指着被迫去做事，即使在这种情况下，张三似乎仍有一定的自由，例如可以自由地选择把手举起来，或不举起来……综上所述，因果决定论、自由意志论和软决定论各自的理论困境都是十分明显的：要么我们不可能有自由，自由只是一种幻相；要么我们的行为只是一些盲目的、自发的、随机的现象；或者我们无法区分真正的自由与受控的行为。无论在哪一种情况下，我们似乎都是不自由的。当然，有学者引用量子力学中的随机性来支持自由意志论，但这种微观尺度上的随机性和宏观尺度下的自由意志论之间仍然有着难以逾越的鸿沟，因为这种随机的不可还原性在目前的认知水平下还难以通过实验来证明。

---

① Pink T. Free Will: A Very Short Introduction. Oxford：Oxford University Press, 2004：10.
② 约翰·塞尔. 心、脑与科学. 杨音莱, 译. 上海：上海译文出版社, 2016：79.

第十章 心灵模块性与理性

> 合理性并不限于实验科学，而且实验科学中的合理性和道德领域中的合理性没有根本差别。
>
> ——希拉里·普特南

自从福多的开创性著作《心灵模块性》(The Modularity of Mind) 出版以来，"心灵模块性"及相关词源第一次进入了认知哲学领域当中，并且引起这一领域中概念和理论图景的巨大变化。福多的心理模块理论将心理结构类比于计算机基本的功能结构。虽然从功能论出发研究人的认知能力有其理论的局限性，但对于建构心理模块性的理论体系却有着十分重要的意义。随着认知心理学、认知神经科学以及认知科学的新发展，人脑或心理运作的"模块性"（modularity）问题已经愈来愈受到科学家们的高度关注。人们或者致力于收集心理具有模块性的数据或证据，或者倾心于根据已有的数据或证据来建构某种新的模块理论。如果对心灵模块观进行追根溯源，那么模块究竟指什么呢？

一、心灵模块性

自 20 世纪中叶的认知革命以来，心理学家和哲学家形成了一个共识：笛卡儿式的心灵实体观和洛克式的心灵白板说已成历史。只有打开黑箱，说明信息输入与行为输出之间的系统关联，进而刻画出认知架构并解释其中的运行方式，才是有前途的研究范式。在此观念下，科斯米德斯（L.Cosmides）和图比（J. Tooby）等人通过改良威尔逊（E.O.Wilson）和道金斯（R.Dawkins）的社会生物学理论，创立了演化心理学这门新学科。演化心理学的独特目标就是探索那些构成人类普遍本性的心理器官，阐明它们的功能如何解决了人类在演化过程中所遇到的适应问题。这就要求演化心理学家承诺"大规模模块"（massive modularity）这一前提："心灵是自然选择而成的，它由许多先天的、功能特定的心理模块构成，即使是负责处理信念固化、推理、判断和决策的中央认知系统也不例外。"[①]

乔姆斯基（A. N. Chomsky）是最早系统地阐述语言模块性的认知哲学家。他很早就主张，要把人的脑/心理（brain/mind）看作一个模块化的系统。他认为，我们可以把心理想象为一个心理器官的系统，而语言能力是其中的一部分。如语法的基本成分，就是普遍语法这一模块系统中的各种子系统，而普遍语法本身又是人类心理的一个子系统，是人类所独有的。大量语言现象说明语言官能结构内部呈模块性，而总的认知结构系统也呈模块性。乔姆斯基所设想的"模块"是人脑中的一种表征系统。他认为，语言结构的特点与心理天赋的特性具有密切的关系，"因为归根结底，语言除了心理表征之外别无存在"[②]。语言知识作为一种结构以某种方式"表征"在我们的心理之中，进而最终表征在我们的脑中。当我们说话时，或者听别人说话时，心理中所呈现的"结构"是抽象的，而且把表征话语语义内容的心理结构与物质体现（如语音形式）联系起来的一系列活动是很复杂的。

[①] 王球. 大规模模块与内容融合问题. 复旦大学学报（社会科学版）, 2014,（2）: 101-109.
[②] 乔姆斯基. 乔姆斯基语言哲学文选. 徐烈炯, 尹大贻, 程雨民, 译. 北京: 商务印书馆. 1992: 118.

毫无疑问,心灵中最主要的能力是"语言能力"。语言能力是指说某种语言的人对这种语言有"内在的知识"。也就是说,每个人都知道自己的语言知识,例如,你和我知道英语,英语的知识部分地为我们所共有。而且,这种语言知识作为一种"结构"以某种方式表征在我们的心理之中,说到底是体现在我们的脑中的。语言知识可以用"生成语法"恰如其分地反映出来。生成语法是一个由规则和原则组成的系统,可以对各个语言单位作结构描写的"图式"。"我们把这种图式叫作'普遍语法'。实际上也可以把'普遍语法'看成遗传的程序,看成决定人类语言可能实现范围的图式。'普遍语法'是作为人脑中的一种天赋性质而存在的东西,也可以看作是人脑具有的普遍性的'语言理论'。"[①]

平克(S. Pinker)和乔姆斯基一样,也是20世纪最著名的语言学家之一。同时,在认知神经科学、语言学和生物学等领域,他也取得了许多跨学科的研究成果。其代表作《语言本能》(*The Language Instinct*)一书则以丰富的范例系统地阐述了语言的多样性、普遍语法等问题。从生物进化的独特视角,平克进一步发展了先天论,他认为语言不是文化的产物,也不是人类使用抽象符号能力的外显表现,而是设计精良的自然产物。作为人类进化时适应的结果,语言负有重要的功能任务。平克立场鲜明地提出了语言是大脑中的一个模块,而且是众多模块中的一个。平克通过对各种失语症患者的研究证实了语言模块的存在。"98%因脑损伤而引发语言病变的患者都是左脑西尔维亚裂沟两旁的区域受损,这个区域就可以说是语言模块。"[②]

福多以其《心理模块性》一书而成为经典模块理论的奠基人。福多在类比计算机的基本功能结构基础上,将心理功能分为传感器、输入系统和中央系统。这三部分是相互独立的。根据福多的界定,输入系统是位于传感器的输出与中心系统之间的中介系统,只有输入系统才是模块性的,而中央系统则是非模块性的。知觉过程作为输入系统,具有与高级认知过程不同的特点,应作为独立系统加以研究;信念形成、思维、问题解决之类则是中央系统的功能。福多与

[①] 刘永琴,熊哲宏."心理模块性"思想的历史演变及其当下意义.南京师范大学学报(社会科学版),2014,(5):119-127.
[②] Pinker S. The Language Instinct. New York: William Morrow and Co., 1994:420.

大多数认知哲学家一样借助计算机来研究人类的认知能力。福多认为输入系统具有模块性（modular）而中央系统是非模块性的，这是他心理模块论的中心论点。福多对输入系统与中央系统相区别的9个特性进行了论证，提出了输入系统是模块性的，而中央系统则是非模块性的重要观点。在认知哲学中，讨论相对较多的是福多的心灵模块观，鉴于此，接下来的篇幅将主要讨论福多的心灵模块观。

（一）福多的经典心灵模块性假设

最早系统阐述"模块"概念的是福多，而所谓"模块"是一个信息胶封的计算系统中的一个小的单元。从功能的观点看，所谓的"模块"就是一个执行特定任务的功能单元。针对心灵的结构，福多提出了五个问题来研究心理机制[①]：

①心理机制的运作是论域特定性的还是跨论域的？②心理机制是先天的（即由基因决定的）还是经由后天学习建构的？③心理机制是由其他系统装配出来的，还是存在一个具现它的脑神经结构？④心理机制是直接由硬件执行的还是可由任何相同的神经机制所具现的？⑤心理机制具备计算自主性，还是该机制跟其他机制共享某些资源？比如记忆是一种与其他机制共享资源的机制，并不具备计算自主性。

依据对上述五个问题的回答，福多认为，一个具备模块性的认知机制是具有论域特定性的、先天的、不是被其他次系统装配出来的、可直接由硬件执行的，同时也是计算自主的。那么究竟什么是模块性呢？福多进一步指出，模块性的机制应具备以下九项特征[②]：

（1）论域特定性（domain specificity）。要执行某种特定类型的功能就必须由某种专门机制负责那种功能，也就是说，这种机制具有论域特定性。例如，听觉或视觉系统的运作具有论域特定性，表示听觉机制只处理与听觉有关的外在

---

① 彭孟尧. 心与认知哲学. 台北：三民书局，2011：259.
② Fodor J A. The Modularity of Mind. Cambridge: The MIT Press, 1983: 47-101.

刺激，而视觉机制只处理与视觉相关的外在刺激。每一个输入系统①只以某个特定领域的刺激作为它的输入，而不会同时处理两种以上不同领域的刺激。

（2）运作是强制性的（mandatory operation）。认知系统的操作是强制性的，只要有刺激输入它就必须同步进行相关信息处理；相反，没有刺激输入时它也不会自动地产生信息和运行操作，否则就会出现如幻视、幻听等错觉。也就是说，刺激和运行操作不是在有意识控制之下产生的。不管你喜欢与否，认知系统的操作是由显现的相关刺激来转换运行并完成的。输入系统的运作是强制的，是指输入与运行操作是无可选择和不可逃避的，对于任何一个输入系统来说，除非另有事物阻碍了刺激的输入，否则只要它能处理的刺激出现，它就会自动地、同步地、被强制性地启动去处理该刺激。例如，当张三视觉范围内出现了一些图画时，他的视觉系统就不得不去处理那些画面，除非他戴上眼罩阻断了这些画面进入他的视觉系统。

（3）中央系统对于输入系统所计算的表征仅仅具备有限的达取（limited central accessibility）。所谓输入系统所计算的表征指的是感觉转引器针对近刺激而输出的脑神经脉冲，也就是感觉表征或者是感觉编码，这里并不是指输入系统经过计算后输出的知觉项（亦即知觉表征）。中央系统很难达取感觉编码，我们不太可能意识到自己视网膜的输出，也很难对该输出做出认知判断。感觉转引器的输出结果必须经过输入系统处理之后才能进入中央系统做进一步的处理。只有经由输入系统处理后再输出的知觉表征，才能作为中央系统要处理或者计算的对象。

（4）输入系统的运作是快捷的（fast processing）。相对于中央系统的运作来说，由于输入系统的运作具有强制性，并且它是由硬件直接执行的，因而输入系统的运作是相当快捷的。除信息胶封性和中央系统不可访问性外，系统的模块性和过程是"快速、廉价和失控的"。快捷可以说是模块性的一个标志，虽然

---

① 福多在《心理模块性》一书中提出，关于心灵的结构是由许多子系统组成的巨系统。这些子系统往往具有一系列特定的属性。它们因功能不同而被分成三大类，即传感器、输入系统和中央系统。中央系统的职责首先涉及信念的形成，因此是信念、愿望的领域；输入系统的一般功能就是表征世界，直至使它进入思维过程；传感器是连接心灵与世界的部分，无须计算就可自动完成连接的任务。

它要求以某种方式进行说明，但这种说明也几乎是同步完成的。言语的遮蔽通常被认为是非常快的，典型的滞后时间大约 250 毫秒，因为正常说话音节速度约为 4 音节每秒。在快速连续的视觉呈现任务中（匹配描述的图片），70% 的受试者准确度在 125 毫秒，96% 的准确度在 167 毫秒。① 福多认为，一般来说认知过程是快速的，通常发生在半秒或更少的时间内。

（5）输入系统具备信息胶封性（informational encapsulation）。信息胶封又称为认知之不可穿透性，意即这个机制的运作不会受到个体原本拥有的信息（例如信念、期待等）的影响。福多甚至主张，"信息胶封乃是模块的本质特征"①。在处理一组给定输入的过程中，认知系统在某种程度上是信息胶封的，它不能访问存储在其他地方的信息，它必须包含在这些输入的过程中，访问存储系统本身的信息。输入系统具有"信息胶封性"这项特征是因为视觉、听觉等知觉的运作不会受到我们信念、欲望、期待等心理状态的影响。

（6）输入系统的计算结果是"浅"输出（shallow outputs）。输入系统最终的输出是知觉项，"深/浅"这组形容词是指知觉项所能编码程度的局限。例如视觉系统处理物体大小、形状、颜色、方位等（浅输出），在这些机制运作之后，才另外有其他机制对处理的结果进行更高阶的整合（深输出）。模块性系统进一步的功能输出是相对"浅"的，但一种"深"输出似乎至少具有两种属性或功能特征：第一，产生它需要多少计算，即"浅"输出意味着计算上是廉价的；第二，如何限制或说明信息的内容，即"浅输出意味着信息上的普遍性"①。

（7）输入系统与固定的神经结构相链接（fixed neural architecture）。输入系统是由硬件直接执行的，是区位化的，不是由其他次系统装配出来的。设某机制 M 是由 M_1 和 M_2 装配出来的，而且其中 M_1 和 M_2 都不是由任何其他机制装配出来的，则存在一组脑神经结构 N_1 具现 M_1，亦即 M_1 和 N_1 有直接对应的关系；而且，存在一组脑神经结构 N_2 具现 M_2，亦即 M_2 和 N_2 有直接对应的关系；但是，M 不跟任何脑神经结构 N 有直接对应的关系，不存在任何脑神经系统直接具体实现并执行该机制 M。"输入系统与固定的神经结构相链接（相对应），说明了

---

① Fodor J A. The Modularity of Mind. Cambridge: The MIT Press, 1983: 62-63, 78, 87.

输入系统为什么是先天的（受基因决定的），也解释了为什么模块的运作是强制的、快捷的。"[1]

（8）输入系统有经典的和特殊的故障模式（characteristic and specific breakdown patterns）。这显然是由于输入系统是由硬件直接执行的缘故。例如，视觉系统的受损故障模式与听觉系统的受损故障模式是截然不同的。由于每个输入系统都有其固定的故障模式，因此，某个输入系统故障时并不会影响其他输入系统的运作。例如，视觉系统受损时并不会影响听觉系统的运作。一个系统中被损坏或有缺陷的事物，对其他系统只有很少的或几乎没有影响。

（9）从个体发生学的角度来看，输入系统展现出特定的发展步调与发展次序（characteristic ontogenetic pace and sequencing）。由于每个输入系统都是直接由硬件执行的，并由某个固定的神经结构执行。随着个体的成长，大脑神经系统的发育有其一定的步调和次序，所以输入系统自然也展现出特定的发展步调与发展次序。

鉴于讨论心灵模块性的三种观点都不否认"输入系统是模块性的"这一主张，只有"适度模块性"对一这主张的论述稍有不同，因此关于"输入系统是模块性的"这部分内容将放在本小节第三部分讨论。接下来的内容首先要分析福多关于"中央系统是非模块性的"的观点。

中央系统的主要工作是通过非说明性的推理来确定信念，包括确定知觉信念。福多认为，这种过程无法在信息胶封系统中实现，因此中央系统不是模块性的。为进一步阐明这一观点，福多的推理是这样的[2]：

（1）中央系统主要负责确定信念。

（2）确定的信念是等方位的（isotropic）和奎因式的。

（3）等方位和奎因式的过程不能由信息胶封系统来实现。

因此，从（2）和（3）得出：

（4）确定的信念不能由一个信息胶封系统来实现。

---

[1] 彭孟尧. 心与认知哲学. 台北：三民书局，2011：250-254.
[2] Stanford Encyclopedia of Philosophy. http://plato.stanford.edu/entries/modularity-mind/[2016-12-30].

但是：

（5）模块性系统在信息上是胶封的。

因此，从（4）和（5）得出：

（6）确定的信念不能由一个模块性系统来实现。

因此从（1）和（6）得出：

（7）中央系统不是模块性的。

这里的论证包含了两个维度的说明，而这两方面都与科学哲学上的整体论概念相关。首先，"等方位"这个词指涉的是信念的认知互联性。在某种意义上，"科学家所知道的一切事情，在原则上都与他应该相信什么相关，即与信念的确立相关。原则上，如果我们能想办法使植物学与天文学相关，那么植物学就限制了天文学"[1]。

论证的第二个维度是"奎因式的整体论"。"……理论是被集体所使用的，保守性或简单性将是一个度量标准，这种标准对全部信念系统是具全局属性的。"[1]等方位和奎因式整体论都是一种功能，这种功能排除胶封性。因为等方位和奎因式整体论过程是全域性的而不是局域性的，而全域性排除胶封性，因而等方位和奎因式整体论排除胶封性。

通过福多的说明，从中央系统排除了模块性。这个论证的结果对于更高阶认知功能的科学研究来说是一个不妙的消息。这涉及了福多的"认知科学不存在第一法则"（Fodor's first law of the nonexistence of cognitive science）："认知过程更多地是全域性的，很少有人能理解这一点。"[1] 在福多的概念界定中，全域性与胶封性是强负相关的，而胶封性与模块性之间又是强正相关的，因此全域性与模块性是强负相关的。也就是说，一个认知过程越具有整体性就越是难以得到科学的理解，而具有较强整体性的思维过程则根本无从理解。正是因为中央系统不具有模块性，它也就让心灵计算理论无用武之地，并因而成为认知科学的禁区。

严格地来说，福多并不否认中央系统里有一些中央机制是模块性的，他只

---

[1] Fodor J A. The Modularity of Mind. Cambridge: The MIT Press, 1983: 105, 107-108.

是主张大多数中央机制都不是模块性的。以推理机制为例，福多指出，各个输入系统的处理结果，亦即对于视觉、听觉等涉及不同论域的机制最后处理的结果势必要在某处整合，这个进行整合的机制必然是跨论域的。福多将这种机制称为"知觉信念的定立机制"。例如，张三看到李四喝咖啡的同时也闻到某种味道，他的这些视觉与嗅觉的运作结果一同汇入他的信念确立机制中，最后使得张三产生了"李四喝咖啡"的信念。"知觉信念的确立机制"是中央系统中非常重要的机制，因为这种机制的输出是信念，可以进一步作为其他中央机制的输入。例如张三的这个信念可以再次进入他的推理机制，与他所处的其他心理状态共同作为推理的前提，进而使得张三做出一些相关的行为，比如坐下来一起喝咖啡等。推理机制的运作因而跟信念定立机制一样，也是跨论域的。由于"论域特定性"具有模块性的重要特征，我们似乎可以主张信念定立机制、推理机制、乃至于其他的中央机制都是不具模块性的。

  福多的心理模块性理论将心理功能分成三类，分别是传感器、输入系统和中央系统。传感器将近端刺激较为准确地转变为共变的神经信号系统。它保留着输入信息的内容，只改变了信息呈现的形式，还表现出一种特定的信息胶封性。福多并不怎么在意传感器。在不十分严格的意义上，它可以被归入输入系统。输入系统是位于传感器的输出与中央系统（中心认知机制）之间的中介系统。其独特功能是让信息进入到中心加工器。传感器的输出可以解释关于对象近端刺激分布的描述，而输入系统所传输的则是关于物体远端刺激特性和分布的表征。输入系统最重要的特征是：它是模块性的。中央系统的典型功能是通过"非证明性推理"（亦即经验推理）来形成知觉的和其他的信念，如思维、问题解决、决策、推理等。其工作的一般机制是：一边接收输入系统传来的表征，一边检索记忆中的信息，并利用这些信息来限制对世界是什么样子的"最佳假设的"计算。由于中央系统要整合各模块领域传来的信息，亦即是跨认知领域的（或领域普遍性的），因而它是领域非特殊性的，而且它"在重要的方面是非胶封的"。总之，中央系统是非模块性的。[①]

[①] 奚家文.论心理的具身性功能模块观.上海：华东师范大学博士论文，2014：63

从上面的分析可以看出，福多认为中央机制都不具有论域特定性。那中央机制也是信息胶封的吗？有没有可能某个机制是跨论域的但依然是信息胶封的呢？依据前面的解说，"论域特定性"与"信息胶封性"是不同的特征，因此原则上是可以允许有这种可能性的。由于福多将"信息胶封性"视为模块性的本质，因此严格来说，对于知觉信念的定立机制、推理机制、乃至于其他的中央机制，仅仅通过论证它们都是跨论域的还不足以支持中央机制是模块性的这一主张。若是如此，福多将如何建立他关于"中央系统大多不是模块性的"的主张呢？

福多采取的论证策略大致如下。①大多数中央机制都有两大特征，等方位性以及整体论。②这两大特征使得中央机制都不会具备论域特定性以及信息胶封性。③中央机制都是一种进行核验的机制。中央机制在接收输入之后，经过测试各种假设，最后将最恰当的假设作为输出。④核验并不是信息胶封的，因为核验既是等方位的也是整体论的。

既然核验具有"整体论"与"等方位性"两个特征，这两个特征表明核验不具有论域特定性和信息胶封性，而且中央机制的运作就是一种核验的过程，显然中央机制不具有论域特定性和信息胶封性，因而中央机制也不具有模块性。如此一来，福多的"心灵模块性"概念就只存在于人类心灵之外或处于"边缘"地带（只有输入系统是模块性的），而人类心的"中心"地带（中央认知系统）则是非模块性的。那么，福多所谓的"心灵模块性"是否还有存在的意义和价值呢？因为从福多的分类来看，"中央系统"亦即高级认知能力最终被排除了进行模块性研究。基于此，科拉索斯（P. Carruthers）等认为，不仅心灵是模块性的，负责思维的高层次系统也是模块性的。事实果真如此吗？

（二）科拉索斯的大规模模块性假设

相对于福多，科拉索斯提出了"大规模模块"，主张心灵系统有高度的模块性，即使是中央系统也不例外。表面来看他的主张与福多是相对立的。但事实果真如此吗？相比福多模块性最初的九个功能，科拉索斯只保留五项功能，即分离性、论域特定性、强制性、局域性和中央不可入性。科拉索斯关于模块性的理论比起福多所说的模块性，不但少了四个特征，而且对信息胶封性的说法也截然不同。

科拉索斯首先将信息胶封区别为"窄范围"和"宽范围"两类。所谓"窄范围信息胶封"就相当于福多原本主张的信息胶封。所谓"宽范围信息胶封"，是指这种机制在运作时可以用到所有可用的外部信息，但并不是一次使用所有可用的外部信息。依据科拉索斯的理论，任何一个具备模块性的机制都具有五个特征，而福多式的信息胶封性并不是他所谓的模块性所具有的特征，取而代之的是他所谓的"宽范围信息胶封性"。

科拉索斯指出，任何机制的运作不论是具备窄范围的信息胶封性还是宽范围的信息胶封性，它们都是模块的，而且他同意中央机制的运作确实不是窄范围的，亦即不具备福多式的信息胶封性。但他接着指出，输入系统中央机制的运作具有宽范围的信息胶封性，因此心灵系统具有高程度的模块性，这是他所谓的"大规模模块性"的假设，亦即输入系统具备窄范围的信息胶封性，而中央系统具备宽范围的信息胶封性。

根据大规模模块性论题，在某种意义上心灵完全是模块性的。心灵是自然选择而成的，它由许多先天的、功能特定的心理模块构成，包括负责高级认知功能的部分，例如确定信念、解决问题、计划等。这里最主要的问题是模块性的操作概念不同于传统的福多式概念，科拉索斯在这一点上是明确的，大规模心理模块性论题在宽范围上是合理的，然后"模块"我们不能只意指"福多式模块"。特别是如果有专用传感器属性，浅输出、快速处理和显著的天赋或天生通道及胶封性很有可能被淘汰出局。"留给我们的想法是模块可能只是可隔离的特殊功能处理系统，几乎所有内容都是特定领域的，其操作不受意愿的影响……"[1]

科拉索斯的模块性只保留有五项功能，信息胶封并没有出现在上述列表中。科拉索斯认为：第一，在强意义上输入系统是模块性的；第二，在一种相当弱

---

[1] Carruthers P. The Architecture of the Mind. Oxford: Oxford University Press, 2006: 12.

的意义上中央系统也是模块性的。科拉索斯为大规模模块性辩护的同时，他主要讨论了第二种主张，即中央系统也是模块性的。

科拉索斯所说的大规模模块性有三个论证：来自设计的论证、来自动物的论证、来自易处理性的论证。让我们简要地讨论一下这三种论证。

首先，科拉索斯的设计论证如下：

（1）生物系统是被设计的系统，是逐步构建的。

（2）复杂的系统，需要大规模模块性组织。

（3）人的大脑是一个很复杂的生物系统。

因此，"在其组织性上，人类大脑将是大规模模块性的组织"[1]。然而，这个推理思路的一个弱点是，如果心灵在其组织中是大规模模块性的，那么它不必遵循心灵是大规模模块性的思想。在此，科斯米德斯和图比提出了一个更强的论证[2]：①人类心灵是自然选择的产物；②为了生存和繁殖，我们人类祖先必须解决一系列适应性问题，如寻找食物、住所、配偶等；③比起非模块性系统而言，适应问题涉及更快、更高效并且更可靠地模块性系统（特定领域的、强制性等），自然选择将会更青睐于大规模模块性结构的演化；④因此，人类心灵可能是大规模模块性的。

这个论证主要取决于第三个前提的论证，但不是每个人都会相信这一前提。

其次，来自于对动物的论证。不同于设计论证，动物论证没有在科拉索斯的著作中进行明确的陈述，但这是一个合理的重构。试考虑威尔逊（R. A. Wilson）的观点[3]：①动物的心灵是大型模块性的，②人类心灵是动物心灵的增量扩展，③所以人类心灵是大规模模块性的。

对于大规模模块性，这个论证像设计论证一样也很容易受到一些批判：首先，若中央系统也是模块性的，那么全局推理（global inference）便是不可能的，因为认知加工越是全域性的，它就越是不可模块性的，我们也就越是对它

---

[1] Carruthers P. The Architecture of the Mind. Oxford: Oxford University Press, 2006: 25.
[2] Cosmides L, Tooby J. Cognitive adaptations for social exchange // Barkow J, Cosmides L, Tooby J (eds). The Adapted Mind. Oxford: Oxford University Press, 1992: 163-228.
[3] Wilson R A. The drink you're having when you're not having a drink. Mind & Language, 2008, (23): 273-283.

知之甚少；其次，在科拉索斯的解释中，领域的特定性只是五个功能模块性特征之一，他很少或根本没有证据来支持其他四种功能的归因。所以排除领域特定性就不足以满足模块性，这个论证在第一步就动摇了。

再者，我们拥有的论证来自计算的易处理性。这可能是最不透明的一个论证，根据其基本逻辑①：①心灵是计算上实现的；②所有计算的心理过程必须是适当易处理的；③至少只有弱胶封的过程才是适当易处理的；④因此，心灵必须完全是由弱胶封的系统构成的；⑤因此，心灵是大规模模块性的。

这里的问题主要在最后一步，虽然可以合理地假设模块性系统必须至少是弱胶封的，但反之并不一定成立。事实上，在定义模块性时科拉索斯未提到弱胶封性，所以很难看到人们如何从普遍的模块性获得普遍的胶封性。

此外，科拉索斯的大规模模块性具有一种严重的"泛"模块性倾向，他几乎把人类的所有功能系统都说成是领域特殊的，从而使得模块性概念过于宽泛和不确定，也使得模块性概念失去了它原有的意义。

综上所述，科拉索斯的"大规模模块假设"并没有与福多关于"中央系统大多是非模块的"的主张相冲突。因为科拉索斯只是用了"模块性"这个相同的语词，却给予了其不同的定义，也就是说科拉索斯的"模块性"与福多的"模块性"有着不同的含义。除了具备窄范围的信息胶封性机制是模块的之外，任何具备宽范围的信息胶封性机制同样也是模块的。但是当福多主张中央系统的机制大多都是非模块的时，福多是针对窄范围的信息胶封性来说的。因此，科拉索斯的观点并没有真正反驳到福多的主张。

（三）西格尔的适度模块性假设

从福多式模块性到科拉索斯的大规模模块性之间还有一个过渡阶段，称为"适度的模块性"（modest modularity），代表人物主要有西格尔（G. Segal）等。适度模块性的主要观点是：首先，涉及感知和语言的输入系统是模块性的，但不排除外在环境与文化的影响；其次，涉及确定信念和实践推理的中央系统不

---

① Carruthers P. The Architecture of the Mind. Oxford: Oxford University Press, 2006: 44-59.

是模块性的。

事实上,在演化心理学家看来,适度模块性并不适度。一方面,它要保留知觉和语言系统的模块性,力求解释消除在环境、文化因素中的高级认知对模块系统产生的影响;另一方面,适度模块论依然主张中央认知系统的非模块性。①

适度模块性论题的积极部分表现在批判和继承了福多的部分观点。福多把"输入系统"意指计算机制,即通过感官换能器的输出过程"在思想中呈现的世界"②。感官换能器是一种设备,它把影响人体感官表面的能量,如对视网膜和耳蜗的影响等,转换成一种计算上可用的形式,而不需要添加或减去信息。如前所述,涉及非说明性推理的输入过程从感官数据进行一种假设,这种假设是对世界中对象的安排。为确定信念的目的,再将这些假设传递给中央系统。

福多认为,输入系统构成了一种自然类,这种自然类被定义为"科学上一类有趣的现象属性,这将超过任何属性所定义的类"③。适度模块性对输入系统是模块性的诉求,目前已经受到了一些人的批判,如泰勒(L. K. Tyler)、麦考利(R. N. McCauley)、亨利克(J. Henrich)等。最新的批判来自于普林茨(J. J. Prinz)④,他认为感知和语言系统(即输入系统)很少能满足模块性的标准,特别是他认为输入系统没有信息胶封性。

例如知觉心理学中有名的"鸭兔图"表明,我们的信念会影响我们如何去感知那个图形,有时候我们会将那个图形看作是一只鸭子,但有时候我们也会将那图形看作是一只兔子。若是如此,这一类视觉机制并不具有信息胶封性。为此,普林茨列出了证据:看起来是自上而下的过程影响了视觉和语言,但事实上是针对认知不可涉入性的,即胶封性是相对于中央系统而言的。

目前,最著名的例子可能是来自于对言语知觉的研究。在语言学的研

---

① 这一部分主要讨论适度模块性对福多的"输入系统是模块性"观点的批判与继承,而"中央系统是非模块性"的观点由于与福多的观点大同小异,在此不再复述。详见前文。
② Carruthers P. The Architecture of the Mind. Oxford: Oxford University Press, 2006: 40.
③ Carruthers P. The Architecture of the Mind. Oxford: Oxford University Press, 2006: 46.
④ Prinz J J. Is the mind really modular? // Stainton R (ed). Contemporary Debates in Cognitive Science. Oxford: Blackwell, 2006: 22-36.

究里有所谓的"音素还原"①现象。假设张三正在跟李四说话,当张三说出"congratulation"这个词时,如果刚好有其他人的说话声掩盖了"u"的声音。尽管如此,李四仍然能听到张三说了"congratulation"这个词,并且也听到了其他人说话的声音。语言学的解释是:李四拥有有关这个词的背景信息,或者说李四听到这个词时的心理期待反馈到他的语言输入系统,使得他听到了"congratulation"这个完整的词。因此,李四的高级认知系统对他的输入系统产生了影响。若是如此,这一类机制同样也不具有信息胶封性。

上述两个例子被称为"信息反馈"。信息反馈的现象经常被用来反对福多关于输入系统是模块性的这一主张。福多对此也进行了回应:首先,尽管有些时候会出现信息反馈的现象,但必定仍然存在有一些机制,这些机制的运作并不受到信念或心理期待的影响,它们具有认知的不可穿透性。福多举了一个有名的视错觉为例,如图10-1所示。

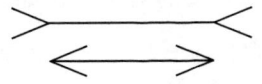

图 10-1 米勒－莱尔错觉图

这是文献上非常有名的米勒－莱尔错觉案例。在这个例子里,上面的横线看起来比下面的要长,但是如果用尺子测量就会发现两条线的长度其实是一样的。尽管如此,这种信念并不会改变我们知觉的结果,视觉的运作结果仍然是:上面的横线看起来比下面的要长。因此,视觉机制的运作是信息胶封的,具有认知的不可穿透性。

普林茨认为,米勒－莱尔错觉的易感性会因文化和年龄的不同而各异。例如,在西方文化中成年人更容易受到幻觉的影响,而一些非西方文化中的成年人,如喀拉哈里沙漠狩猎者几乎对错觉具有免疫力。而青春期的孩子比成年人更容易受到幻想的影响。视觉系统是历时渗入的,人们所体验的刺激引起了幻觉的改变,来作为人们广泛知觉经验的结果。上述的文化证据和知觉变化不利

---

① 人在理解一个句子时,会依据语境和对整个句子的理解而把缺失的字母(音素)还原或恢复出来。

于视觉是一种天生能力（即信息胶封性）的观点。

但西格尔等仍然认为，"只有在一个关键的发展阶段，人类对米勒－莱尔错觉的易感性才会存在着巨大的差别，这种差别取决于文化的多变性"[①]。因此，相关证明可以通过适度的模块性来调节，只要考虑潜在的环境影响，包括文化、发展的变量，大多数的解释都为天赋留下了空间。例如，不同的人学会说不同的语言，这取决于他们成长的语言环境，但是他们仍然共享相同的基本语言能力，这似乎是天生的，例如语言知识的普遍语法（UG）。也就是说适度模块性在保留福多"知觉和语言等输入系统是模块性的"这一观点的同时，也引入了外部因素的考量，即环境、文化、习俗等因素会对认知产生一定的影响。但在操作意义上，输入系统还是胶封的。

严格来说，福多并不否认中央系统中有一些机制是模块的，他只是主张大多数中央机制都不是模块性的。因此科拉索斯的"大规模模块性假设"与福多的经典模块性假设并没有出现直接的对垒。正如普林茨说的，科拉索斯只是误用了"模块性"这个词，因为科拉索斯意义上的大规模模块性概念主要是指宽范围意义上的，而福多的经典模块性概念主要是指窄范围意义上的，因此，科拉索斯只是重新定义了"模块性"概念。西格尔在分析"输入系统是模块性的"时引入了外部考量因素，从而使"模块性"失去了原本的信息胶封性，这样的模块性也不再是原本意义上的模块性。因此，不论是科拉索斯还是西格尔，他们都没有真正回应福多的主张。从认识论意义上来说，在更好的替代范式出现之前，最好还是保留福多的经典模块性观点。

福多从功能的角度去研究人类的思维过程，借助计算机解释心灵，一方面为我们提供了方法上的指导，但另一方面也给后人留下了持续的争论，尤其是从功能的角度将认知系统划分为"输入系统"和"中央系统"。首先，福多的"心理模块性"概念隐含了一个悖论：心理机制既是模块性的，又是非模块性的。虽然福多将模块性的部分和非模块性的部分分开，但是作为中央系统的非

[①] Segal G. The modularity of theory of mind // Carruthers P, Smith P K (eds). Theories of Theories of Mind. Cambridge: Cambridge University Press, 1996: 141-157.

模块部分是较低级模块性输入系统的运行基础,所以心理机制在本质上是非模块性的。其次,福多关于认知机制划分的标准不合理。福多将认知机制划分为模块性的输入系统和非模块性的中央系统,那么这二者之间划界的标准又是什么呢?为什么输入系统是领域特殊的,而中央系统是信息共享的呢?较低级的输入系统是信息胶封的,而输出结果则进入中央系统被进一步加工。但输入系统无法自下而上地影响中央系统,而中央系统会自上而下地影响输入系统,那么输入系统无法信息胶封,这样的一种划界标准也就无意义了。

当然,目前对"模块性"这一议题的讨论并不局限于认知科学和认知哲学领域,它的触角已经延伸到了许多相关的领域。如在认识论中,模块性议题已经引发了人们对于观察中立理论合理性的辩论;在语言哲学中,模块性被用来阐述语言交流理论,比如不同的人学会了不同的语言,这一过程取决于他们成长的语言环境,但他们仍然共享了某些相同的基本能力——普遍语法;此外,模块性也被用来划分语义和语用之间的边界,等等。尽管模块性理论的应用仍受到争议,但是"模块性"这一概念仍需进行持续的多领域考察。

二、选择实验与推理

从哲学史的发展来看,一些原本属于哲学的研究领域逐渐脱离了哲学,成为独立的一门科学研究。其中一部分原因当然是历史上的哲学研究是无所不包的。但是只有当科学研究方法有了新的进展之后,有些主题才成为了科学研究的内容。20世纪对于认知哲学的研究见证了哲学与科学研究的携手合作,获得了丰硕的成果。之前我们已经分析和阐述了功能论、心脑同一论、行为主义以及各种唯物论学说,阐述了它们在认知哲学研究上所占有的位置、所具有的实质性贡献。本节将介绍关于心灵逻辑的研究,最著名的是沃森(P. C. Wason)的选择实验,亦即认知哲学界著名的"四张扑克牌"实验;其次将简要介绍这些实验结果对于人类理性问题的一些理论意义。

（一）四张扑克牌实验

科学家对于人类推理的研究最早起始于沃森从 1966 年开始发展的选择任务实验，又称为"四张扑克牌实验"。受试者被告知他们所看到的扑克牌一面是数字，另一面则是字母。游戏规则是：如果扑克牌一面为元音的话，那另一面就是偶数；然后受试者看到四张扑克牌，之后进行推理，如图 10-2。这类实验专门研究人类的条件推理。所谓的条件推理是以"如果…那么…"这种条件句作为推理的主要形式。这种四张扑克牌的实验法很快就成为研究人类推理的主要实验方法。

四张扑克牌实验包括：四张扑克牌的内容、某个以条件的方式表现出来的规则，以及受试者被要求做出的选择。示例如下：

（1）实验一：有四张扑克牌呈现给一些受试者。每张扑克牌的一面是英文字母，其另一面是数字。这四张扑克牌呈现如图 10-2。

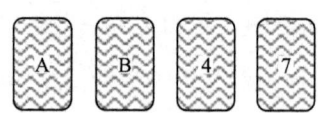

图 10-2　沃森选择任务中的扑克牌

条件句规则是：如果扑克牌的一面是元音，则该扑克牌的另一面是偶数。那受试者最少必须翻看哪些扑克牌，才能决定这个陈述为真或者为假呢？实验一是所谓的陈述条件句的推理。从初阶逻辑来看，正确的选择是：同时选择 A 牌及 7 牌。研究结果显示，受试者在类似这个实验中的表现相当糟糕，几乎只有不到 25% 的受试者能够给出正确的答案。在更早的研究中，甚至只有不到 10% 的受试者能够给出正确的答案。大多数人能够知道有必要将 A 翻过来查看，以检验另一面是不是偶数，但是相当多的受试者却没有意识到要检查 7，看看 7 的背面是不是元音。因为检查 7 的扑克牌就意味着要知道否定式，即扑克牌的一面不是偶数时，则另一面也不是元音；7 是非偶数，因此 7 的另一面对应的应该是非元音，规则才能成立。在实验中发现，受试者有两种典型的选择：①单独选择 A；②同时选择 A 和 4。

这个选择实验表明，存在三个明显的问题：①为什么绝大多数人都会选择正确答案 A？②为什么多数人会选择不正确答案 4？③为什么绝大多数人都不选择正确答案 7？这个实验的重点不是要说明受试者违反推理规则就是不好的，而是要说明人类在做这一类型条件推理的时候，似乎存在着一定的思考模式。这一实验表明，人们使用表征和计算来完成这类推理任务的方法，可能与我们一般的形式逻辑的推理规则是不一样的。心理学家的一个重要工作就是将这种推理思考的模式找出来。

进一步的研究还发现，当换成人们所熟悉的具体例子时，受试者很容易地就会完成与沃森扑克牌选择类似的任务。受试者在扑克牌选择这类实验中的表现远次于受试者在义务条件句推理这类实验中的表现。所谓义务条件句推理，顾名思义，自然也是一种条件句的推理，不过跟上述的例子有两点不同。首先，实验一中的条件句推理是抽象的，亦即没有具体的内容，但是在义务条件句的推理实验中条件句是有具体内容的。其次，在实验一的条件句推理中，所问的问题跟该陈述的真假有关，但是义务条件句推理实验要求思考的条件句具有规范性的规则，所问的问题也没有违反该规则。以下是很有名的一个例子。

（2）实验二：张三在某家酒吧里，他注意到有位警察李四也在这间酒吧，而且李四正在查询酒吧里的每个人是不是违反了法律的相关规定。目前，酒吧里有四个人，每个人的数据以扑克牌呈现给受试者。扑克牌的一面写着那个人所喝的东西，另一面写着他的年龄，如图 10-3。

图 10-3　酒吧任务选择

条件句的规则是：如果有人在酒吧喝白酒，那么他必须年满 18 岁。然后要求受试者回答最少需要翻过哪些扑克牌，才能确定有没有违反上述规则。实验二是一个很有名的义务条件句推理的研究。它在初阶逻辑上的正确答案是：同时选择白酒及 17 岁的扑克牌。实验发现，受试者对于这一类型的义务条件进行推理，给出正确回答的比例明显提高了许多，有超过 75% 的受试者都能正确回答。这个现象引起了许多人的注意，为什么受试者在义务条件句的推理实验中的表现，远较受试者在陈述条件句推理实验中的表现好得多？这个差异具有什么理论意义呢？

通过对实验一和实验二进行比较，认知科学家得出两点结论：①在实验一中，受试者面临条件推理任务时所思考的是抽象的、没有具体内容的陈述。但是在实验二中，受试者面临条件推理任务时所思考的是有具体内容的规则。②在实验一中，受试者所思考的陈述和问题都使用了真和假的概念。但是在实验二中，受试者面对的是具有规范性的规则，所思考的是该规则有没有被违反。此外，实验二中也提到警察在现场进行检查。这个信息可能也影响到受试者在该实验中的思考。这两点构成了解释受试者在上述两种条件句推理中表现出的差异性。其实，实验二还隐含了一些潜在的条件。比如喝可乐的不需要检查年龄；22 岁不需要检查是不是白酒。而相比之下，实验一的这些潜在条件更不直观。比如，规则是"如果扑克牌的一面是元音，则该扑克牌的另一面是偶数"。这里隐含着：我只需要说明扑克牌的一面是元音时的情况，非元音的情况不需要考虑；扑克牌的一面不是偶数时，另一面是不是元音也不考虑。也就是说，只考虑从条件"元音"到结果"偶数"的推理，不需要考虑反过来从"偶数"到"元音"的情况。这里，实验二比实验一更直观地告诉了我们这些潜在的东西。

针对第一点，认知科学家提出了所谓的"内容效应"来解释。对一般人来说，进行推理时，有具体内容的推理工作，比起纯抽象的没有内容的推理要更容易理解。人类在进行推理的时候，很大程度地受到了推理内容的影响，一般人不擅长纯抽象的思维。那么，这是由于先天认知结构的差异所造成的吗？还是说后天教育训练能够提升人的抽象思维呢？对于第二个问题，认知科学家认为实验二用了受试者比较熟悉、比较生活化的题材。一般人对于违反规则的情况都比较熟悉，因为这种情形在日常生活中比较常见。因此，相比之下，一般人并不习惯于对一个陈述进行真或假的判定。[①]

[①] 彭孟尧. 心与认知哲学. 台北：三民书局, 2011: 285-289.

（二）推理与人类理性

众所周知，亚里士多德将"人"定义为"理性的动物"，主张"理性"构成了人之所以为人的本质。在前面介绍"四张扑克牌"实验时，就已经看到了一些实验的结果显示，人类的推理表现并不是很理想。从沃森开始，很多认知哲学家就已经指出，受试者就连使用初阶逻辑最基本的肯定前件律来进行推理都会产生系统性的错误。在19世纪80年代，以凯纳门（D.Kahneman）和韦尔斯基（A. Tversky）为首的一群认知科学家，依据他们对于人类演绎推理以及概率归纳推理的研究大胆宣称：人类是不理性的。[1]

他们的研究显示：人类在演绎推理以及概率统计推理上的表现并不如自己认为的那么好。相反，人类会犯下一些非常基本的推理谬误而不自知。一方面，这些谬误不是表面的而是深层的，不是偶发的而是系统的；另一方面，即使是学过逻辑或概率学的人也仍然有很高的比例会犯类似的错误。人类是不理性的。亚里士多德之将"人"定义为"理性的动物"并不是过于乐观，而是犯了根本性的错误。

对于人类推理的研究成果为什么会跟人类理性的问题有关呢？传统上，哲学家以及普通人都认为一个人的思考合不合乎逻辑乃是这个人具有理性或者不理性的一个重要准则，甚至认为思考完全合乎逻辑乃是理性最高状态的必要条件。这种主张在哲学界被称为古典理性观。在古典理性观中，理性包括普遍性、必然性以及规律性。符合逻辑的思考模式正好具备这三大要素。

所谓理性具有普遍性，意思是说，如果对于某个问题的某个解决方式是正确的，则任何采用相同方式以解决相同问题的人都会得到正确的答案。当然，任何人都可以发展出他自己的解决问题的方式，但这不会影响理性之普遍性。

所谓理性具有必然性，意思是说，如果你解决那类问题的方式是正确的，则那种方式必然能解决那类问题。理性之具有普遍性与必然性，规律性就不难说明了。以逻辑证明为例。假设张三拥有一组前提来推出某个结论，张三经由

---

[1] Kahneman D, Slovic P, Tversky A. Judgment Under Uncertainty: Heuristics and Biases. New York: Cambridge University Press, 1982.

一步一步的推演，最终将结论有效地推了出来。张三的推理是依据一套逻辑的规则，任何人采用他的推理步骤都会推导出相同的结论。如果他的推理是有效的，那么他的推演必然可以导出那个结论。这种现象对任何人都是一样的。尽管理性不保障我们能够解决所有的问题，但只要是理性能够解决的，那么拥有理性就保证了任何人在相同情境下都能解决类似的问题。

尽管有很多人对于"理性"的想法跟古典理性观非常相似，但有些哲学家认为古典理性观是错误的：符合逻辑并不是理性的唯一标准。从之前对四张扑克牌实验的介绍我们可以清楚地看出，依据凯纳门、韦尔斯基和其他认知科学家的研究成果，大致来说，人类确实在演绎推理以及归纳推理方面会犯下许多错误。但是我们为什么要求人类的推理必须得符合抽象逻辑呢？

首先，一般人经常以为逻辑是研究人类思考的学问，那是非常大的误解。逻辑研究的不是人类的推理，逻辑这门学问是纯粹抽象的，它是研究符号操作的形式科学，它建立的符号系统以及推导理论已经超越了一般人的思考模式。比起生物学家来说，一般人对于生物学的了解是相当肤浅的。同样地，一般人的推理比起逻辑研究来说，也相差甚远。另一方面，各种逻辑系统其价值不在于发明了哪些符号，而在于每套逻辑系统都试图解决一些哲学问题。因此，不同的逻辑系统有其适用的领域和主题。既是如此，以人类推理是不是合乎逻辑来作为人类是不是具有理性的标准，似乎是过于苛刻了。

人是不是理性的呢？这个问题本身是很复杂的，因为我们可以从很多面向来考虑理性的问题。从知识论的面向来看，与理性有关的问题包括：人类在追求真理的过程中使用的方法、手段、策略等，是不是真正地能让人类获得知识，让人类达到掌握真理的目的？从行动方面来看，与理性有关的问题包括：人类要如何进行决策、采取行动，才能达到所想要达到的目的？所以，要回答一个人是不是理性的，恐怕必须考虑我们提出并思考问题的方向。人类推理的表现仅仅是人类众多特性的一种而已，虽然重要，但还不足以因此让我们轻易全盘否认人类的理性。

正如另外一些科学家的研究所显示的，人在涉及规范的推理工作上表现是不错的，这方面的推理表现可能才是研究心灵的哲学家所在乎的，因为人的理性尤其表现在跟生活的息息相关上。假设张三第一次到沙漠旅行时感到口渴，尽管所有的水都喝完了，但张三并没有将附近的仙人掌切开来取水。这并不表示张三是不理性的，因为这种取水的方式并不在张三日常生活的思考范围之内。简单地说，人是不是理性的涉及人是如何思考的，而人的思考除了涉及认知机制本身是如何运作的之外，也涉及其背景知识如何进入认知机制，以作进一步的处理。①

如何说明人类推理机制的运作，有待认知科学家进一步的探讨，目前这方面的研究还是以计算机功能论为基本理论假设。至于人类是不是理性的，理性与人类推理行为之间的关系是什么，理性有哪些要素，这些是有待于哲学家进一步深入探讨和论述的问题，并非在这里三言两语就可以解决得了的。

---

① 彭孟尧. 心与认知哲学. 台北：三民书局. 2011：290-293.

参考文献

保罗·萨伽德.2016.心智：认知科学导论.朱菁，陈梦雅译.上海：上海辞书出版社.
贝内特，哈克.2008.神经科学的哲学基础.张立等译.杭州：浙江大学出版社.
柏格森.2005.时间与自由意志.吴士栋译.北京：商务印书馆.
查尔默斯.2013.有意识的心灵：一种基础理论研究.朱建明译.中国人民大学出版社.
陈刚.2008.世界层次结构的非还原理论.武汉：华中科技大学出版社.
陈思.2014.感受质研究.武汉：华中科技大学博士学位论文.
丹尼尔·丹尼特.2008.意识的解释.苏德超，等译.北京：北京理工大学出版社.
丹尼尔·丹尼特.2010.心灵种种：对意识的探索.罗军译.上海：上海世纪出版集团.
邓晓芒，赵林.2005.西方哲学史.北京：高等教育出版社.
笛卡儿.2010.第一哲学沉思集.庞景仁译.北京：商务印书馆.
笛卡儿.1958.哲学原理.北京：商务印书馆.
樊岳红，魏屹东.2011.鲁滨逊能遵守规则吗？——遵守规则的个体论与集体论之争.自然辩证法通讯，（2）：66-70.
费多益.2007.认知研究的现象学趋向.哲学动态，（6）：55-62.
费多益.2010.记忆的建构论研究.哲学动态，（8）：92-98.
费多益.2010.身体的自然化与符号化.自然辩证法通讯，（2）：93-97.
费多益.2010.寓身认知理论的循证研究.科学技术哲学研究，（1）：15-20.
费多益.2010.自由意志：幻象、纷争与解答.自然辩证法研究，（12）：18-23.
费多益.2011.从"无身之心"到"寓心于身"——身体哲学的发展脉络与当代进路.哲学研究，（2）：78-84.
费多益.2012.理性的多元呈现——巴什拉科学哲学思想探析.哲学研究，(8)：120-126.
费多益.2015.他心感知如何可能？哲学研究，（1）：119-128.
费多益.2015.意志自由的心灵根基.中国社会科学，（12）：51-70.

弗朗西斯·克里克.2011.惊人的假说.汪云九,等译.长沙:湖南科学技术出版社.

高斯扬,陆杰荣.2013."自我"哲学概念的理论构型分析.河南社会科学,(21):35-40.

高新民.2005.心灵的解构.北京:中国社会科学出版社.

高新民.2012.心灵与身体——心灵哲学中的新二元论探微.北京:商务印书馆.

高新民.2015-12-15.斯蒂克:取消论物理主义的旗手.中国社会科学报,(002).

高新民,储昭华.2002.心灵哲学.北京:商务印书馆.

高新民,沈学群.1996.现代西方心灵哲学.武汉:华中师范大学出版社.

哈尼什.2010.心智、大脑与计算机:认知科学创立史导论.王淼,李鹏鑫译.杭州:浙江大学出版社.

吉尔伯特·赖尔.1992.心的概念.徐大健译.北京:商务印书馆.

贾向桐.2011.科学实在论的指称问题与拉姆齐语句的解答.科学技术哲学研究,(2):71-75.

卡尔·波普尔.2005.客观知识:一个进化论的研究.舒炜光,等译.上海:上海译文出版社.

克里普克.2001.命名与必然性.梅文译.上海:上海译文出版社.

蒯因.1987.从逻辑的观点看.江天骥等译.上海:上海译文出版社.

拉·梅特里.2010.人是机器.顾寿观译.北京:商务印书馆.

莱布尼茨.2002.人类理智新论.陈修斋译.北京:商务印书馆.

刘晓力.2014.当代哲学如何面对认知科学的意识难题.中国社会科学,(6):48-70.

刘晓力,孟伟.2014.认知科学前沿中的哲学问题.北京:金城出版社.

刘毅.2010.自由意志:哲学与心理学研究.武汉:武汉大学博士学位论文.

刘毅,张掌然.2012.自由意志概念的演变及其含义辨析.山东理工大学学报,(1):40-43.

刘永琴,熊哲宏.2004."心理模块性"思想的历史演变及其当下意义.南京师范大学学报(社会科学版),(5):119-127.

刘占峰.2011.解释与心灵的本质——丹尼特心灵哲学研究.北京:中国社会科学出版社.

柳海涛.2012.新二元论对意识问题的处理.淮阴师范学院学报(哲学社会科学版),(2):164-169.

罗素.1983.人类的知识:其范围与限度.张金言译.北京:商务印书馆.

马寅卯.2014.决定论和自由意志的相容性问题.浙江学刊,(6):46-53.

彭罗斯.1994.皇帝新脑.吴忠超译.长沙:湖南科学技术出版社.

彭孟尧.2006.人心难测:心与认知的哲学问题.北京:生活·读书·新知三联书店.

彭孟尧.2011.心与认知哲学.台北:三民书局.

普特南.2006.理性、真理和历史.童世骏,等译.上海:上海译文出版社.

乔姆斯基.1992.乔姆斯基语言哲学文选.徐烈炯,尹大贻,程雨民译.北京:商务印书馆.

丘奇兰德.2008.科学实在论与心灵的可塑性.张燕京译.北京:中国人民大学出版社.

任晓明.2009.普特南意义理论的意义——从分析哲学的视域看.南开学报(哲学社会科学版),(5):81-85.

萨姆·哈里斯.2013.自由意志:用科学为善恶做了断.欧阳明亮译.杭州:浙江人民出版社.
沈学君.2004.他心问题及其解答.武汉:华中师范大学博士学位论文.
斯宾诺莎.1983.伦理学.贺麟译.北京:商务印书馆.
唐玉斌.2011.自我与他人心灵的逻辑哲学探究.重庆:西南大学博士学位论文.
田平.2000.自然化的心灵.长沙:湖南教育出版社.
托马斯·内格尔.2009.你的第一本哲学书.宝树译.北京:当代中国出版社.
王国维.2009.人间词话.北京:中华书局.
王华平.2012.他心的直接感知理论.哲学研究,(9):77-86.
王球.2014.大规模模块与内容融合问题.复旦大学学报(社会科学版),(2):101-109.
王姝彦.2005.当代心灵哲学视阈中的意向性问题研究.太原:山西大学博士学位论文.
王晓阳.2011.如何应对"知识论证".哲学动态,(5):85-91.
维特根斯坦.2015.哲学研究.韩林合译.北京:商务印书馆.
魏屹东,樊岳红.2011.遵守规则与人工智能——维特根斯坦与图灵人工智能理论的交集.山西大学学报(哲学社会科学版),(5):24-29.
奚家文.2014.论心理的具身性功能模块观.上海:华东师范大学博士学位论文.
休谟.1982.人类理解研究.关文运译.北京:商务印书馆.
徐向东.2008.理解自由意志.北京:北京大学出版社.
杨音莱.1988.塞尔身心观述评.自然辩证法通讯,(6):20-23.
殷筱.2013.常识心理学"他心知"认知模式的非对称性.哲学研究,(3):95-100.
俞吾金.2013.决定论与自由意志关系新探.复旦大学学报(社会科学版),(2):2-25.
约翰·海尔.2006.当代心灵哲学导论.高新民,等译.北京:中国人民大学出版社.
约翰·塞尔.2005.意向性:论心灵哲学.刘叶涛译.上海:上海人民出版社.
约翰·塞尔.2005.自由与神经生物学.刘敏译.北京:中国人民大学出版社.
约翰·塞尔.2006.心灵、语言和社会.李步楼译.上海:上海译文出版社.
约翰·塞尔.2008.心灵导论.徐英瑾译.上海:上海人民出版社.
约翰·塞尔.2009.意识的奥秘.刘叶涛译.南京:南京大学出版社.
约翰·塞尔.2011.心灵的再发现.王巍译.北京:中国人民大学出版社.
约翰·塞尔.2016.心、脑与科学.杨音莱译.上海:上海译文出版社.
泽农·W.派利夏恩.2007.计算与认知:认知科学的基础.任晓明,王左立译.北京:中国人民大学出版社.
曾向阳.2011.查尔默斯的意识理论评析.自然辩证法通讯,(3):5-10.
张志林.2006.分析哲学中的意向性问题.学术月刊,(6):50-53.
周昌乐.2012.哲学实验:一种影响当代哲学走向的新方法.中国社会科学,(10):30-46.
周红梅,郭永玉.2006.自我同一性理论与经验研究.心理科学进展,(1):133-137.
Ainslie G. 2001.Breakdown of Will. Cambridge:Cambridge University Press.

Alter T, Walter S. 2007.Phenomenal Concepts and Phenomenal Knowledge. Oxford: Oxford University Press.

Anscombe G E M. 1957. Intention.Cambridge: Harvard University Press.

Armstrong D M. The Nature of Mind and Other Essays. Ithaca: Cornell University Press.

Armstrong D M.1968.A Materialist Theory of the Mind. London: Routledge and Kegan Paul.

Aune B. 1963. Feelings, moods and introspection. Mind, (62): 187-208.

Avramides A. 2001. Other Minds. London: Routledge.

Ayer A J. 1963. The Concept of a Person. London: Macmillan.

Barry S. 2003. John Searle. Cambridge: Cambridge University Press.

Bechtel W, Graham G. 1998.A Companion to Cognitive Science. Oxford: Blackwell.

Blackburn S. 1974. How to refer to private experience. Aristotelian Society Proceedings, 75: 201-213.

Block N. 1980. Readings in Philosophy of Psychology. Cambridge: The MIT Press.

Block N.1980. Troubles with functionalism // Block N (ed). Readings in Philosophy of Psychology. Cambridge: Harvard University Press: 268-305.

Block N. 1986. Advertisement for a semantics for psychology. Midwest Studies in Philosophy, (10): 615-678.

Block N.1990.The computer model of the mind // Osherson D, Smith E (eds). Thinking: An Invitation to Cognitive Science. Cambridge: The MIT Press: 52-179.

Block N. 1994. Consciousness // Guttenplan S (ed). A Companion to the Philosophy of Mind. Oxford: Blackwell: 210-225.

Block N, Fodor J.1972.What psychological states are not.Philosophical Review, (2): 159-181.

Block N. 1995. On a confusion about a function of consciousness. Behavioral and Brain Sciences, (18): 227-247.

Block N J.1996. What is Functionalism? New York: Macmillan.

Brentano F. 1995. Psychology from an Empirical Standpoint. London: Routledge.

Brewer B. 2006. Perception and content.European Journal of Philosophy, (14): 165-181.

Buford T O (ed). 1970. Essays on Other Minds. Chicago: University of Illinois Press.

Burge T. 1977. Belief de re. Journal of Philosophy, (6): 338-362.

Burge T. 1979. Individualism and the mental.Midwest Studies in Philosophy, (4): 73-121.

Burge T. 1988. Individualism and self-knowledge. Journal of Philosophy, (85): 649-653.

Butler R J (ed). Analytical Philosophy: Second Series. Oxford: Basil Blackwell.

Byrne A. 2001. Intentionalism defended. Philosophical Review, (110): 199-239.

Campbell J.2002.Reference and Consciousness. Oxford: Oxford University Press.

Carnap R. 1932. Psychology in physical language. Erkenntnis, (3): 107-142.

Carnap R. 1952. Meaning and Necessity (2nd edition). Chicago: University of Chicago Press.

Carruthers P.2000.Phenomenal Consciousness. Cambridge: Cambridge University Press.

Carruthers P. 2006. The Architecture of the Mind. Oxford: Oxford University Press.

Cassam Q. 2007. The Possibility of Knowledge. Oxford: Clarendon Press.

Chalmers D J.1995. Absent qualia, fading qualia, dancing qualia // Metzinger T(ed). Conscious Experience. Exeter: Imprint Academic: 309-328.

Chalmers D J.1995. Facing up to the problem of consciousness.Journal of Consciousness Studies, (3): 200-219.

Chalmers D J. 1996. The Conscious Mind: In Search of A Theory of Conscious Experience. Oxford: Oxford University Press.

Chalmers D J.2002.Consciousness and its place in nature // Chalmers D (ed). Philosophy of Mind: Classical and Contemporary Readings. Oxford: Oxford University Press: 106-109.

Chalmer D J. 2010. The Character of Consciousness. New York: Oxford University Press.

Chisholm R M.1957. Perceiving: A Philosophical Study. Ithaca: Cornell University Press.

Chomsky N. 1965. Aspects of the Theory of Syntax. Cambridge: The MIT Press.

Chomsky N. 1968. Language and Mind. San Diego: Harcourt Brace Jovanovich Publishers.

Chomsky N. 1980. Rules and Representations. New York: Columbia University Press.

Chomsky N.1981. Knowledge of language: Its elements and origins. Philosophical Transactions of the Royal Society, (1077): 223-234.

Chomsky N. 1982. Some Prospects for the Study of Language. New York: Columbia University.

Chomsky N. 1988. Language and Problems of Knowledge. Cambridge: The MIT Press.

Chomsky N. 1995. The Minimalist Program. Cambridge: The MIT Press.

Chomsky N. 2000. New Horizons in the Study of Language and Mind. Cambridge: University of Cambridge Press.

Christensen S M, Turner D R. 1993. Folk Psychology and the Philosophy of Mind. New Jersey: Lawrence Erlbaum.

Churchland P M.1979. Scientific Realism and the Plasticity of the Mind. Cambridge: Cambridge University Press.

Churchland P M.1984. Matter and Consciousness. Cambridge: The MIT Press.

Churchland P M. 1985. Reduction, qualia, and the direct introspection of brain states. Journal of Philosophy, (82): 8-28.

Churchland P M. 1989. A Neurocomputational Perspective. Cambridge: The MIT Press.

Clark A. 1993. Associative Engines: Connectionism, Concepts, and Representational Change. Cambridge: The MIT Press.

Clark A.1998. Embodiment and the Philosophy of Mind. Cambridge: Cambridge University Press.

Clark A. 2000.A Theory of Sentience. Oxford: Oxford University Press.

Clark A. 2001. Mindware: An Introduction to Philosophy of Cognitive Science. Oxford: Oxford University Press.

Cosmides L, Tooby J. 1992. Cognitive adaptations for social exchange // Barkow J, Cosmides L, Tooby J(eds). The Adapted Mind. Oxford: Oxford University Press:163-228.

Crabb B G.2005. Fading and Dancing Qualia-Moving and Shaking Arguments.London: Deunant Books.

Crane T (ed). 1996. A Debate on Dispositions. London: Routledge.

Crane T. 2001.Elements of Mind. Oxford: Oxford University Press.

Cruse P, Papineau D. 2002. Scientific realism without reference// Marsonet M (ed).The Problem of Realism. Aldershot: Ashgate: 174-189.

Cummins R. 1989. Meaning and Mental Representation. Cambridge: The MIT Press.

Damasio A R. 2002.The Feeling of What Happens: Body and Emotion in the Making of Consciousness. New York: Harcourt Brace Jovanovich.

Davidson D, Harmar G. 1970. Semantics for natural languages. Sythese, (22): 1-2.

Davidson D. 1980. Mental events // Davidson D. Essays on Actions and Events. Oxford: Oxford University Press: 207-227.

Davidson D. 1987. Knowing one's own mind // Davidson D. (ed.) Subjective, Intersubjective, Objective. New York: Oxford University Press: 15-38.

Davidson D. 2001. First person authority // Davidson D. (ed.) Subjective, Intersubjective. New York: Oxford University Press: 3-14.

Davidson D. 2002. Subjective, Intersubjective, Objective. New York: Oxford University Press.

Davies M, Humphreys G (eds).1993.Consciousness. Oxford: Basil Blackwell.

Dennett D C.1984. Elbow Room: The Varieties of Free Will Worth Wanting. Cambridge: Bradford Books.

Dennett D C.1987. The Intentional Stance. Cambridge: The MIT Press.

Dennett D C.1990. Quining qualia // Lycan W (ed). Mind and Cognition. Oxford: Blackwell: 381-414.

Dennett D C. 1991.Consciousness Explained. New York: Back Bay Book.

Dennett D C. 1995.Darwin's Dangerous Idea. New York: Simon & Schuster.

Dennett D C. 2005. Sweet Dreams: Philosophical Obstacles to a Science of Consciousness. Cambridge: The MIT Press.

Descartes R. 1996.Meditations on First Philosophy. Cottingham J (trans.). Cambridge: Cambridge University Press.

Dretske F. 1983. Knowledge and the Flow of Information. Cambridge: The MIT Press.

Dretske F.1980.The intentionality of cognitive states. Midwest Studies in Philosophy, (5): 281-294.

Dretske F.1986. Misrepresentation // Bogdan R J (ed). Belief. Oxford: Oxford University Press: 17-36.

Dretske F.1993. Conscious experience.Mind, (102): 263-283.

Dretske F.1995. Naturalizing the Mind. Cambridge: The MIT Press.

Dretske F.2003.How do you know you are not a zombie? // Gertler B (ed). Privileged Access and First Person Authority. Aldershot: Ashgate Publishing Limited: 1-13.

Feigl H.1960. The Mind -body problem: not a pseude-problem// Hook S (ed). Dimensions of Mind: A Symposium. New York: New York University Press: 24-36.

Feigl H. 1958. The "Mental" and the "Physical": Minnesota Studies in the Philosophy of Science: Concepts, Theories and the Mind-Body Problem. Minne apolis: Minnesota University Press: 370-409.

Feyerabend P. 1963.Mental events and the brain. Journal of Philosophy, (6): 160-166.

Fischer J M. 1983. Incompatibilism. Philosophical Studies, (43): 121-137.

Fish W. 2009. Perception, Hallucination, and Illusion. Oxford: Oxford University Press.

Fisher T. 2011. Quine's behaviorism and linguistic meaning: Why quines behaviorism is not illicit. Philosophia: Philosophical Quarterly of Israel, (1): 51-59.

Flanagan O. 2002. The Problem of the Soul. Two Visions of Mind and How to Reconcile Them. New York: Basic Books.

Fodor J A.1972. Some reflections on L S Vygotsky's thought and language. Cognition, (1): 83-95.

Fodor J A. 1975. Language of Thought. Cambridge: Harvard University Press.

Fodor J A 1980. Representations: Philosophical Essays on the Foundations of Cognitive Science. Cambridge: The MIT Press.

Fodor J A 1983. The Modularity of Mind. Cambridge: The MIT Press.

Fodor J A. 1986. Why paramecia don't have mental representations. Midwest Studies in Philosophy, (10): 3-23.

Fodor J A. 1987. Psychosemantics. Cambridge: The MIT Press.

Fodor J A.1990. A Theory of Content and Other Essays. Cambridge: The MIT Press.

Fodor J A.1998. Concepts: Where Cognitive Science Went Wrong. Oxford: Oxford University Press.

Fodor J A. 2008. The Language of Thought Revisited. Oxford: Oxford University Press.

Fodor J A, Pylyshyn Z. 1988. Connectionism and cognitive architecture: A critical analysis. Cognition, (28): 3-71.

Goldman A 2006. Simulating Minds. Oxford: Oxford University Press.

Gomes A. 2009. Other minds and perceived identity. Dialectica, (63): 219-230.

Goodman N. 1951.The Structure of Appearance. Cambridge: Harvard University Press.

Goodman N. 1983. Fact, Fiction and Forecas. Harvard: Harvard University Press.

Graham G, Horgan T. 2000. Mary, Mary, quite contrary. Philosophical Studies, (99): 59-87.

Graham G.1998. Philosophy of Mind: An Introduction (2nd ed). Oxford: Basil Blackwell.

Graham G, Valentine E.2004. Identifying the Mind: Selected Papers of U T Place. Oxford: Oxford University Press.

Gray R.2003. Tye's representationalism: feeling the heat?Philosophical Studies, (115): 245-256.

Greenwood J D. 1991. The Future of Folk Psychology: Intentionality and Cognitive Science. Cambridge: Cambridge University Press.

Hacker P M S. 1975. Insight and Illusion. Oxford: Oxford University Press.

Harnad S. 1995. Why and how we are not zombies? Journal of Consciousness Studies, (1):164-167.

Harnad S. 2000. Minds, machines, and turing: The indistinguishability of indistinguishables. Journal of Logic, Language, and Information, (4): 425-445.

Haugeland J. 1981. Mind Design. Cambridge: The MIT Press.

Haugeland J. 1998. Mind embodied and embedded // Haugetand J. Having Thought: Essays in the Metaphysics of Mind. Cambridge: Harvard University Press: 207-240.

Heil J.1988. Privileged access.Mind, (47): 238-251.

Heil J. 2004. Philosophy of Mind: A Guide and Anthology. Oxford: Oxford University Press.

Hempel C G.1966.Philosophy of Natural Science. Englewood Cliffs: Prentice-Hall.

Hill C S. 1991. Sensations: A Defense of Type Materialism. Cambridge: Cambridge University Press.

Hume D. 2000. A Treatise of Human Nature. Oxford: Oxford University Press.

Husserl E.1931.Cartesian Meditations. Cairns D (trans.). The Hague: Martinus Nijhoff.

Huxley T H. 1874. On the hypothesis that animals are automata, and its history. The Fortnightly Review, (16): 555-580.

Hyman J. 2015. Action, Knowledge, Will. Oxford: Oxford University Press.

Inwagen P V. 2013. An Essay on Free Will. Oxford: Oxford University Press.

Jackson F.1977.Perception. Cambridge: Cambridge University Press.

Jackson F. 1982. Epiphenomenal qualia. Philosophical Quarterly, (32): 127-136.

Jackson F. 1986. What Mary didn't know. Journal of Philosophy, (5): 291-295.

Jackson F. 1998. Mind, Method, and Conditionals. London: Routledge.

James W. 1890. The Principles of Psychology. Cambridge:Harvard University Press.

Jonathan L E. 2002. A Survey of Metaphysics. Oxford :Oxford University Press.

Kim J. 1993. Supervenience and Mind. Cambridge: Cambridge University Press.

Kim J.1995. Mental causation: what, me worry?//Villanueva E (ed). Philosophical Issues 6: Content. Atascadero: Ridgeview Publishing: 123-151.

Kim J. 2011. Philosophy of Mind (3rd ed). Boulder: Westview Press.

Kind A.2003.What's so transparent about transparency?Philosophical Studies, (115): 225-244.

Kriegel U. 2013. Current Controversies in Philosophy of Mind.New York: Routledge: 11.

Kripke S A. 1982.Wittgenstein on Rules and Private Language. Harvard: Harvard University Press.

Lavelle J.2012. Theory-theory and the direct perception of mental states // Review of Philosophy and Psychology, (2): 213-230.

Leeds S.1993. Qualia, awareness, sellars. Noûs, (27): 303-330.

Levine J.1983. Materialism and qualia: the explanatory gap. Pacific Philosophical Quarterly, (64): 354-361.

Levine J. 2001. Purple Haze. Oxford: Oxford University Press.

Lewis C I. 1929.Mind and the World Order. New York: C Scribners Sons.

Lewis D.1966. An argument for the identity theory.Journal of Philosophy, (1):17-25.

Lewis D. 1980. Mad pain and Martian pain // Block N. (ed.) Readings in Philosophy of Psychology. Cambridge: The MIT Press: 216-222.

Lewis D. 1980. Veridical hallucination and prosthetic vision. Australasian Journal of Philosophy, (3): 239-249.

Lewis D. 1983. Individuation by acquaintance and by stipulation.Philosophical Review, (92): 3-32.

Locke D. 1968. Myself and Others. Oxford: Oxford University Press.

Locke J. 1689/1975. Essay Concerning Human Understanding. Oxford: Oxford University Press.

Lowe E J.2000. Causal closure principles and emergentism. Philosophy, (294): 571-586.

Lycan W (ed).1990. Mind and Cognition. Oxford: Basil Blackwell.

Lycan W. 1974. Mental states and putnam's functionalist hypothesis. Australasian Journal of Philosophy, (52):48-62.

Lycan W G. 1987. Consciousness. Cambridge: The MIT Press.

Lycan W G.1996.Consciousness and Experience. Cambridge: The MIT Press.

Lycan W G.2001.The case for phenomenal externalism. Noûs, (35): 17-35.

Lycan W G, Pappas G. 1972. What is eliminative materialism? Australasian Journal of Philosophy, (50): 149-159.

Mackenzie B. 1977. Behaviorism and the Limits of Scientific Method. London: Routledge & Kegan Paul.

Malcolm N. 1954.Wittgenstein's philosophical investigations. The Philosophical Review, (4): 543-547.

Malcolm N. 1962. Knowledge of other minds // Chappel V C (ed). The Philosophy of Mind. Englewood Cliffs: Prentice-Hall: 151-159.

Marr D. 1982.Vision: A Computational Approach. San Francisco: Freeman & Co.

Max V. 2002. How could conscious experiences affect brains? Journal of Consciousness Studies, (11): 2-29.

McDowell J.1982. Criteria, defeasibility, and knowledge. Proceedings of the British Academy, (68): 455-479.

McGinn C.1984. What is the problem of other minds? Proceedings of the Aristotelian Society, Supplementary, (58): 119-137.

Melnyk A. 1994. Inference to the best explanation and other minds. Australasian Journal of Philosophy, (72): 482-491.

Mill J S. 1865. An Examination of Sir William Hamilton's Philosophy. London: Longmans.

Millikan R.1984. Language, Thought, and Other Biological Categories. Cambridge: The MIT Press.

Moore G E. 1953. Some Main Problems of Philosophy. New York: Collier.

Moravec H. 1988. Mind Children. Cambridge: Harvard University.

Morick H (ed).1967. Wittgenstein and the Problem of Other Minds. New York: McGraw-Hill.

Nagel E. 1961. The Structure of Science: Problems in the Logic of Scientific Explanation. New York: Harcourt, Brace and World.

Nagel T. 1974. What is it like to be a bat? Philosophical Review, (4): 435-450.

Nagel T. 1986. The View from Nowhere. Oxford: Oxford University Press.

Nanay B. 2010. Attention and perceptual content. Analysis, (70): 263-270.

Nelkin N.1989. Unconscious sensations. Philosophical Psychology, (2): 129-141.

Noë A. 2004. Action in Perception. Cambridge:The MIT Press.

Noë A.2008. Sensational properties: theses to accept and theses to reject. Revue Internationale de Philosophie, (62): 7-24.

Noë A.2010. Why explain visual experience in terms of content? // Nanay B (ed).Perceiving the World. Oxford: Oxford University Press: 254-309.

Papineau D. 1987. Reality and Representation. Oxford: Basil Blackwell.

Papineau D. 1993. Philosophical Naturalism. Oxford: Blackwell.

Papineau D.2002. Thinking about Consciousness. Oxford: Oxford University Press.

Peacocke C. 1983.Sense and Content. Oxford: Oxford University Press.

Perry J. 2001. Knowledge, Possibility, and Consciousness. Cambridge: The MIT Press.

Pink T. 2004. Free Will: A Very Short Introduction. Oxford :Oxford University Press.

Pinker S. 1994. The Language Instinct. New York: William Morrow and Co.

Pinker S. 1997. How the Mind Works. New York: Norton W W & Company.

Pitcher G. 1970. Pain perception. Philosophical Review, (79): 368-393.

Place U T. 1956. Is consciousness a brain process? British Journal of Psychology, (47): 44-50.

Place U T.2000. The causal potency of qualia: Its nature and its source. Brain and Mind, (1): 183-192.

Place U T. 2004. Identifying the Mind. Selected Papers. Oxford: Oxford University Press.

Plantinga A.1967.God and Other Minds. Ithaca: Cornell University Press.

Prinz J J. 2006. Is the mind really modular?//Stainton R (ed). Contemporary Debates in Cognitive Science. Oxford: Blackwell: 22-36.

Prinz J J.2007. Mental pointing. Journal of Consciousness Studies, (14): 184-211.

Putnam H. 1967. Psychological predicates // Capitan W H, Merrill D D (eds). Art, Mind, and

Religion, Cambridge: Cambridge University Press: 37-48.

Putnam H. 1975. Minds and machines // Putnam H(ed). Mind, Language, and Reality. Cambridge: CUP: 362-385.

Putnam H. 1975. Meaning of "meaning" // Gunderson K (ed). Language, Mind, and Knowledge. Minneapolis: University of Minnesota Press: 131-193.

Putnam H. 1975. Philosophy and our mental life // Putnam H (ed). Mind, Language, and Reality. Cambridge: Cambridge University Press: 291-303.

Pylyshyn Z.1984. Computation and Cognition. Cambridge: The MIT Press.

Raamy M. 2015. The hard problem & its explanatory targets. Ratio, (3):298-311.

Rachlin H. 2000.The Science of Self-Control. Cambridge: Cambridge University Press.

Rey G. 1983. A reason for doubting the existence of consciousness// Davidson R, Schwartz G, Shapiro D (eds). Consciousness and Self-Regulation, (3):1-39.

Rey G. 1997. Contemporary Philosophy of Mind: A Contentiously Classical Approach. Oxford: Blackwell.

Rorty R.1965. Mind-body identity, privacy, and categories. Review of Metaphysics, (1):24-54.

Rosenberg A. 1994. Instrumental Biology or the Disunity of Science. Chicago: The University of Chicago Press.

Ryle G. 1949. The Concept of Mind. London: Hutchinson's University Library.

Salmon W C.1984. Scientific Explanation and the Causal Structure of the World. New Jersey: Princeton University Press.

Samuels R. 1998. Evolutionary psychology and the massive modularity hypothesis. British Journal for the Philosophy of Science, (4):575-602.

Searle J R. 1959. Individuals. London: Methuen.

Searle J R. 1980. Minds, brains and programs. Behavioral and Brain Sciences, (3):417-424.

Searle J R.1980. Response to comments on "minds, brains, and programs". The Behavioral and Brain Sciences, (3): 450-456.

Searle J R. 1983. Intentionality: An Essay in the Philosophy of Mind. Cambridge: Cambridge University Press.

Searle J R. 1990. Consciousness, explanatory inversion and cognitive science. Behavioral and Brain Sciences, (13): 585-642.

Searle J R. 1992. The Rediscovery of the Mind. Cambridge: The MIT Press.

Searle J R. 1995. Other Minds. Dordrecht: Kluwer.

Searle J R. 1997. The Mystery of Consciousness. New York: The New York Review of Books: 214.

Searle J R. 1999. Mind, Language, and Society. New York: Basic Books.

Searle J R. 2000. Sartre and other minds. Sartre Studies International, (6): 48-60.

Searle J R. 2002. Consciousness and Language. Cambridge: Cambridge University Press.

Searle J R.2004. Mind: A Brief of Introduction. Oxford: Oxford University Press.

Searle J R. 2011. Is there a problem of other minds? Proceedings of the Aristotelian Society, (111): 353-373.

Searle J R, Jackson F C. 1972. The analogical inference to other minds. American Philosophical Quarterly, (9): 168-176.

Segal G. 1996. The modularity of theory of mind // Carruthers P, Smith P K (eds). Theories of Theories of Mind. Cambridge: Cambridge University Press: 141-157.

Sellars W, Robert B. 1997. Empiricism and the Philosophy of Mind. Cambridge:Harvard University Press.

Sellars W. 1963. Philosophy and the scientic image of man // Colodny R. Science, Perception, and Reality. New York: Routledge & Kegan Paul: 35-78.

Sellars W. 1967. Science and Metaphysics. London: Routledge and Kegan Paul.

Sellars W. 1994. Phenomenal character. Noûs, (28): 21-38.

Shaffer J A. 1968. Philosophy of Mind. New Jersey: Prentice Hall.

Shoemaker S. 1991. Qualia and consciousness. Mind, (100): 507-524.

Skinner B F. 1953. Science and Human Behavior. New York: Macmillan.

Skinner B F. 1971. Beyond Freedom and Dignity. New York: Knopf.

Skinner B F. 1974. About Behaviorism. New York: Vintage.

Skinner B F. 1977. Why I am not a cognitive psychologist. Behaviorism, (5): 1-10.

Skinner B F. 1984. Coming to terms with private events. Behavioral and Brain Sciences, (7): 573-581.

Smart J J C. 1959. Sensations and brain processes. Philosophical Review, (2):141-156.

Smith L.1986.Behaviorism and Logical Positivism: A Reassessment of Their Alliance. Stanford: Stanford University Press.

Smith Q, Jokic A (eds). 2003.Consciousness: New Philosophical Perspectives. Oxford: Oxford University Press.

Speaks J. 2010. Attention and intentionalism. Philosophical Quarterly, (60): 325-342.

Stanton W L. 1983. Supervenience and psychological law in anomalous monism. Pacific Philosophical Quarterly, (64): 72-79.

Stevenson J T. 1970. Sensations and brain processes: a reply to J. J. C. Smart // Borst C V (ed). The Mind-Brain Identity Theory. Macmillan: ST Martin's Press: 87-92.

Stich S. 1983. From Folk Psychology to Cognitive Science: The Case Against Belief. Cambridge: The MIT Press.

Stich S.1984. Is behaviorism vacuous? Behavioral and Brain Sciences, (7): 647-649.

Stoljar D. 2005. Physicalism and phenomenal concepts. Mind and Language, (20): 469-494.

Strawson P F. 1954. Critical notice: philosophical investigations. Mind, (63): 70-99.

Sturgeon S.2000. Matters of Mind. London: Routledge.

Suppes P. 1993. The transcendental character of determinism. Midwest Studies in Philosophy, (18): 242-257.

Sutherland S. 1989. The International Dictionary of Psychology. New York: Continuum.

Thau M. 2002.Consciousness and Cognition. Oxford: Oxford University Press.

Turing A. 1950. Computing machinery and intelligence. Mind, (236): 433-460.

Tye M. 1986. The subjectivity of experience. Mind, (95): 1-17.

Tye M. 1992. Visual qualia and visual content // Crane T (ed). The Contents of Experience. Cambridge: Cambridge University Press: 158-176.

Tye M. 1994. Qualia, content, and the inverted spectrum. Noûs, (28): 159-183.

Tye M. 1995. Ten Problems of Consciousness. Cambridge: The MIT Press.

Tye M. 2002. Representationalism and the transparency of experience. Noûs, (36): 137-151.

Tye M. 2003. Consciousness and Persons. Cambridge: The MIT Press.

Tye M. 1997. Ten Problems of Consciousness: A Representational Theory of the Phenomenal Mind. Cambridge: The MIT Press.

van Fraassen B C. 1983. The Scientific Image. Oxford: Clarendon.

van Fraassen B C. 1989. Laws and Symmetry. Oxford: Oxford University Press.

Vygotsky L S. 1986. Thought and Language. Cambridge: The MIT Press.

Wason P C. 1966. Reasoning // Foss B M.New Horizons in Psychology.Harmondsworth: Penguin: 275-276.

Watson J. 1913. Psychology as a behaviorist views it. Psychological Review, (20): 158-177.

Watson J. 1930. Behaviorism. New York: Norton.

White S. 1987. What is it like to be a homunculus? Pacific Philosophical Quarterly, (68): 148-174.

William J. 1896. The Dilemma of Determinism. The Will to Believe, and Other Essays in Popular Philosophy. Longmans: Green: 145-183.

Wisdom J. 1968. Other Minds. Oxford: Blackwell.

Wilson R A.2004. Boundaries of the Mind: The Individual in the Fragile Sciences. Cambridge: Cambridge University Press.

Wilson R A. 2008. The drink you're having when you're not having a drink. Mind & Language, (23): 273-283.

Wittgenstein L. 2009. Philosophical Investigations (4th ed). Anscombe G E M, Hacker P M S, Schulte J (trans.). Oxford: Blackwell Publishing Ltd.